D1729830

Borderer

Krieger aus dem Grenzland

Borderer
Krieger aus dem Grenzland

von Hagen Seehase und Axel Oprotkowitz
mit Photographien von Antje Mismahl

KÖNIG

Die Deutsche Bibliothek - CIP - Einheitsaufnahme

Seehase, Hagen u. Oprotkowitz, Axel
Borderer - Krieger aus dem Grenzland

Seehase, Hagen u. Oprotkowitz, Axel
1. Aufl. - Greiz/Thür: König Communication, 2000
ISBN 3-934673-00-7

Mit Farb- und schwarz/weiß-Abbildungen, Reisevorschlägen zu den erwähnten historischen Orten, Chronik der Herrscher, Könige und Königinnen von Schottland und England, Sach- und Literaturverzeichnis, Schottische Geschichte in Daten, der Geschichte des
schottischen Tartans, Quellennachweisen, Anmerkungen und Erläuterungen.

1. Auflage 2000

ISBN 3-934673-00-7

© 2000 by König Communication in der Mediengruppe König, Greiz/Thüringen

Titelbild: Smailholm Tower, schottischer Ritter der 1. Hälfte des 14. Jh.
                              Fotos von Antje Mismahl/Hagen Seehase,
                              Montage FKM-Design, Mohlsdorf/Thür.

Fotos: A. Mismahl, H. Seehase, Hadrians Wall Tourism Partnership

Satz,Layout: FKM-Design, Mohlsdorf/Thür.

Druck & Verarbeitung: Druckerei und Verlag Steinmüller GmbH, Nördlingen

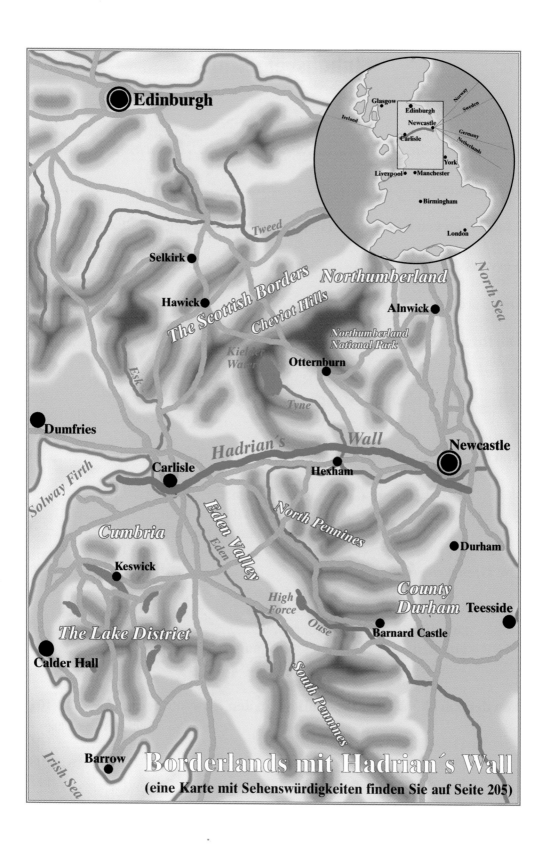

Borderlands mit Hadrian's Wall
(eine Karte mit Sehenswürdigkeiten finden Sie auf Seite 205)

Inhaltsverzeichnis

Die Autoren:

Hagen Seehase: geb. 1965, ist Assessor des höheren Lehramtes und im Schuldienst beschäftigt. Nach seinem Wehrdienst bei den Panzergrenadieren studierte er in Braunschweig Geschichte und Germanistik. Freiberuflich arbeitete er für verschiedene Publikationen, wie VISIER, Anno Domini und V0. 1998 erschien seine erste wissenschaftliche Veröffentlichung („Zur Frage des hessischen Soldatenhandels"). In der Reihe von Veröffentlichungen über Schottland (bisher erschienen Bd. 1: „Die Highlander" und Bd. 2: „Bannockburn") verbindet er sein militärhistorisches Interesse mit seiner Vorliebe für Schottland. Für „Die Highlander" erhielt er ein „Diploma of Honour" der St. Andrews Association des Order of St. Andrew. Sein Forschungsschwerpunkt ist (neben Schottland) die Militärgeschichte mit besonderem Schwerpunkt auf der napoleonischen Epoche. Er ist aktiver Sportschütze und Segelflieger und wirkt mit im „Club Claymore" für schottische Tradtion. Der Autor ist des weiteren Mitglied des Reservistenverbandes und des Forums Waffenrecht.

                                                         ✿ ✿ ✿

Axel Oprotkowitz: geb. 1966, ist Assessor des höheren Lehramtes und im Schuldienst beschäftigt. Nach seinem Wehrdienst bei der Luftwaffe folgte das Studium der Geschichte, Germanistik und Politik in Göttingen. Veröffentlichungen zu verschiedenen mittelalterlichen Themen wurden in der Zeitschrift Anno Domini bzw. deren Jahrbüchern publiziert. Sozial- und militärhistorische mittelalterliche Forschungsschwerpunkte und solche zur Geschichte des 19. Jahrhunderts trafen sich in der Schottlandreihe (bisher außerdem erschienen Bd. 1: „Die Highlander" und Band 2: „Bannockburn") mit dem Interesse für das rauhe Land im hohen Norden. Für „Die Highlander" erhielt er ein „Diploma of Honour" der St. Andrews Association des Order of St. Andrew.

✿ ✿ ✿

Danksagung

Wieder möchten wir an dieser Stelle denen ein herzliches Dankeschön sagen, die sich die Mühe gemacht haben, uns bei der nie leichten Geburt eines Buches Hilfestellung zu leisten.

❧ ❧ ❧

An erster Stelle möchten wir uns, nun bereits zum dritten Mal, für die erfolgreiche Zusammenarbeit bei unserem Verleger Herrn Gerd Elmar König und seinen Mitarbeitern bedanken.

❧ ❧ ❧

Ein ganz herzlicher Dank gebührt dem Preußischen Bücherkabinett in Berlin-Charlottenburg für seine Hilfe bei der Bekanntmachung unserer Veröffentlichungen zur schottischen Geschichte.

❧ ❧ ❧

Für die Unterstützung bei früheren Werken ein Dank auch an Chev. Basil Henry Connor Wolfrhine of Stuart.

❧ ❧ ❧

Herzlicher Dank gebührt ein weiteres Mal unserer Fotographin Antje Mismahl.

❧ ❧ ❧

Hochachtung wollen wir der Initiative Historic Scotland zollen, die sich bemüht, das Vergangene für die Zukunft zu bewahren.
Vor allem danken wir unseren Lesern, ohne deren Zuspruch dieses Buch gar nicht entstanden und publiziert worden wäre.

❧ ❧ ❧

Liebe Leser,

wie schon in den ersten beiden Bänden dieser einzigartigen Buchreihe haben es die beiden ehrenwerten Autoren Hagen Seehase und Axel Oprotkowitz, auch in diesem dritten Band wieder aufs vorzüglichste verstanden, den Leser zu den aufregenden Epochen der schottischen Geschichte zu führen.

War der Band "Die Highlander" die erste Darstellung der Historie schottischer Clans in deutscher Sprache, so liegt uns mit dem dritten Band mittlerweile ein umfangreiches Nachschlagewerk der schottischen Geschichte vor, das die beiden noch folgenden Bände mit Freude erwarten läßt und somit eine einzigartige in deutscher Sprache nie dagewesene Schottland-Geschichts-Sammlung präsentiert.

Oh, ich hörte sie singen, die Maid, beim Melken der Schafe;
Ein Lied, das vor dem Sonnenaufgang die Wiesen erhellt.
Nun ist dort nur noch Stöhnen auf dem grünen Grase;
Die Blumen des Waldes, sie sind verwelkt.

Auf Befehl gesandt, unsere Burschen gingen zur Border;
Die Engländer nutzten den Tag durch ihre List ohne Ruhm.
Die Blumen des Waldes, sie kämpften zu vorder;
Die Besten unseres Landes liegen kalt unter der Erde nun.

Da nun beim Melken niemand mehr singt;
Jede Freud´ bei den Frauen und Kindern zerschellt.
Auf grünen Wiesen das Seufzen und Schluchzen erklingt;
Die Blumen des Waldes, sie sind verwelkt.

Diese Worte schrieb einst Jane Elliot für das Lied "The Flowers Of The Forrest" nach der tragischen Schlacht bei Flodden 1513, in der viele der tapferen Grenzbewohner Schottlands ihr Leben ließen; diese Worte beschreiben das Leid, welches die Borderer im Laufe von Jahrhunderten erfahren haben, und diese Worte finden in dem vorliegenden Werk ihre geschichtliche Dokumentation, welche im Dunkel des tiefen Mittelalters ihren Anfang nimmt und sich mit dem jakobitischen, ausklingenden achtzehnten Jahrhundert verliert.

Diese Buchreihe dokumentiert die schottische Geschichte und informiert fachkundig populär geschrieben über die Fakten der historischen Ereignisse. Neben dem Geschichtlichen erhält der Leser durch die zahlreichen Anekdoten einen Einblick in das Volkstümliche und kann sich durch die Routenvorschläge noch heute vor Ort verzaubern lassen von der Mystik des karierten Landes.

Das Bemühen, schottische Tradition in Deutschland zu dokumentieren, einem Bestreben, welches mich durch meine kulturbotschaftliche Tätigkeit seit vielen Jahren an den verschiedensten Projekten mitarbeiten läßt, erfährt mit dieser vorzüglichen Buchreihe eine hervorragende Bestätigung und somit möchte ich jedem Schottlandliebhaber empfehlen, sich die einzigartige Buchreihe "Schottische Geschichte" zu sichern, um somit eine umfangreiche Dokumentation sein Eigen zu nennen, die in keiner Bibliothek fehlen darf.

Ich wünsche Ihnen, liebe Schottlandfreunde, vergnügliche Lesestunden mit den Borderes Schottlands.

Im Jahre unseres Herrn, dem zweitausendsten, am ersten Tage im dritten Monat, sei den Autoren und dem Herausgeber dieses dritten Bandes erneut meine Empfehlung übersandt

Ihr

Chev. Basil Henry Connor Wolfrhine of Stuart GCSA
Laird of Kintail • Ullapool • Camste • John O´Groats etc.

Vorwort der Autoren

Die Ursache der ersten Grenze ist, folgt man biblischen Überlieferungen, der Sündenfall. Nachdem die Schlange Eva und die ihren Adam von der Annahme überzeugt hatte, daß es doch im Leben mehr als nur das Paradies geben müsse, und nachdem der verbotene Apfel infolgedessen in den Verzehr gelangt war, sahen sich die beiden schneller als ihnen lieb war mit der Erkenntnis konfrontiert. Gut und Böse konnten sie jetzt unterscheiden, und da sie nun wußten, daß das Essen verbotender Früchte zwar sehr reizvoll, aber eben auch böse (und zudem nicht ohne Risiko) war, mußten sie akzeptieren, daß der Herr des Paradieses sie aus selbigem vertrieb und ihnen den Zugang mit Hilfe eines furchteinflößenden schwerttragenden Cherubims verwehrte. Eine Grenze mit absolutem Verbotscharakter war gezogen worden, eine Trennungslinie, über die kein Mensch je wieder würde gehen dürfen. Leider half die Erkenntnis von Gut und Böse der Menschheit bei ihrer weiteren Entwicklung nicht im gewünschten Maß weiter und so trachteten die Nachkommen der beiden Unglücklichen zu allen Zeiten nach den Früchten, den vielen anderen Besitztümern und sogar dem Leben ihrer Mitmenschen. Zu wie vielen Grenzen dieses böse Trachten im Laufe der Menschheitsgeschichte geführt hat, wurde noch nicht gezählt, ja noch nicht einmal vorsichtig geschätzt. Keine Grenze, nicht einmal die am 9. November 1989 gefallene und für die Deutschen so traurig-berühmte Grenze zwischen Ost- und Westdeutschland, hat je wieder den göttlichen Absolutheitsgrad der ersten erreicht. Dennoch assoziieren wir im ersten Moment zumeist Negatives mit diesem Wort: Unschöne Grenzanlagen, Zäune, Stau, Paßkontrolle, Zölle (als Antwort darauf, Schmuggel), seltsame Rituale der jeweiligen Hoheitsträger (Stempel, Gebührenzahlungen, mißtrauische Blicke, Durchsuchungen, Verdächtigungen, ...). Auch wenn die Grenzen innerhalb Europas während des langen Weges der europäischen Einigung offener geworden oder sogar weggefallen sind und Funk, Telefon und Internet weltweit Grenzen überschreiten, bleiben sie eine Realität, deren Erfahrung für die betroffenen Menschen außerhalb Europas oft weitaus schmerzlicher ist. Dennoch gibt es auch positive Aspekte der Grenze. Wer beispielsweise mit der Bekämpfung der Kriminalität befaßt ist, weiß Grenzen als Schutzlinien zu schätzen, wer einen mächtigen Nachbarn hat, dessen politisches Regime nicht als das freieste gilt, der ist froh, solange die Grenze noch intakt ist und respektiert wird. Doch mit dem Respekt - das erfahren nicht nur Eltern im Laufe des Heranwachsens ihrer Sprößlinge - ist es so eine Sache: er wird andauernd in Frage gestellt und muß infolgedessen immer wieder aufs Neue bestätigt werden, wenn er intakt bleiben soll. Ist der Respekt vor dem Nachbarn (oder seinen Verbündeten) langfristig nicht intakt, wird dieser versuchen, die Grenzen zu seinen Gunsten zu verändern.

Grenzen waren in der Geschichte meist Linien, an denen Eroberungen, Landnahmen, Wanderungen oder Kriege zum Stillstand gekommen sind, Linien also, an denen Kraft und Gegenkraft, Ansturm und Widerstand zum Ausgleich kamen. Derartige Gleichgewichte bleiben selten über längere Zeit stabil und so verschoben sich Grenzen immer wieder, wenn die Kraft der einen Seite ausreichte, den Widerstand der anderen zu überwinden. Und selbst wenn Grenzen (selten genug) einmal durch Verhandlungen am Konferenztisch ohne Blutvergießen gezogen wurden, um Streit zu vermeiden, kennen wir den paradoxen Effekt, daß auch diese Grenzen schnell wieder in Zweifel gezogen wurden. Wie wir auch zu dem Phänomen „Grenze" stehen (wir sollten nicht vergessen, daß es auch im Tierreich zahlreiche Grenzen gibt und daß wir auch im Alltag immer wieder auf die verschiedensten Grenzen stoßen), wir werden (auf absehbare Zeit jedenfalls) mit ihnen leben müssen. Wenn eine Grenze dennoch über lange Zeit stabil blieb, mußte das keineswegs bedeuten, daß hier immer Frieden herrschte. Dieses Buch beschäftigt sich mit einer solchen geographisch relativ stabilen Grenze, an der lange Zeit Kräfte und Widerstände sich die Waage hielten, wo aber dennoch nicht weniger gekämpft, gelitten und gestorben wurde, als in manchen Gebieten, in denen sich Grenzen beinahe jede Generation verschoben. Diese Grenze ist eine, die schon im 17. Jahrhundert und dann endgültig zu Beginn des 18. Jahrhunderts aufhörte zu existieren und die heute nur noch im Bewußtsein ihrer modernen Anwohner vorhanden ist. Sie trennte England von seinem nördlichen Nachbarn Schottland für mehrere Jahrhunderte und die Gebiete nahe dieser Grenze entwickelten ein interessantes und außergewöhnliches Eigenleben, welches unserer Meinung nach wert ist, nicht vergessen zu werden. Obgleich man von dieser Grenze und ihren angrenzenden Gebieten als „Borders" frühestens seit Beginn des 11. Jahrhunderts sprechen kann, möchten wir auch deren (teilweise äußerst bewegte) Geschichte vor dieser Zeit zur Sprache bringen. Bei dieser Reise durch faszinierende vergangene Jahrhunderte, von römischer Zeit bis hin zum Zweiten Weltkrieg, in denen man spannenden Ereignissen und faszinierenden Akteuren begegnet, wünschen wir dem Leser viel Vergnügen.

Hagen Seehase   *Axel Oprotkowitz*

Die Borders

Keine der Grenzen auf den britischen Inseln kann auf einen derart konstanten Verlauf zurückblicken, keine auf ein Bestehen über einen so langen Zeitraum und keine auf eine derartige Bedeutung wie der Grenzraum zwischen England und Schottland, die sogenannten Borders. Geographisch lehnen sich die Borders nicht an das weiter südlich verlaufende ehrgeizige römische Bauwerk des Hadrianswalls an, überhaupt ist es keine befestigte Grenze, sondern einfach eine nie exakt vermessene Trennungslinie, die sich langsam entwickelt hatte. Nicht umsonst benennt der Plural die Gebiete nördlich und südlich dieser Linie. Von Nordosten nach Südwesten folgt diese Trennungslinie, etwas nördlich von Berwick-upon-Tweed beginnend, zunächst dem Tweed und anschließend in etwa dem Verlauf der Cheviot Hills. Die diagonale Linienführung wird nur durch einen gerade nach Süden weisenden Abschnitt unterbrochen, der westlich von Carham beginnt und etwa 20 Kilometer nach Süden zum Hanging Stone führt. Von dort aus setzt sich die Diagonale nach Südwesten fort bis zum Solway Firth. Seit dem 12., vielleicht schon seit dem 11. Jahrhundert blieb dieser Verlauf im wesentlichen unverändert. So hatten die in der Schlacht von Carham 1016 siegreichen Schotten im Osten alles Land nördlich des Tweed beansprucht und 1157 gelang es dem englischen König William Rufus, Cumberland, das bis dato zu Strathclyde gehört hatte, für England zu gewinnen. Abgesehen von der Eroberung von Berwick-upon-Tweed durch Richard III. im Jahr 1482 waren damit die Einflußsphären abgesteckt, was - wie meistens in derartigen Situationen - keine Seite daran hinderte, weitergehende Ansprüche zu vertreten und dies von Zeit zu Zeit mit Hilfe militärischer Maßnahmen zu untermauern.

Zwar trifft man im Grenzverlauf auf unwirtliche Landschaften, wie steinwüstenartige Küstenabschnitte, rauhe, wenig Schutz bietende Höhenzüge und öde Salzmarschen, aber auch auf fruchtbare Küstenebenen, Seen und Wälder, kleinere und größere Flußläufe, die das lebensspendende Wasser bereitstellen, windgeschützte grüne Täler und weite sumpfig-feuchte Flächen, die mit Heidekraut bedeckt sind. Wären da nicht die Überlieferungen von Kämpfen auf den heute friedlichen und nur noch erahnbaren Schlachtfeldern von Otterburn, Solway Moss, Flodden u.a., sähe man heute nicht noch die Überreste einer ganzen Reihe eisenzeitlicher Hügelbefestigungen, vorgeschobener römischer Posten oder die großen Burgen von Alnwick, Bamburgh oder Carlisle, würde man kaum vermuten, daß dieses Land eine Grenzregion von größter militärischer Bedeutung war. Erst wenn man sich vergegenwärtigt, daß die turbulente und blutige Geschichte der Beziehungen zwischen Schottland und seinem größeren Nachbarn im Süden sich gerade in Kriegszeiten in dieser Pufferzone abspielte, wird begreiflich, daß hier ein ganz besonderer Menschenschlag entstehen mußte.

Ethnisch vermag man die Borderer, die auch als die „Highlander Englands" bezeichnet worden sind, nicht genau zu identifizieren, denn seit dem Abzug der Römer am Ende des vierten Jahrhunderts hatte sich hier ein buntes Durcheinander verschiedener Volksgruppen entwickelt. Nicht wenige Legionäre, die Rom in den äußersten Norden seines Imperiums entsandt hatte, hatten Familien gegründet und zogen es vor, bei ihnen und in der neuen Heimat zu bleiben, statt mit nach Süden zu ziehen. Irische Kelten, dänische und skandinavische Krieger hatten hier gesiedelt, Sachsen nutzten die Region als Rückzugsgebiet vor den Normannen Wilhelm des Eroberers und piktische Reste waren mit den verschiedensten dieser Siedler, die zumeist mit nur wenigen Frauen gekommen waren, freiwillig oder unfreiwillig verschmolzen. Dazu kamen Familien oder einzelne, die Hunger und Verelendung hierhertrieben und Kriminelle aller Art mischten sich in der Hoffnung hinzu, hier Tarnung und Unterschlupf zu finden. Die Borders wurden zum Schmelztiegel für nahezu alle ethnischen Gruppen, die England je betreten hatten und die Vielfalt in diesem Schmelztiegel brachte die häufig verachteten aber, beispielsweise in der Form der Grenzlandreiter, stets auch gefürchteten Borderer hervor.

Wer häufig mit Kriegshandlungen konfrontiert wird, wer immer darauf gefaßt sein muß, seinen Besitz, sein Haus, seine Familie und sein eigenes Leben zu verlieren, wer in einer Welt voller Feinde immer wachsam sein muß, der kann kein gemächliches bäuerliches Leben führen. Ein solcher Rhythmus von Aussaat, Wachstum und Ernte war für große Teile der Borderer aufgrund der ständigen Bedrohung in Form durchziehender Heere, die sich aus dem Land nahmen, was sie bekommen konnten, nicht aufrecht zu erhalten - durch die häufige Zerstörung der Feldfrucht verhungerten schlicht und ergreifend zu viele von ihnen. Daher zogen es nach genügend schlechten Erfahrungen eine ganze Reihe von Borderern vor, den Spieß umzudrehen und statt passiv zu leiden, ihrerseits von Aktivitäten zu leben, die im günstigsten Fall als moralisch zweifelhaft bezeichnet werden müssen. Zu diesen schlechten Erfahrungen gehörte die Serie traumatischer Überfälle Edwards I. in den Jahren ab 1286. Edward gedachte, ganz Schottland unter seine Herrschaft zu bringen und begann dieses Vorhaben mit eben diesen Überfällen. Mit äußerster Brutalität fielen die Engländer wieder und

Belagerung einer mittelalterlichen Verteidigungsanlage (Universitätsbibliothek Heidelberg)

wieder in die nicht gerade reiche Grenzregion ein, vernichteten Ernte, Vieh und Eigentum, plünderten, vergewaltigten und mordeten. Einzelhäuser, kleine Farmen, ganze Dörfer wurden von den Invasionsarmeen planmäßig dem Feuer überlassen und geschleift, die Bewohner wurden weggeschleppt oder ermordet. „Malleus Scotorum" (Hammer der Schotten) bekam er für diese Taten als Beinamen zugeeignet[1]. Sein eigentliches Ziel erreichte Edward I. zwar nicht damit, aber er provozierte eine Reihe der in armen Gebieten besonders verheerenden und tödlichen Hungersnöte. Dabei hatte Edward aus mancher Kampagne dieser Jahre eine bittere Lehre ziehen müssen. Große Truppenansammlungen konnten nur schwer aus den Lande ernährt werden. Entwickelte sich die Versorgungslage negativ, stiegen die Zahlen der Deserteure bei der Infanterie stark an (die Kavallerie war durch ihre Beweglichkeit besser in der Lage, sich in einer solchen Situation selbst zu helfen). Die Schotten, die zumeist länger brauchten, um ihre eigenen, aus regulären Truppen und Clanverbänden bestehenden Armeen zu sammeln, entwickelten eingedenk dieser Tatsache eine relativ erfolgreiche Methode, englische Invasionsarmeen zu bekämpfen. Sie vermieden offene Feldschlachten und verwüsteten den englischen Vormarschweg, was unmittelbar Versorgungsprobleme für die Invasoren zur Folge hatte, die allerdings wiederum auf die Bewohner der Bordergebiete zurückfielen. Auch ein anderes Ziel, nämlich die Schotten zu demoralisieren und für die Unterwerfung weichzuklopfen, verfehlte der englische Monarch mit dieser Methode, im Gegenteil: Die Erbitterung auf schottischer Seite, die Rachegelüste und der Widerstandswille wuchsen mit jeder neu bekannt werdenden Untat, so daß sich aus dieser (auch später immer wieder angewendeten) Taktik ein Teil des ungeheuren Hasses nährte, der fortan das ohnehin nie entspannte Verhältnis zwischen England und Schottland prägen sollte und sogar die Niederlage von Culloden 1746 noch überdauerte. Auch unmittelbar wirkte sich sein Vorgehen aus, denn die Schotten revanchierten sich für nahezu jeden Besuch mit einem (meist von geringeren Kräften vorgetragenen) Gegenbesuch. Die in jedem Fall unter dem Abnutzungskrieg beider Seiten leidenden Borderer lernten während dieser Zeit die Kunst des Überlebens.

Überleben kann der Mensch immer dann, wenn er sich in wirkungsvoller Art und Weise den Gegebenheiten anpaßt und das bedeutete in dieser Situation das Erlernen des Waffenhandwerks, des Reitens, Versteckens, Hinterhalte planens, Täuschens, Raubens und das Ignorieren von Tugenden wie Menschlichkeit, Gnade, Vertrauen, Nächstenliebe und Loyalität. Das soll nicht heißen, daß es innerhalb der Bordererbanden keine Loyalität gegeben hat. Ganz im Gegenteil, diese wurde hochgehalten und mit Sanktionen abgesichert, aber die Borderer verlernten weitgehend eine übergeordnete Loyalität gegenüber Recht und Gesetz, letztlich auch gegenüber ihrer Nation, und sie minimierten die ohnehin immer brüchigen moralischen Grundregeln, so daß sie auf beiden Seiten einen schlechten Leumund hatten - ein Teufelskreis, aus dem sie sich erst in späteren friedlicheren Jahrhunderten langsam lösen konnten. Echte Vergeltung für die Taten Edwards I. dürften die Schotten erst 1314 empfunden haben, als Robert the Bruce das Heer Edwards II. bei Bannockburn[2] vernichtend geschlagen hatte und im Anschluß daran die englischen Marches ähnlich systematisch verheerte wie dies zuvor die englischen Soldaten auf schottischer Seite getan hatten. Die Bordererbanden, die sich abseits der großen Armeen ihren Teil des Beute holten, lernten, von dieser Situation zu profitieren, und wuchsen zu teilweise beachtlichen Größen von über 100 Reitern an.

Im 16. Jahrhundert hatten die Bordererbanden schließlich eine Stärke erreicht, die sowohl der schottischen als auch der englischen Regierung ein Dorn im Auge war. Einige ihrer Anführer wie Nebless Clem, Ill Drooned Geordie, Jok Pott the Bastard, Fyre-the-Braes, Pikehood, Wynking Will und Buggerpack stammen aus den Familien Armstong, Graham, Bell, Charlton, Robson, Nixon, Maxwell, Scott oder Milburn und die Überlieferung kennt sie als „Border Reivers" was man mit „Grenzlandreiter" übersetzen kann. Kein Mensch, kein Vieh, kein Besitz, nicht einmal Häuser und befestigte Höfe waren vor ihnen sicher, nur die wenigen Städte und die größeren befestigten Anlagen blieben, da sie nicht in ein bis zwei Nächten zu bewältigen waren, verschont. Die meisten der Grenzlandreiter dürften harte Burschen und rauhe Gesellen gewesen sein, erfahren im Umgang mit Waffen und skrupellos genug, auch wehrlose Opfer auszuplündern und notfalls zu töten. Sie stammten nicht alle ursprünglich aus der Grenzregion, denn sowohl die englische wie auch die schottische Obrigkeit trachtete danach, die Grenze sicherer zu machen. Da keiner der beiden Gegner über die Möglichkeiten oder den Willen verfügte, etwas vergleichbar imposantes wie den Hadrianswall zu erbauen, zogen sie es, ähnlich wie Österreich-Ungarn an seiner berühmten Militärgrenze zum osmanischen Reich[3], vor, Siedler in die Borderdistrikte zu locken. Niedrige Pachten und Abgaben, relative Freiheit und Eigenständigkeit mußten allerdings mit dauernder militärischer Verfügbarkeit und der bereits geschilderten Bedrohungssituation erkauft werden. Dennoch kamen so viele Siedler, daß das Land aller Wahrscheinlichkeit in der Zeit vom 12. bis zum 16. Jahrhundert dichter besiedelt wurde, als es heute ist. Dies wiederum wurde durch das Erbrecht unterstützt, da das in weiten Teilen der britischen Inseln vorherrschende Realteilungserbrecht auf Dauer

Parzellen hervorbringen mußte, die ihre Bewohner nicht mehr ernähren konnten. Wer aber seine Parzelle verkauft hatte, konnte von den nicht eben hohen Beträgen selten bis an sein Lebensende sorgenfrei leben. Da es, abgesehen von Ländereien in den Borders, keine freien Böden mehr zu besetzen gab, zogen viele dieser Siedler die bedrohte Existenz dort der als Bettler oder Tagelöhner in ihrem Heimatdistrikt vor. Allerdings ging dies nur so lange gut, bis die Borders ihrerseits überbevölkert[4] waren. Danach griffen hier Diebstahl, Raub und Plünderung seuchenhaft um sich und das Reisen dort wurde wegen der vielen gesetzlosen Elemente zu einer Gefahr für Besitz und Leben. Da ein Räuber (wenn er nicht völlig verzweifelt oder unerhört dumm ist) versucht, nicht seine unmittelbare Umgebung gegen sich aufzubringen, trachteten die Borderer zunächst danach, jenseits der Grenze, aber auch tiefer im eigenen Hinterland zu plündern (wer sollte sie bei einem nächtlichen Raubzug schon zweifelsfrei identifizieren?), so daß die Bevölkerung auch dann in Angst lebte, wenn England und Schottland keinen bewaffneten Konflikt austrugen. Daß englische und schottische Borderer sich trotz aller Gemeinsamkeiten auch untereinander ausraubten, steht außer Frage, allerdings hatten sie bisweilen zum eigentlichen Gegner jenseits der Grenze bessere Beziehungen als zu den Nachbarn diesseits der Grenze. Die verworrenen Verhältnisse dieser sogenannten „cross-border raiding alliances" durchschauten denn auch nur Eingeweihte, während die Repräsentanten der Regierungsgewalt oft hilflos vor den gordisch verknoteten Verhältnissen standen, die sie aufgrund ihrer relativ geringen Machtmittel nicht durchschlagen konnten. So entwickelte sich de facto ein Bereich eigenen Rechts (oder Unrechts), in dem Verbrechen aller Art, vor allem Diebstahl, Raub und Fehden an der Tagesordnung waren (was allerdings lange Zeit auch für andere Teile Schottlands gilt, aber eben nicht in derartiger Häufigkeit). Weder Regierung noch Kirche konnten hier erfolgreich moderierend eingreifen, im Gegenteil: erfolgreichen Beamten und Priestern sagte man nach, daß sie ins herrschende Unrecht genauso verwickelt waren wie die Kriminellen selber, ja einige der z.T. stark befestigten Kirchen des Grenzlandes galten als Lager für Hehlergut und etliche Kirchenmänner sollen bewaffnet durch die heiligen Stätten gewandelt sein. Man kann davon ausgehen, daß sie sich, wie noch Jahrhunderte später viele Priester, nicht zu schade waren, Waffen zu segnen und himmlische Hilfe für den nächsten Raubzug ihrer Schäfchen zu erflehen.

Die Roemer in Nordbritannien

Unwirtliche Inseln am Rande der Welt

Schon die Phönizier kannten die britischen Inseln als „Kassiterides", Zinninseln. Das seltene, für die Bronzeherstellung begehrte Metall erklärt, warum die Kaufleute des Mittelmeeres bisweilen ihr sonnenverwöhntes und mildes Klima verließen, um mit ihren Schiffen die unwirtlichen und kalten Gestade im Norden aufzusuchen und mit einer nicht immer freundlichen Bevölkerung Handel zu treiben. Der Weg dorthin war selbst für die professionellsten und geschicktesten Seefahrer im Süden Europas nicht als einfach zu bezeichnen, denn Seegang, Tidenhub und Strömungen unterschieden sich doch beträchtlich von deren heimischen Verhältnissen. Zudem mußten sie die für Mittelmeeranrainer eisigen Temperaturen von Wasser und Luft und eine lange Fahrt in Kauf nehmen. Dennoch nahmen die Phönizier und andere Händler diese Fahrten auf sich, denn das Geschäft warf hohe Gewinne ab, die die Strapazen schnell wieder vergessen ließen.

Auch die Römer, die spätestens während ihres nicht gerade friedlichen Kontaktes mit den Phöniziern[5] von diesen Inseln am Rande der Welt erfuhren, schickten lange vor dem ersten militärischen Konflikt mit Britannien ihre Kaufleute aus, um das Metall und auch Felle und Sklaven ohne die unerwünschten Zwischenhändler importieren zu können. Den ersten militärischen Konflikt mit den Inselbewohnern brachen die Römer selber von Zaun, denn an sich hatten sie von den in Südengland lebenden Kelten nichts zu befürchten, im Gegenteil: Seit annähernd zwei Jahrhunderten bestanden dauerhafte Handelsbeziehungen zwischen Kontinent und Insel, ohne daß es auch nur zu einem Invasionsversuch gekommen wäre. Allerdings ärgerte es die Römer, daß von Zeit zu Zeit britische Piraten ihre Schiffe gefährdeten und daß einige Stämme den geflohenen gallischen Kelten Asyl gewährten.

Gaius Julius Caesar war der ehrgeizige römische Staatsmann, der 55 v.Chr. erstmals eine solche Invasion vorbereiten und durchführen ließ. Als Provinzstatthalter Galliens, ein Posten, den er 58 v.Chr. nach seinem Konsulat übernommen hatte, hatte er die Macht Roms in diesem Teil der Welt immer weiter ausgedehnt (und seine eigene gleich mit). Daß er dafür Jahr für Jahr Krieg zu führen hatte, um die Unterwerfung der verschiedenen gallischen Stämme abzusichern, ist nicht nur durch sein eigenes literarisches Zeugnis[6] bekannt. Weder seine kurze Landungsaktion 55 v.Chr., die trotz des relativ großen militärischen Aufgebots eher ein umfangreiches Erkundungsunternehmen war, noch die weiter ins Landesinnere geführte Expedition des Folgejahres führten zu einer dauerhaften Stationierung römischer Legionäre. Das ist zwar einerseits verwunderlich, da der militärische Erfolg sich durchaus eingestellt hatte (so hatte Südostengland sich bereits ergeben), aber andererseits verständlich, da der Krieg in Gallien die volle Aufmerksamkeit von Feldherr und Truppe verlangte. Es war also zunächst nichts weiter als eine Machtdemonstration gewesen.

Eine ähnliche Demonstration, ja vielleicht gar eine ständige Erweiterung der römischen Besitzungen strebte auch Caesars Erbe Oktavian an. Allerdings gelangten diese Gedankenspiele nie über das Planungsstadium hinaus. Ebenso erging es Caligula, der es zwar zuwege brachte, sein Lieblingspferd zum Senator zu machen, nicht aber einen einzigen Legionär nach Britannien zu entsenden.

Römische Legionäre zur Zeit der römischen Invasion in Britannien

Die Eroberung Britanniens

Der nächste Schritt blieb den Truppen von Caligulas Nachfolger, Kaiser Claudius, vorbehalten, die 43 den römischen Adler einigermaßen fest in britischer Erde verankerten. Aulus Plautius war der Feldherr, der mit vier Legionen den militärischen Ruhm seines Herrschers mehren sollte. Nachdem Aulus erfolgreich seine Truppen motiviert[7], die Landung bewerkstelligt und den Weg bis an die Themse freigekämpft hatte, begab sich Kaiser Claudius höchstpersönlich auf die mysteriöse Insel, um in ganzen sechzehn Tagen das Hauptwiderstandszentrum, Camulodunum (Colchester), die Hauptstadt der Trinovantes, niederzuwerfen und die Unterwerfung benachbarter Stämme huldvoll entgegenzunehmen. Dann reiste er, vom Klima und den Menschen wenig begeistert, wieder in Richtung Rom ab, wo er dank des Erfolgs einen herrlichen Triumphzug durchführen konnte und den Beinamen „Britannicus" erhielt, den er großzügigerweise (oder wegen seines schlechten Gewissens?) seinem Sohn übertrug.

Die Römer waren gründliche Leute, die sich mit Halbheiten oder Teilzielen selten begnügten. Einmal im Land trieben sie auch im hohen Norden ihre Eroberung weiter voran. Noch Aulus Plautius und sein Nachfolger Publius Ostorius Scapula stießen weiter nach Norden und Westen vor, letzterer konnte 51 den Anführer des britischen Widerstandes Caractacus als Geschenk der Brigantes (ein Stamm im heutigen Yorkshire und Lancashire) entgegennehmen. Kaufleute, andere Dienstleister, Veteranen und einige Siedler folgten den Legionen, so daß das Hinterland zumindest in den größeren Siedlungen einen römischen Touch bekam. Der nächste größere Vorstoß erfolgte unter Suetonius Paulinus im Jahr 59 gegen ein Widerstandsnest der Druiden auf der Insel Anglesey. Einen Rückschlag erlitten die Römer, als sie 60 oder 61 das Königreich der Iceni übernehmen wollten, es entwickelte sich ein Aufstand verschiedener Stämme, in dem die IX. Legion, die gerade von der erfolgreichen Aktion gegen die Druiden zurückgekehrt war, besiegt wurde. Über 70.000 Römer sollen auf dem Schlachtfeld und bei den Racheaktionen der Briten in den Städten - auch London und St. Albans fielen - getötet worden sein, bevor Suetonius Paulinus die Stämme in einer offenen Feldschlacht in den Midlands vernichtend schlagen konnte.

An diesen Aufstand schloß sich eine längere Konsolidierungs- und Friedensperiode an, so daß noch zu Neros Zeiten im Jahr 67 die XIV. Legion aus Britannien abgezogen werden konnte. Die Brigantes nutzten die römische Schwächung aus, indem sie die romfreundliche Königin Cartimandua vertrieben und ihren romfeindlichen Ex-Gatten Venutius wieder einsetzten. Zunächst mußte Kaiser Vespasian sich dem germanischen Aufstand im Rheinland widmen, nachdem dies erfolgreich geschehen war, entsandte er seinen fähigen Feldherren Petillius Cerialis mit einigen frischen Truppen nach Britannien. Dieser führte jetzt die Eroberungspolitik wieder ein und brach mit aller Härte die Macht der Brigantes. Bei seinen Vorstössen gelangte er weiter nach Norden als je ein Römer vor ihm, von der neuen strategisch wichtigen Basis in Eburacum (York) aus stieß er bis an die Grenzen der späteren Borders vor, in Carlisle soll er einen Vorposten errichtet haben. Sein Nachfolger drang nicht weiter nach Norden vor, sicherte aber die römische Position durch Eroberungen im Süden und Westen.

Erst der Name Gnaeus Iulius Agricola sollte ab 78 wieder für Bewegung im Norden der Insel sorgen. Dieser talentierte General und sein aufsehenerregender Vorstoß ins heutige Schottland hinein sind uns durch keinen geringeren als den berühmten Geschichtsschreiber Cornelius Tacitus[8] überliefert. Tacitus tat alles erdenkliche für den Nachruhm Agricolas, was nicht ganz unverständlich ist, denn erstens war der wirklich begabt und zweitens war Tacitus Agricolas Schwiegersohn. Er vollendete erst einmal die walisischen Eroberungen und wandte sich dann nach Norden. In einem zumindest für Britannien beispiellosen Feldzug, den so mancher englische König in späteren Jahrhunderten gerne wiederholt hätte, unterwarf er endgültig die Brigantes, eroberte die schottischen Lowlands und überquerte den Forth. Das alles erreichte er nicht ohne die Gegenwehr der schottischen Stämme, die beinahe die IX. Legion vernichtet hätten9. Agricola, der die bereits damals nahrungsarmen Gebiete nicht als letzter als Mittel im Kampf gegen die Bevölkerung gebrauchen sollte, ließ alles für die Legionen erreichbare Gelände ausplündern - der Beginn eines für die Borderregionen typischen Leidens. Die so ausgelösten Hungerperioden konnten zwar den Widerstandswillen der Bevölkerung nicht brechen, veranlaßten aber die Kaledonier und die mit ihnen verbündeten Stämme, sich zum Kampf zu stellen. Im Jahr 84 errang er seinen berühmten Sieg am Mons Graupius über Calgacus, bei dem er britische Auxiliartruppen in der ersten Schlachtreihe und die Legionäre als Reserve einsetzte. Angeblich sollen 30.000 Angehörige verschiedener schottischer Stämme den Römern gegenübergestanden haben, eine Zahl, die man heute bezweifeln kann, die aber andererseits nicht stark übertrieben sein muß. Immerhin führten die Römer vier Legionen mit über 8000 Legionären und 11.000 Mann britische Auxiliareinheiten (davon etwa 3000 Berittene) in die Schlacht, ein Aufwand, den sie für einen Gegner unter 20.000 Mann kaum betrieben hätten. Wieder einmal konnte Agricola die Überlegenheit römischer Taktik in der offenen Feldschlacht beweisen. Entlang eines Berghanges hatte Calgacus seine Leute aufgestellt, die Agricola durch seine Auxiliareinheiten (darunter auch Angehörige der Stämme aus den späteren Borders) angreifen ließ. Nach anfänglichen Erfolgen mußten römische Kavallerie- und auch Infanterieeinheiten eingreifen. Die Sichelwagen der Kaledonier konnten wegen der ungünstigen Bodenverhältnisse nicht effektiv eingesetzt werden und so drängten die beweglicheren Briten und die Reserve aus Legionären und insbesondere die Reiter die Kaledonier immer weiter zurück. Erstaunlich ist, daß die Moral der schottischen Stammeskrieger weitgehend intakt blieb, so daß es keine Vernichtungsschlacht wurde. Weiteren Feldschlachten wichen die Unterlegenen nach dieser Erfahrung allerdings aus, indem sie sich nach Norden zurückzogen und auf ihrem Rückzugsweg nur verbrannte Erde hinterließen. Laut Tacitus sollen sie ihre Siedlungen vollständig vernichtet haben und, was auf eine extreme Härte verweisen würde, alle Stammesangehörigen, auch Frauen und Kinder, getötet haben, die dem römischen Gegner in die Hände zu fallen drohten. Die Römer charakterisierten ihre kaledonischen Gegner jedenfalls (unter anderem) als mutige Kämpfer mit schlechten Waffen, eine Einschätzung, die vor allem deshalb bemerkenswert ist, weil sie sich durch die gesamte Geschichte Schottlands hindurchzieht, denn immer mangelte es im eisenarmen Schottland trotz der vielen Beutewaffen an militärischen Gütern. Auf lange Sicht half dieser Sieg den Römern nicht. Agricolas Soldaten konnten sich auf schottischem Gebiet nicht dauerhaft halten und das Reich scheute eine dauerhafte Stationierung von mehr als drei Legionen und Auxiliartruppen, so daß die Gebiete jenseits des Forth wieder geräumt werden mußten.

Immerhin wissen wir durch Tacitus, daß die Borderregion zu dieser Zeit von vier Stämmen, die er Damnonii, Novantae, Selgovae und Votadini nennt, besiedelt wurden. Mit ihnen sollen die Römer im wesentlichen gut ausgekommen sein, sie sollen sogar den Status von „foederati" erhalten haben, aber das ist nicht genau nachweisbar. Eine vierte Legion, diesmal die II., wurde an die für Rom wichtigere Donaufront verlegt. Die Römer setzten nun ihre Konsolidierungspolitik in den unterworfenen Gebieten Britanniens fort, schufen bzw. verbesserten die Infrastruktur (insbesondere das Straßennetz, von dem noch viele Jahrhunderte profitieren sollten) und kartographierten ihren Herrschaftsbereich. Viele kleine Wachstationen und Festungen sicherten die Nordgrenze, von der tatsächlich zunächst keine akute Gefahr mehr ausging. Dennoch war das Leben in diesen Befestigungen nicht die angenehmste Stationierung für einen Legionär Roms, denn gerade im besonders unfreundlichen Winter wurden diese von Pikten, Mäaten und Kaledoniern[10] angegriffen. Selbst wenn ein solcher Vorposten nicht fiel, konnten sich die Angreifer sicher sein, daß die frierenden Legionäre sie nicht allzu weit verfolgen würden. Da sich die schottischen Stämme ansonsten passiv verhielten, ließen es auch Agricola, der kurz nach dem Sieg am Mons Graupius abberufen worden war, und seine Nachfolger bei kleineren Strafexpeditionen bewenden (z.B. nach dem Aufstand westschottischer Stämme 87) und unternahmen keine weiteren Versuche, den Norden ins römische Herrschaftsgebiet zu integrieren.

෫෫ ෫෫ ෫෫

Britische Kelten zur Zeit der römischen Invasion in Britannien

Die Waelle

Wenn Rom an einer Grenze zu dem Entschluß gelangt war, diese Linie zu halten, ging es diese Zielsetzung mit ebensoviel Hingabe und Energie an wie die vorausgegangene Eroberung. Eine der bekanntesten Sicherungsphasen ist die Regierungszeit von Kaiser Hadrian (117-138), dessen Name auch mit der ersten großen Grenzanlage auf englischem Boden verbunden ist. Der Kaiser selbst besuchte die Insel im Jahr 122 und gab einen Wall auf der Solway-Tyne-Linie in Auftrag, der 127 fertiggestellt wurde. Der Wall hatte eine Länge von etwa 74 Meilen und bestand zum größten Teil aus einem 16 Fuß hohen Steinwall mit Graben, der von 17 Kastellen und vielen kleinen Wachtürmen gesichert wurde. Weniger gefährdete Bereiche im westlichen Teil wurden als Erdwall mit Palisaden errichtet. Immerhin hatte Hadrian die VI. Legion nach England mitgeführt, die als eine der besten Truppen des Imperiums galt. Sie ersetzte die IX. Legion, die sich von der geschilderten Beinahevernichtung nie wieder erholt hatte und auch die Hauptlast der Aufstände in den Jahren 105 und 117 hatte tragen müssen. Was mit ihr - oder vielmehr ihren Resten - geschah, ist nicht genau nachvollziehbar, da sie in der Folge aus der Zählung verschwindet.

Unter der Herrschaft von Antoninus Pius (138-161) schoben die Römer die Grenze noch einmal nach Norden vor. Sie taten dies allerdings nicht, weil sie neuerlich versuchen wollten, weitere Gebiete zu erobern, sondern weil die Linie des neuen Antoninus-Walles vom Firth of Forth bis zum Clyde nur etwa 37 Meilen lang war und somit weniger Truppen band. Allerdings bestand dieser Wall in Gänze aus Erdaufschüttungen mit Palisaden und auch die Sicherungskastelle mußten sich mit dieser Konstruktionsweise begnügen. Der ganze Aufwand lohnte sich für die Römer nicht, denn trotz der strategisch günstigeren Linie konnten sie den Wall nur bis 184 halten. Erwähnenswert ist, daß unter Antoninus erstmals schottische Auxiliartruppen, sogenannte „Brittones" am Odenwald-Limes und an der Rätischen Mauer Dienst taten und sich in beiden Fällen bewährten. Nicht nur erwähnenswert, sondern mindestens erstaunlich ist die Effektivität der römischen Wälle. Bedenkt man, daß kaledonische Schiffer immerhin bis Irland gekommen waren, fragt man sich, warum sie dann nicht einfach die Wälle zu Wasser umschifften und südlich davon Landungsunternehmen durchführten. Vielleicht hatten sie nicht genügend Schiffsraum zur Verfügung, vielleicht trauten sie sich eine derartige Aktion bei der zu erwartenden guten römischen Gegenorganisation nicht zu oder vielleicht hatten sie ihre Schiffe nicht in ihre militärischen Überlegungen miteinbezogen - jedenfalls waren die Küsten der britischen Inseln bis zur Wikingerzeit (abgesehen von geringen Seeräubertätigkeiten) zur See hin sicher.

Als Rom im Jahre 193 einen neuen Kaiser brauchte, machte sich auch Albinus, der römische Heerführer in Britannien Hoffnungen und führte 196 einen Teil seiner Truppen aufs Festland. Das hätte er besser nicht tun sollen, denn erstens wurde er ein Jahr später von Septimus Severus geschlagen und zweitens gefährdete er durch seinen nutzlosen Vorstoß die römische Position in Britannien. Die Pikten waren die ersten, die den Abzug von Wachtruppen nutzten, um nach Süden vorzustoßen. Es gelang ihnen, den Wall teilweise zu zerstören und immer wieder plündernd ins Hinterland einzufallen. Obgleich der Statthalter des neuen Kaisers, ein Afrikaner namens Lucius Alfenus Senecio, der Überlieferung nach ein fähiger Mann war, bat er 207 um Verstärkungen oder den Besuch des Kaisers, da er die Lage trotz einiger Erfolge nicht vollends unter Kontrolle bekam. Septimus Severus ließ sich nicht lange bitten und kam, und mit ihm die Verstärkung. Diese war auch wichtiger, denn der Kaiser selbst war bereits so krank, daß er in einer Sänfte getragen werden mußte. Angesichts der neuen Soldaten baten die Rebellen um Frieden, aber der Kaiser blieb ungnädig. Zusammen mit seinen Söhnen Caracalla und Geta plante er einen großangelegten Feldzug nach Norden, vielleicht sogar wieder den Wiederaufbau des Antoninuswalls. 210 schlugen dann aber zuerst die Rebellen los. Caracalla, der zu seinem Bruder ein denkbar schlechtes Verhältnis hatte, zog daraufhin alleine los und war daher nicht bei seinem Vater, als der am 4. Februar 211 in York starb. Den Briten und vor allem den Bewohnern Schottlands konnte das nur recht sein, denn Caracalla brach den Feldzug ab, gab alles eroberte Gebiet auf und versuchte, sich zum alleinigen Herrscher zu erklären, obgleich auch Geta bereits Mitregent gewesen war. Beide versöhnten sich offiziell noch in Britannien, reisten nach Rom - und konkurrierten weiter auf immer bösartigere Weise. Caracalla, der in der Wahl seiner Mittel wenig wählerisch war, ließ Geta schließlich ermorden, wurde für etwa fünf Jahre Kaiser, um dann ebenfalls ermordet zu werden. Um die britischen Inseln kümmerte er sich während seiner kurzen Herrschaft nie wieder.

Dennoch (oder deshalb?) begann für den römischen Teil dieser Inseln eine längere Friedensperiode, die allerdings jeden Tag aufs Neue teuer erkauft wurde, denn Rom hatte an dieser relativ kurzen und unbedeutenden Grenze 40.000 Soldaten unter Waffen - beinahe zehn Prozent des gesamten Heeres. London wuchs zu einer Stadt von mindestens 25.000 Einwohnern heran und war Zentrum des Exports. Getreide, Sklaven (viele aus den westlichen Highlands) und Metalle waren die Güter, die Rom zu schätzen wußte. Die Vorrangstellung Londons wurde auch in späteren Jahrhunderten nicht mehr in Frage gestellt. Daß der Frieden nur der enorm großen Militärmacht zuzuschreiben war, zeigte sich ausgangs des 3. Jahrhunderts. Zu dieser Zeit hatte der legendenumwobene König Cole die vier nördlichen Stämme der Borders vereinigt. Sächsische Piraten begannen, über die Nordsee in das relativ wohlhabende Britannien vorzustoßen und irische und schottische Räuber taten dasselbe von Westen her. 367 zog Rom Soldaten ab, so daß die Situation sich verschärfte. Pikten, Skoten und Sachsen stürmten in einem kombinierten Angriff den Hadrianswall und konnten nur mit Mühe aus den nördlichen Provinzen wieder zurückgeschlagen werden. 383 kamen sie mit noch stärkeren Streitkräften zum nächsten Besuch und wieder hinterließen sie auf breiter Front in den Nordprovinzen und am Hadrianswall immense Schäden, die entweder gar nicht mehr oder nur noch unzureichend repariert wurden. Zwischen 383 und 395 wurde der Wall dann endgültig aufgegeben und 410, nach der traumatischen Erniedrigung des römischen Imperiums durch die Eroberung Roms unter dem Westgoten Alarich, ließ der Kaiser des Westreiches, Honorius (395-423), seinen römischen Untertanen in Britannien mitteilen, ab sofort müßten sie ihre Verteidigung selber in die Hand nehmen. Die beiden letzten Legionen zogen ab und hinterließen ein Machtvakuum, daß Sachsen, Pikten, Iren, Skoten und lokale britische Machthaber nach und nach in langwierigen, hin- und herwogenden Kleinkriegen ausfüllten. In einer Übergangsphase von acht Jahren war es noch ein römischer Gouverneur gewesen, der mit einheimischen Kräften die Abwehr gegen die alten und neuen Gegner organisierte, dann verließ auch dieser die Insel und Britannien wurde offiziell unabhängig. Überregionale Verbindungen wurden weitgehend gekappt (bzw. Reisen wurden einfach lebensgefährlich) und Britannien fiel auf den vorrömischen Status dauernder Kämpfe von Stämmen oder verfeindeten Gruppen zurück. Auch das Christentum, das sich etwa seit dem 3. Jahrhundert langsam ausgebreitet hatte[11] und seit 391 Staatsreligion geworden war, hatte nun einen schweren Stand. Nur das stete Wirken engagierter Männer wie St. Patrick, der schon in Irland erfolgreich missioniert hatte, ermöglichte ihm das Überleben in den keltischen Randzonen. Erst von diesen Rückzugsgebieten aus erreichte es dann mit der zusätzlichen Hilfe von Rom geschickter Missionare, wie dem ab 597 wirkenden Hlg. Augustin, auch die Völker, die als nächste die britischen Inseln eroberten.

Teil des Hadrianswalls nahe der Ortschaft Cawfields (Foto: Hadrians Wall Tourism Partnership)

Darstellung eines Sarmatischen Reiters auf einem Grabstein(Foto: Archiv des Autors)

Von Koenig Artus bis zur normannischen Eroberung

Machtvakuum und neue Invasoren

Die unüberschaubaren und gefährlichen Zustände in Britannien, die der Abzug der römischen Ordnungsmacht zur Folge hatte, nötigten jeden der neuen Machthaber und Usurpatoren, möglichst große Kräfte zur Verteidigung ihrer Positionen aufzubieten. Da große Teile der britischen Bevölkerung und der römischen Einwanderer nicht im Waffenhandwerk geschult waren, konnten sie nur auf ehemalige römische Legionäre, ehemalige Auxiliartruppen und wenige lokale Milizen zurückgreifen. Das war manchem Herrscher aber zu unsicher oder die Truppenstärke war zu gering. Außerdem gab es ja noch die schon unter den Römern praktizierte Möglichkeit der Söldner. Etwa um das Jahr 450, mitten in der Völkerwanderungszeit als Europa unter der Geißel der hunnischen Reiter Attilas zu leiden hatte, gedachte einer dieser vielen Machthaber mit dem Titel „Vortigern"[12], dessen Name nicht überliefert ist, diese Möglichkeit zu nutzen und rief Sachsen, die an der deutschen Nordwestküste siedelten, nach England. Unter den Brüdern Hengist und Horsa versahen sie zunächst ihren Dienst, waren aber bald mit dem Söldnerdasein nicht mehr zufrieden. Sie holten Frauen und Kinder nach und siedelten sich an. Daß eine derartige Landnahmeaktion auf wenig Gegenliebe bei den Briten stießen, ist verständlich. Es kam zum Kampf und Vortigern wurde 455 bei Aylesford in Kent geschlagen, allerdings kostete der Sieg Horsa sein Leben. Nach zwei weiteren Siegen 457 bei Crayford und 465 im Süden Londons stand den Sachsen das Land weitgehend offen. Auch Angeln und Jüten, die sich zuvor mit gelegentlichen Raubzügen begnügt hatten, siedelten sich in der Folgezeit an, so daß die englische Insel bis auf Wales, den Südwesten und den Norden (und natürlich auch Schottland) quasi germanisiert wurde. Das erste eigenständige Königreich wurde im Jahr 473 das von Jüten in Besitz genommene Kent. Die Kämpfe der keltischen Bevölkerung gegen die am Ende übermächtigen germanischen Stämme zwischen 450 und 550 sind auch die Zeit des in vielen Sagen und Legenden verehrten christlichen Königs Artus (oder in britischer Schreibweise Arthur). Schon sein Vater hat in der Überlieferung einen Platz erhalten.

Bei Kirkby Stephen liegt das sogenannte Pendragon Castle. Die Legende will wissen, daß Artus Vater, Uther Pendragon, in der Nähe des im

12. Jahrhundert erbauten Castles eine Fortifikation errichten lassen wollte. Um diese extrem sicher zu machen, soll er versucht haben, den Fluß Eden zu teilen, um den Schutz des fließenden Wassers zu nutzen. Es gelang ihm nicht, allerdings ist nicht einmal dieser Versuch historisch gesichert.

Tatsächlich war Artus derjenige Führer, dem die Kelten einige entscheidende Siege zu verdanken hatten, die die Sachsen nach 500 gut ein halbes Jahrhundert daran hinderten, weiter vorzurücken. Dieser Überlebenskampf, der in der Sage nicht ganz zu unrecht auch als Kampf zwischen keltischem Christentum und germanischem Heidentum stilisiert wird, gelang allerdings auf Dauer nicht. Wiederum blieb denen, die sich unterwerfen oder flüchten mußten der Trost der Sage - einst soll der auf die Zauberinsel Avalon[13] fortgeführte Artus in sein Reich zurückkehren und sein Volk zum Sieg führen. Das Christentum jedenfalls überlebte in den keltischen Rückzugsgebieten im Westen und Norden, so z.B. durch den Bischof Kentigern, der mit volkstümlichem Namen Mungo (gälisch heißt das „guter Freund") genannt wird und im 6. Jahrhundert lebte. Aus diesen Gebieten heraus wurde das Christentum auch mit Hilfe irischer Missionare langsam wieder verbreitet. Der berühmteste und wahrscheinlich auch wirkungsmächtigste unter ihnen dürfte St. Columban gewesen sein, der 563 nach seiner Flucht aus Irland mit 12 Schülern auf der Insel Iona vor der schottischen Westküste ein Kloster gründete. Auf dieser unscheinbaren schottischen Insel der Inneren Hebriden entstand eines der wesentlichen Zentren keltischer Christlichkeit in England. Schottland und Northumbria waren die wesentlichen Anlaufstellen für die von hier ausziehenden Missionare, von denen der bekannteste der 651 gestorbene St. Aidan war, der erste Abt des Klosters von Lindisfarne, das 635 gegründet worden war. Wandermönche begannen mit der Missionierung der nördlichen Angeln und Sachsen, die dann ab 597 in der Person des Abtes Augustin von Rom weiter vorangetrieben wurde. Er und seine Mönche erfuhren eine freundliche Aufnahme durch die christliche Frau des Königs Ethelbert von Kent. Sie wurden in eine alte, verfallene Kirchenruine geschickt, der man noch nicht ansehen konnte, was einmal aus ihr wachsen würde, heute ist der einst ungastliche und unscheinbare Ort wesentlich bekannter: er trägt den Namen Canterbury. Augustin wurde der erste Erzbischof von Canterbury und erreichte die Taufe Ethelberts. Er setzte neue Bischöfe ein und begann mit der Organisation der Kirche in England, die aber nach diversen Rückschlägen erst im 8. Jahrhundert abgeschlossen wurde.

Artus und der Kampf gegen die Angelsachsen

Der historische und der legendäre Artus verschmelzen in der oft nebelhaften Überlieferung zur schwer faßbaren Figur. Einiges wird in Fragmenten erwähnt, aber im wesentlichen muß man sich auf die später aufgezeichneten Tradierungen der Bardengesänge stützen, die als einzige die rauhe Zeit dieser zwei dunklen Jahrhunderte überdauerten[14]. Mit entsprechender Vorsicht sind daher die meisten Aussagen über seine Person und seine Zeit zu genießen. Den Legenden und den Barden folgend haben wir uns den Herrscher als Heerführer im ursprünglichen Sinn vorzustellen, d.h. er saß in vorderster Front auf seinem Schimmel und ritt die Attacken jeweils in der ersten Welle der Kavallerie, neben sich die Standartenträger mit dem roten und dem goldenen Drachen und seine getreuen Paladine. Silbern glänzte seine Rüstung und bronzen und golden sein Schild. In der Hand hielt er das berühmte Schwert „Excalibur" (oder englisch „Caliburn") oder „Rhon", den Speer, der angeblich von Elfenhand erschaffen wurde. Entsprechend gerühmt wurden seine Tapferkeit und Unerschrockenheit, sein Mut und sein taktisches Geschick, aber betont wird ebenfalls sein vorbildliches Christentum und seine persönliche Integrität.

Wieviel davon wahr, wieviel davon nachträgliche Idealisierung und Verklärung einer Heldenfigur ist, läßt sich in den spärlichen Belegen nicht mehr ausmachen und wird somit wahrscheinlich auf immer ein Geheimnis bleiben. Man darf aber zurecht vermuten, daß die normannischen Herrscher unter dem Einfluß der „Chansons de geste" versuchten, mit Hilfe dieser Legende ein nationales Identifikationsmythos zu schaffen (z.B., indem sie argumentierten, William the Conqueror sei ein rechtmäßiger Erbe von Artus[15]), das an ein goldenes Zeitalter erinnern sollte[16]. Christlichen und schon gar nicht ritterlichen Eigenschaften tat es nach dem Verständnis der Mönche, die die „Historia Britonum" abfaßten, keinen Abbruch, daß ihm die Tötung von 960 Feinden im Kampf zugeschrieben wurde, im Gegenteil: Kampf, Christentum und Minne liegen in den Erzählungen immer nahe beieinander. Es wird vermutet, er habe die Taktiken und Trainingsmethoden der römischen Elitekavallerie übernommen bzw. wiederbelebt, die bis zum Abzug des letzten Römers deren gefürchteste Truppe gewesen sein soll. Sie bestand aus Sarmaten und war die Eliteeinheit der VI. Legion, der Legion also, die mehr als zweihundert Jahre den Hadrianswall gegen die kriegerischen Pikten und Skoten sicherte. Die Sarmaten waren ein Volk, das nördlich des Schwarzen Meeres siedelte und bemerkenswerte Reiterkrieger hervorgebracht hatte. Angeblich sol-

Tintangel Castle, der sagenhafte (nicht historische) Geburtsort von König Artus

Keltische Siedlung („Hillfort") in den schottischen Lowlands (Fotos: Hagen Seehase)

len im Laufe des 3. und 4. Jahrhunderts etwa 15.000 Sarmaten nach Britannien gekommen sein, die sich bereits vor und noch stärker nach dem Abzug der Römer mit den Einwohnern Gododdins vermischt hätten. Da die Sarmaten die ersten waren, die konsequent den Steigbügel (der damals eine militärische Errungenschaft erster Güte war) und Kettenhemden bzw. Schuppenpanzer für Pferd und Reiter nutzen, waren sie damit die erste schwere Kavallerie (nicht nur) in Britannien.[17] Gegen den angelsächsischen Feind, dessen Streitmacht zunächst nahezu ausschließlich aus Infanterieeinheiten bestand, wird Artus dadurch im Vorteil gewesen sein.

Wo aber lebte der hochgeschätzte König? Es gilt heute als relativ sicher, daß Artus seine Siege im Raum zwischen Antoninuswall und Hadrianswall erfocht (damit wäre er ein früher Borderer) und daß hier und in der Nähe sein keltisches Volk siedelte. Dennoch gibt es weiterhin die Möglichkeit, die ihn in Südwestengland (Wales, Cornwall) ansiedelt.[18] Die Nordtheorie vermutet in Artus einen Anführer der Votadini im Reich „Gododdin" (was übersetzt einfach Nordreich bedeutet). Dessen Residenz hat man sich allerdings schlichter und weniger prunkvoll als in entsprechenden Filmen vorzustellen. Auch der Name ist geographisch nicht verortbar, bei dem sagenhaften Camelot wird es sich um die Befestigungsanlage „Yeavering Bell" in den Borders oder den Felsenhügel „Traprain Law" (in dessen Nähe bei Ausgrabungen Silber gefunden wurde, das wahrscheinlich aus dem römischen Britannien stammt) in Lothian gehandelt haben. Dieses vor der sächsischen Invasion nie eroberte Reich soll bereits den Römern viele Hilfstruppen, insbesondere Kavallerieeinheiten (vor allem wohl den Nachwuchs für die sarmatischen Einheiten), gestellt haben, konnte aber bereits vor deren Ankunft auf eine lange Kriegertradition zurückblicken. Eine genaue ethnische Zuordnung wagen selbst die begeistertsten Artus-Anhänger nur selten, es scheint sich um Kelten gehandelt zu haben, die im Laufe der Zeit mit einigen Piktenstämmen verschmolzen. In der Herrschaftsstruktur dieses Stammesverbands, den die „12 Könige des Nordens" regiert haben sollen, vermutet man den Ursprung der Tafelrunde. Im Kampf gegen die germanischen Invasoren sollen die ursprünglich unabhängigen Könige sich dauerhaft vereinigt haben, ohne ihre prinzipielle Eigenständigkeit aufzugeben. Gestützt auf die römischen Verteidigungsanlagen, Straßen und Forts, sowie auf ihre starke Kavallerie gelang den Nordkönigen unter ihrem „Dux bellorum" („Kriegsfürst" oder „Kriegsführer") die bis heute bewundernswerte Abwehrleistung.[19] Betrachtet man das Herrschaftsgebiet des Königs Artus, fällt allerdings auch die hervorragende geostrategische Lage ins Auge. Am Nord- wie am Südende gab es Befestigungen entlang relativ geringer Strecken, an denen jeder Punkt von einer berittenen Armee, die im Hinterland stationiert war, in einem Tag erreicht werden konnte. Zwischen den Grenzen weitete sich das Land zwar, aber kaum ein Angreifer konnte es sich leisten, seine Verbindungen zum eigenen Rückraum vollständig abreißen zu lassen. In diesem Fall mußte er nämlich riskieren, daß der vielleicht sogar einmal geschlagene Gegner neue Verbände dort zusammenzog, die sich ihm auf dem Rückweg durch eine der schmalen Grenzregionen wieder in den Weg stellen konnten. Das Problem des Reiches Gododdin war, daß es sich nach der Ankunft der Angeln und Sachsen dem bis dahin stärksten Gegner im Süden stellen mußte und gleichzeitig weiter von Pikten und anderen Stämmen im Norden bedroht wurde. Dieser Zweifrontenkrieg zermürbte auf Dauer die Kräfte des Reiches und so berichtet der Barde Aneirin, der auch „The Gododdin" genannt wird, von den letzten Kämpfen der Votadini in den dunklen nebelverhangenen Tälern des Nordreiches.

Zweifelsohne war der entscheidende Gegner der im Süden. Die Angelsachsen waren gute Kämpfer und hatten den Pikten im Regelfall die bessere Organisation, vor allem die bessere Logistik voraus. Die entscheidende Waffe der Angelsachsen war nicht etwa das im späteren Mittelalter so verklärte Schwert, sondern der Speer. Der einfache Soldat mußte sich oft genug mit Speer und Dolch oder Keule als Bewaffnung zufriedengeben und auch die höheren Ränge bis zu den Lords hinauf waren in jedem Fall mit einem oder mehreren Speeren bewaffnet. Mehrere Speere waren durchaus üblich, da es zwei Arten von Speeren gab. Zum einen gab es einen leichten Wurfspeer, der „javelin" genannt wurde, und zum anderen gab es den schweren und längeren Kampfspeer, der als Stoßwaffe zu Fuß oder zu Pferd genutzt wurde, im Prinzip wie ein aufgepflanztes Bajonett. Die Längen der Wurf- und Kampfspeere variierten zwischen 1.50 und 2.75 Meter, wobei die Körpergröße des Trägers mitberücksichtigt wurde. Die Tradition des schweren Stoßkampfspeers sollte sich lange Jahrhunderte halten, am längsten in der Borderregion: bis ins 18. Jahrhundert hinein. Geschützt wurde der Krieger von einem Rundschild, dessen Durchmesser zwischen 30 und 80 Zentimeter betrug. Es sollte also kein Ganzkörperschutz erreicht werden, wie er gegen Fernwaffen sinnvoll wäre, sondern es sollte eine Abwehrmöglichkeit gegen Nahkampfaktionen sein. Angesichts der Wurfspeere und der frühen Verwendung des Bogens[20] erscheint das seltsam, aber man muß bedenken, daß in diesen frühen Jahrhunderten noch keine längeren Ferngefechte üblich waren. Diese waren eher ein kurzer Schlachtauftakt, während die eigentliche Schlacht nach dem Zusammenprall beider Heere im Nahkampf entschieden wurde. Der

wurde zunächst mit dem Speer angegangen, bei zunehmendem Kampfgetümmel wich man dann, je nachdem was man sich zu leisten vermochte
(oder auf dem Schlachtfeld zu greifen bekam), auf Keulen, Äxte, Dolche
und Schwerter aus. Eine Rüstung aus Metall, zumeist ein Kettenhemd,
wie es seit dem Ende des 7. Jahrhunderts belegt ist, trugen nur professionelle Elitesoldaten und Adlige, die Masse des Aufgebots trug ihre Alltags-
kleidung und vielleicht ein dickeres Lederhemd darüber. Das Schwert
war die wertvollste Waffe, die oft über Generationen vererbt wurde. Für
ein sehr gutes Schwert sollen über 100 Rinder oder über ein Dutzend
Sklaven bezahlt worden sein.[21] Angesichts der passiven Schutzmöglich-
keiten eines gewöhnlichen Soldaten vermag man sich vielleicht auch heute noch die Furcht auszumalen, die ein trainierter Schwertkämpfer mit einer scharfen Waffe auszulösen vermochte (wer es nicht vermag, sollte einfach einmal mit einem scharfen Messer ein Stück Leder schneiden und
durchstechen - er wird sich wundern, wie leicht das geht).

Der nicht genau bestimmbare Tod ereilte den legendären Führer von
Gododdin, wahrscheinlich um die Mitte des 6. Jahrhunderts herum.
Der Sage nach hatte sein Neffe Mordred, ein extrem bösartiger junger
Mann ohne die geringsten ritterlichen Tugenden und Manieren, dem Artus
(dessen Menschenkenntnis eben auch nicht unfehlbar war) während eines
Kriegszuges auf dem Kontinent die Regierung anvertraut hatte, den Thron
und gleich noch die Frau des legitimen Königs für sich beansprucht. Artus
mußte also schleunigst in seine Heimat zurückkehren und den Kampf mit
dem Usurpator aufnehmen. In der ersten Schlacht unterliegt Mordred, kann
aber fliehen und sich in Cornwall zur Entscheidungsschlacht stellen. Mit
einem Heer aus Skoten, Pikten, Sachsen und Iren erwartet er Artus. Der
vermag zwar, die Schlacht nach Mordreds Tod für sich zu entscheiden, wird
aber selber tödlich verwundet und zur mystischen Insel Avalon entrückt,
von wo er dereinst zurückkehren soll. Die Grundlage dieser Erzählung ist
wahrscheinlich eine gewaltige Entscheidungsschlacht, die Schlacht von
Camlann, zwischen den keltischen Streitern des Königs Artus und den germanischen Eroberern, die sich zwischen 537 und 539 in der Nähe des Hadrianswalles (wahrscheinlich zwischen Wall und der alten Römerstadt Cam-
boglana - Corbridge - oder westlich von London) zugetragen haben könnte.
Diese Niederlage scheint der historische Artus nicht überlebt zu haben.

Die Votadini mußten sich daraufhin selbst helfen, denn spätestens ab
550 wurden sie so stark bedrängt, daß sie mitsamt ihren Familien und
aller beweglichen Habe in einer Art Miniaturvölkerwanderung in das keltische Rückzugsgebiet Wales flüchten[22] bzw. den anstürmenden Angel-

sachsen unterwerfen mußten. Bemerkenswert ist die Zeit bis zu ihrem Rückzug nicht nur wegen der zahlreichen Schlachten und Gefechte, sondern vor allem wegen einer ganz bestimmten Schlacht, der von Arfderydd im Jahr 574. Ein Barde mit Namen Myrddin Wyllt verlor aus irgendeinem Grund während der Schlacht die Kontrolle über seinen Verstand und zog sich in die Wälder zurück. Er, der als „Merlin the Wild" bekannt wurde, ist das historische Vorbild für den berühmten Magier Merlin der Artussage. Sein „Kollege" Aneirin erschuf um 600 das große Versepos „Gododdin", das Loblieb auf König Artus. Der blutige Rückzug kannte aber noch weitere Schlachten: Dyrham, Bath, Cirencester und Gloucester. 598 kam die Niederlage von Catterick bei York hinzu. In Wales konnten die Briten aus den Borders sich, vermischt mit anderen Kelten und den alteingesessenen Kymren, noch lange Zeit eine gewisse Unabhängigkeit wahren. Zwar wurde Wales wieder und wieder attackiert, aber weder Angelsachsen (immerhin führte Harold Godwinson höchstselbst von 1062 bis 1064 einen großen Feldzug), noch Dänen oder Normannen (die setzten „Lords of the Marches" ein, die als eine Art Markgrafen die Ruhe der Grenze garantieren sollten) brachten eine dauerhafte Eroberung zustande. Erst Edward I. konnte mit zwei Feldzügen 1277 und 1282-1284 das kämpferische Fürstentum endgültig dem englischen Herrschaftsanspruch unterwerfen.

Romano-keltische Krieger in Britannien (aus einer alten Handschrift)

Bewegte Zeiten: Machtwechsel und Abwehrkämpfe

Die siegreichen germanischen Stämme, im Norden also vor allem die Angeln, gründeten unabhängige Königreiche, Anfang des 7. Jahrhunderts sollen es etwa ein Dutzend gewesen sein. Das erste dieser Reiche war anscheinend East Anglia, dessen Ursprünge im Dunklen liegen und das die anderen kleinen Reiche vielleicht während einiger Jahre zu Beginn des 7. Jahrhunderts dominiert haben könnte. Der Titel ihres Herrschers, „Bretwalda"[23], ging bald auf die Herrscher Northumbrias über. Dieses im Nordosten gelegene Reich war eines der mächtigsten, wahrscheinlich das mächtigste der angelsächsischen Reiche. Es war als ebenfalls angelsächsische Gründung im 7. Jahrhundert unter König Ethelfried (gestorben 616) aus der Vereinigung der Königreiche Bernicia (dessen König Ethelfried zuerst gewesen war) und Deria entstanden. Dabei war es erstaunlich friedlich zugegangen, denn der Grund für die Vereinigung war die Heirat Ethelfrieds mit Aelle, der Tochter des Königs von Deria, gewesen. Das neue Reich erstreckte sich im Norden bis an den Firth of Forth, war aber nie in der Lage, die gesamte Landenge zu Schottland hin zu halten. Dadurch stand den schottischen Stämmen immer ein Einfallstor nach Süden hin offen, durch das sie sowohl in Northumbria oder in das südliche Königreich Mercia eindringen konnten, denn auch die weiter südliche liegende Engstelle des Hadrianswalls war nicht vollends im Besitz Northumbrias. Die Borderregion, die unter Artus noch einheitlich regiert worden war, war damit (nicht zum letzten Mal) geteilt. Diese Teilung sorgte jedenfalls bereits in diesen frühen Jahrhunderten dafür, daß die kriegerischen Qualitäten ihrer verschiedenen Bewohner nicht zum Erliegen kamen, denn jede Seite mußte jederzeit mit einem Überfall oder einer Strafexpedition (für die Betroffenen waren das ohnehin zwei Worte für das gleiche Ergebnis) der anderen Seite rechnen und entsprechend gewappnet sein. Im Süden erstreckte sich das Reich bis südlich von York an den Fluß Humber. Ethelfrieds Nachfolger wurde sein Schwager Edwin, den der päpstliche Missionar Paulinus, der erster Bischof von York wurde, zum Christentum bekehrte. Paulinus und seine geistlichen Mitstreiter sollen Tausende von Northumbrianern bekehrt und getauft haben. Wahrscheinlich war es den Königen von Northumbria hin und wieder durchaus recht, daß sie den Westen des Landes nicht kontrollierten, denn die Überfälle der Skoten trafen so auch ihren mächtigsten Gegner, das Königreich Mercia. Mercia, bzw. dessen heidnischer König Penda, war es schließlich auch, das eine frühe Einigung großer Teile Englands (d.h. der angelsächsischen Territorien) verhinderte. Northumbria hatte es durch kluge Politik und starke Militärmacht soweit gebracht, daß eine solche Einigung faktisch beinahe erreicht war, als Mercia revoltierte und damit die Einigungspläne zunichte machte. Da Northumbria beinahe gleichzeitig auch im Norden gegen die Pikten vorging, konnte es Mercia nicht mit ganzer Kraft begegnen. 633 wurde Edwin in einer Schlacht gegen Penda getötet. Nach einer kurzen Teilungsphase vereinigten sich die Reichsteile nach einem blutigen Bruderzwist wieder. Der neue König, Oswald, trieb die Missionierung seiner Untertanen voran, während seiner Regierungszeit entstand das Kloster Lindisfarne, das wegen seiner herausragenden Bedeutung auch das zweite Iona genannt wird. Leider wurde auch ihm himmlischer Beistand nicht zuteil, als er sich gegen Penda 642 in die Schlacht von Maserfield (Oswestry) begab. Wieder fiel der König Northumbrias. Sein Körper wurde geteilt und an verschiedenen Orten begraben. So wurde sein Kopf in Lindisfarne beigesetzt, während seine Arme in der Residenz Bamburgh und sein Körper in Bardney in Lincolnshire begraben wurden. Er wurde in der Folge als Märtyrer und Heiliger verehrt und seine Schreine zogen viele Jahre Pilger an. Oswalds Bruder Oswy konnte den Abstieg Northumbrias nicht mehr entscheidend stoppen. Zwar konsolidierte er seine Machtposition in der Schlacht von Winwaed 655, in der es eine northumbrianische Streitmacht schaffte, eine etwa dreimal so große Armee Pendas von Mercia und seiner Verbündeten aus East Anglia zu schlagen, und er stand der Synode von Whitby im Jahr 664 vor, die die Differenzen zwischen keltischer und römischer Kirchenauffassung beilegte, aber er mußte auch erkennen, daß der starke Gegner im Süden immer mächtiger wurde.

Und nicht nur das. In der Nähe des heutigen Dunnichen beendeten die heidnischen Pikten im Jahre 685 den Vorstoß und indirekt auch die Herrschaft des Königreiches Northumbria. 676 hatten sie sich zunächst gegen dessen Herrschaft, die sich bis zum Firth of Forth erstreckte, erhoben, ihr Aufstand war allerdings blutig niedergeschlagen worden. Das piktische Königreich von Fortriu überwand diese Schlappe erstaunlich schnell und erhielt 682 in der Gestalt des Königs Bridei einen tatkräftigen Herrscher, der zusammen mit seinem Bruder ein eigenständiges, von Northumbria vollständig unabhängiges rein piktisches Reich errichten wollte. Ihre Bestrebungen waren dem Herrscher Northumbrias, Egfrith, ein Dorn im Auge und er rüstete eine Streitmacht aus, die das piktische Territorium plünderte und heimsuchte. Der genaue Hergang der Schlacht im Mai 685 ist nicht rekonstruierbar, aber wahrscheinlich ist, daß die Streitmacht Egfriths sich von Nordwesten her die Dunnichen Hills umging, wo die Pikten Aufstellung genommen hatten. Möglicherweise wollte Egfrith diese Stellung umgehen und führte deshalb sein Heer zwischen den Hügeln und dem Nechtansmere, einer sumpfigen und morastigen Gegend, entlang. Wie auch immer, er tappte in eine Falle, denn die Pikten stürmten nun frontal den Hügel hinunter. Der schwungvolle Angriff warf die überraschten Krieger aus Northumbria zurück - ins Verderben des Morasts. Die unschöne Wahl zwischen den Äxten, Keulen und Schwertern der Pikten oder dem sumpfigen dunklen Morast verursachte eine massive Panik, so daß jeder versuchte, sich zu retten. In einer solchen Situation dachte keiner der Krieger mehr an den Neuaufbau einer Schlachtordnung oder auch nur den Versuch geregelten Rückzugs zu den Seiten. Die Katastrophe war perfekt und die Pikten hatten bei der Verfolgung des Gegners leichtes Spiel. Den Pikten selber half der Sieg nicht wesentlich, denn nach dem Tod Brideis zerstritten sich die Stämme in althergebrachter Weise und bekämpften sich in blutigen Kleinkriegen und Fehden. Damit war die kurze Einigungsphase zuende, bevor sie richtig begonnen hatte. Das bedeutete nicht, daß der Norden nun für Generationen beruhigt war, allerdings hatten Northumbria bzw. seine Nachfolger keine piktische oder piktisch-schottische Invasion mehr zu befürchten, sondern „nur" Überfälle einzelner Trupps. Zum Glück für die Betroffenen bekämpften sich die Stämme Schottlands aber auch gerne gegenseitig, so daß nur ein Teil der Aggression nach Süden getragen wurde. So bekämpfte etwa der Pikten-König Oengus (nach 730), der laut Überlieferung ein echtes Scheusal gewesen sein soll (man bedenke, daß Mönche und nicht Pikten die Überlieferungen verfaßten) nach einem Friedensvertrag mit den Angeln gut zehn Jahre lang andere schottische Stämme, setzte nach Irland über und stieß den König des irisch-schottischen Reiches Dalriada[24] vom Thron. Allzu übermütig verabredete er sich mit seinen Verbündeten zum Marsch auf das Königreich Strathclyde, diese ließen ihn aber im Stich und seine Armee wurde vernichtet.

Im Fall einer Auseinandersetzung wie der zwischen Northumbria und den Pikten gibt es meistens einen lachenden Dritten und das war in diesem Fall Mercia. Das Machtzentrum verlagerte sich nun genau dorthin und bereits gegen Ende des 7. oder zu Beginn des 8. Jahrhunderts übernahm Mercia die Herrschaft über Northumbria. Beflügelt durch diesen Erfolg expandierte Mercia weiter. Unter der Herrschaft des starken Königs Offa (757-796) unterwarf es Sussex, Essex und die Isle of Wight. Ausserdem grenzte Offa die kriegerischen keltischen Waliser aus, die immer wieder ins angelsächsische Gebiet einfielen, indem er den nach ihm benannten Offa-Wall errichten ließ. Auch wenn es noch etwas verfrüht und übertrieben war, nannte dieser Herrscher sich bereits König von ganz

Holy Island Castle, Lindisfarne (Foto: Hagen Seehase)

Great Farne Island (Foto: Hagen Seehase)

England. Sein Nachfolger arbeitete weiter an diesem Ziel, mußte aber einsehen, daß das auf der Karte so unscheinbar klein wirkende Wessex nicht zu schlagen war. Unter Offas Herrschaft begegneten die Engländer auch einem neuen Feind, der mit schnellen Schiffen über das Meer kam und eine Taktik blitzartiger Überfälle vorführte, die die Borderer späterer Jahrhunderte inspiriert zu haben scheint. Im Jahr 793 machten die ersten von ihnen (so man denn die Mönche Lindisfarnes dazuzählen will) Bekanntschaft mit den Insassen dieser Schiffe. Ausgerechnet die friedliche Abtei auf der kleinen, nicht einmal sechs Quadratkilometer großen Insel Lindisfarne (Holy Island) an der Küste Northumberlands, die einst von irischen Mönchen gegründet worden war, hatten die heidnischen Männer aus dem Norden sich für ihren ersten Kontakt ausgesucht.[25] Auch der Volksheilige des englischen Nordens, der 687 gestorbene heilige Cuthbert, hatte hier gewirkt und hier war das Book of Lindisfarne, eine der schönsten Bibelübersetzungen Englands, geschaffen worden. Das, was die Mönche am Morgen des 8. Juni 793 erwartete, war schlimmer, als alle Naturgewalten, die das wahrlich rauhe Klima auf der kleinen Insel zu bieten hatte. Es war noch früh, aber schon hell, das Morgengebet war gesprochen, das Tagewerk hatte eben begonnen, als einige Fischer in heller Aufregung an die Pforte des Klosters schlugen. Es wurde ihnen geöffnet, sie verlangten, den Abt zu sehen, der schnell herbeikam. Mönche versammelten sich um die Gruppe. Unbekannte Wesen, so berichteten die zitternden Fischer, seien mit seltsamen Schiffen vor Anker gegangen, noch nie hätten sie so entsetzliche Schiffe gesehen, Köpfe von Drachen und anderen unheimlichen Fabeltieren könne man sehen, rote, wie mit Blut getränkte Segel hätten diese Schiffe mit einer unglaublichen Schnelligkeit ans Ufer gebracht. Zweifelnd, aber unsicher geworden, blickte der Abt, noch unsicherer blickten die versammelten Brüder auf die durcheinanderredenden Männer. Zeit zum Überlegen blieb den Mönchen kaum, denn schon erspähten sie die ersten sichtbaren Feuersäulen. Rasch ließ der Abt alle Zugänge schließen, dann sollten die Brüder beten, um diese satanischen Wesen zu vertreiben. Doch kaum war die letzte Pforte verschlossen, waren sie da: Unter ihren schweren Axthieben brach der Haupteingang, bevor ein Gebet in der Kirche möglich war, bevor irgendeine weitere Maßnahme ergriffen werden konnte, splitterte das Holz und gab den Angreifern den Weg in die heiligen Mauern frei. Derartig hünenhafte Gestalten, die mit wilden unverständlichen Siegesrufen ins Kloster hineinströmten, hatten auch die Mönche noch nie zu Gesicht bekommen. Allen voran der Abt versuchten die beherzteren unter ihnen, die Fremden mit „Pax vobiscum"

(„Friede sei mit euch") und Willkommensgrüßen in verschiedenen Sprachen zu besänftigen, während die weniger beherzten zur Kirche eilten, um dort Schutz zu suchen. Schnell mußten beide Parteien die Sinnlosigkeit ihres Tuns erkennen, denn diesen Menschen war nicht nach Besänftigung zumute. Sie schlugen diejenigen nieder, die sich ihnen in den Weg gestellt hatten und drangen in die Gebäude ein. Wahrscheinlich waren sie erstaunt, daß keine Gegenwehr geleistet wurde, aber dies hinderte sie nicht an ihren Plünderungsabsichten, im Gegenteil, hohnlachend nahmen sie die Passivität ihrer Gegner als Feigheit zur Kenntnis und probierten hier und da, wie weit man die Kerle in den komischen Gewändern demütigen, schlagen und quälen konnte, ohne daß sie sich wehrten. Das heilige Kreuz, unter dessen Schutz einige Mönche sie in der Kirche beim Gebet erwarteten, interessierte sie ganz offensichtlich, aber lediglich das Gold und die feine Schmiedearbeit waren es, die sie bewundernd betrachteten, nachdem sie dessen Träger kurzerhand erschlagen hatten. So schnell, wie sie gekommen waren, verschwanden sie nach dem Überfall wieder. Nur eine Handvoll Überlebender, die sich in den unzugänglichen Klippen versteckt hatten, ein paar Fischer, die schon ausgefahren waren oder Muscheln gesucht hatten, konnten diesem schnellen Rückzug gebannt zuschauen. Vor Angst zitternd wagten sie sich nach einiger Zeit aus ihren Verstecken und es bot sich ihnen ein Bild der Verwüstung: Noch wütete das Feuer allerorten, das Dorf war vollständig zerstört, die Abtei eine leichenübersäte Ruine, die Räuber hatten alles, was eßbar, trinkbar oder wertvoll war, mitgenommen, das Steinkreuz des Bischofs Ethelwold hatten sie umgestürzt, die in der ganzen Region bewunderten Kirchengerätschaften, den Bischofsstab, die Monstranz, die Kruzifixe, die goldenen Schalen und Kelche, die Leuchter, die Hostienbüchse - kein einziges Teil hatten sie zurückgelassen. Was die Mönche von Lindisfarne an diesem Junimorgen des Jahres 793 hatten erleiden müssen, war der Auftakt zu einer Raubzugs-, Handels- und Expansionsbewegung der Wikinger, die Europa in Angst und Schrecken versetzen und verändern sollte.

Für Mercia als Staat aber sollte es noch schlimmer kommen. König Ethelbert von Wessex (802-839), der am Hof Karls des Großen aufgewachsen war und dort offensichtlich eine gute Ausbildung genossen hatte, beschloß nun seinerseits, Wessex zu vergrößern und besiegte das so übermächtig wirkende Mercia in einer Reihe von Feldzügen, so daß er die Oberhoheit über die angelsächsischen Reiche erreichte. Leider konnten seine Nachfolger sich in diesen bewegten Zeiten keineswegs auf den Lorbeeren Ethelberts ausruhen, denn schon in seinem letzten Regierungsjahr zeigte sich ein neuer Gegner: die Dänen.

Auch sie gehören zu dem Sammelbegriff „Wikinger", und wie ihre skandinavischen Verwandten, die Lindisfarne und viele andere Klöster (so auch das berühmte Iona) und Küstenstädte überfallen hatten, waren sie zunächst „nur" als Plünderer gekommen. Ihre Einfälle häuften sich aber und nach 866 begannen sie mit einer planmäßigen Eroberung der angelsächsischen Reiche von London aus. Auch im Norden waren die Zeiten der Bedrohung dadurch nicht geringer geworden, denn auch andere Eroberungslüsterne wollten sich ihre Scheibe vom Kuchen sichern. 839 fielen skandinavische Wikinger in das piktische Reich ein und vernichteten dessen Armee. Der letzte piktische König, Eoghann, soll in diesem Kampf gefallen sein. Auch die drei aus Dublin stammenden Wikingerjarle Amlaib, Imar und Anisle gedachten, sich das piktische Königreich, bzw. seine zerstrittenen Einzelteile zu sichern, die zudem im Kampf mit den Schotten standen, und griffen 866 an. Sie eroberten tatsächlich Teile des Landes (870/71 fiel Dunbarton) und verwüsteten Strathclyde, konnten sich aber nicht lange halten, was darauf hindeutet, daß sie taktisch und organisatorisch der heimischen Bevölkerung nicht oder doch nicht wesentlich überlegen waren. Dennoch hielten verschiedene skandinavische Nordmänner eine Reihe von Siedlungen in Nordbritannien, großen Erfolg hatten sie vor allem aufgrund ihrer Schiffe in Argyll mit seinen vielen Fjorden und Inseln. Sie konzentrierten sich außerdem in Caithness, auf den Shetlands, den Orkneys, den Hebriden und im Gebiet um Carlisle und Dumfries. Die Schotten, die unter Kenneth Mac Alpin bereits die Situation des ersten Angriffs genutzt und von Westen her ab 841 piktische Gebiete erobert hatten, vermischten sich mit den nunmehr militärisch unterlegenen Pikten. Sie und ihre Kultur (über die ohnehin nicht viel Genaues bekannt ist) verschwanden so nach und nach aus der Geschichte. Kenneth´ Krieger fielen nun des öfteren in Northumbria ein, wo sie allerdings nicht erobern, sondern Beute machen wollten. Kenneth Mac Alpin, der sich als erster König der Schotten nennen durfte (auch wenn das bereits sein Vater getan hatte), starb 860 und wurde in Iona bestattet.

Auch die kampfgewohnten Angelsachsen wollten sich nicht so leicht in die Knie zwingen lassen. Zwar konnten die Dänen Ost-Anglia und das sogenannte „Fünfburgenland" besetzen und nach 876 das ehemalige Northumbria erobern, aber die Angelsachsen sammelten sich bereits wenige Jahre später unter ihrem tatkräftigen König Alfred dem Großen (871-899). Als König von Wessex begann er den Kampf gegen die Invasoren vom Südosten her. Da er sein Gebiet (durch Festungsbau) und seine Leute (durch hartes Training und ausreichende Bewaffnung) gut vorbereitet hatte und die Besonderheiten des Gegners beachtet hatte (durch den Bau einer eigene

Flotte), gelang ihm 878 nach schweren Kämpfen der Sieg bei Edington und 885 die Eroberung Londons. Zwar waren die Dänen damit noch nicht vertrieben, aber Alfred erreichte ein Grenzabkommen, das ihm alle eroberten Gebiete sicherte und die Dänen auf ihr Restterritorium verwies. Auch in anderen Teilen Englands wurden jetzt „Burgen" gebaut. Diese „burghs" oder „burhs" genannten Befestigungen waren allerdings keine Burgen im heutigen Sinn - also keine uneinnehmbar scheinenden Festungen. Es handelte sich hierbei um befestigte Dörfer, die der König oder die Hochadligen durch das Bauaufgebot, das „burh-bot", errichten lassen konnten. Gebaut wurde mit Holz und Erde, keine der „burghs" scheint besonders widerstandsfähig gewesen zu sein, was auch erklärt, daß die Wikinger so gut wie nie Probleme mit der raschen Eroberung dieser Befestigungen hatten, obwohl sie über keinerlei schweres Belagerungsgerät verfügten. Burgen im kontinentalen Sinn kannten die Angelsachsen zunächst nicht, erst die normannische Invasion und Landdurchdringung nach 1066 eröffnet die große Zeit des Burgenbaus. Selbst die Normannen mußten sich oft fürs Erste mit Erd-Holz-Bauten zufriedengeben, bis sie in Stein bauen konnten. Die ersten Steinburgen waren Chepstow (begonnen 1067), Colchester (begonnen 1076) und der Tower von London (begonnen 1078). In den Bordergebieten war Brough (Cumbria) die erste Steinbefestigung, die man der Einfachheit halber auf den Ruinen eines römischen Forts errichtete. Es folgten Barnard Castle und Bamburgh Castle[26]. Letzteres konnte seien Anwohner schon in frühen Jahrhunderten nicht immer vor Feinden bewahren. So konnten die Dänen es zweimal erobern, was allerdings vor allem daran lag, daß die Bewohner es verfallen ließen. Alfreds Nachfolger Edward der Ältere (899-924) und Athelstan (924-939) führten das begonnene Werk fort und unterwarfen die dänischen Reiche. Einem dieser beiden Könige gebührt nach Ansicht der modernen Forschung tatsächlich erstmals das Attribut „König von England". Am ehesten sollte man es vielleicht dem letzteren zukommen lassen, denn entscheidend war der Sieg von Brunanburgh[27] im Jahr 937 (oder 938). Dänen, Schotten (unter König Constantin), Waliser und Anlaib, der König von Dublin (eine bedrohliche Allianz mit großer militärischer Kraft) hatten sich unter Olaf Quaran („Kleinschuh") vereinigt und unterlagen Athelstans Truppen. Es war die blutigste Schlacht der Wikingerzeit, an der über 40.000 Krieger beteiligt gewesen sein sollen. Mehrere Tausend auf beiden Seiten kamen ums Leben und alleine fünf Kleinkönige auf Athelstans Seite fielen. Anlaib schwang sich nach Athelstans Tod immerhin zum König von York auf und eroberte weitere Gebiete, so daß er sogar als Herrscher des dänisch beherrschten Nordenglands, des sogenannten „Danelaw", anerkannt wurde.

Mit dem Ergebnis gaben die Dänen sich nicht zufrieden. Allerdings benötigten sie etwa 70 Jahre, um sich von dieser schweren Niederlage zu erholen. Inzwischen kamen aber kleinere Verbände von Kriegern nach England und wurden dort teilweise als Besatzungstruppen engagiert, wie etwa die Krieger von Erik „Blutaxt". Selbiger war wegen seiner Grausamkeit aus Norwegen vertrieben worden und war Athelstan als Klientelkönig Northumbrias durchaus willkommen (allerdings wäre ein militärischer Konflikt für den schwer angeschlagenen Athelstan auch ein Vabanquespiel gewesen). Als nach Athelstans Tod dessen Bruder Edmund König wurde, von dem bekannt war, daß er keine Nordmänner mochte, setzte Erik „Blutaxt" sich auf die Orkneys ab, wo ihm niemand seine Herrschaft streitig machte.

Erst der Herrscher des berühmten Nordseereiches, Knut der Große (1016-1035), in englischer Schreibweise Canute, konnte England bis 1013 erobern. Er verhielt sich klug, indem er mit mächtigen englischen Familien zusammenarbeitete und sie bei der Verteilung des Landes entsprechend berücksichtigte. Natürlich war das für die Hinterbliebenen der vielen Gefallenen ein geringer Trost, denn sie verloren ihr Land zumeist an dänische Familien. Außerdem heiratete Knut die Witwe des Königs (Athelred, 978-1016) und wurde Christ. Einen Teil seiner Gefolgsleute bezahlte er aus und schickte sie nach Skandinavien zurück, um keine Usurpatoren neben sich hochkommen zu lassen. Auch Knut mußte sich mit dem unruhigen Norden beschäftigen, im Jahr 1031 setzte er sich an die Spitze einer Armee, um die schottischen Einfälle in Northumbria zu beenden, Erstaunlich ist, was jetzt geschah. Ohne eine einzige Schlacht, lediglich nach ein paar Geplänkeln streckten die Schotten die Waffen vor dem berühmten Kriegsherren. Northumbria akzeptierte dankbar die Oberhoheit Knuts. So weit gedachten die Schotten allerdings nicht zu gehen und Knut zwang sie klugerweise auch nicht dazu, da dies für ihn eine kräftezehrende und wenig gewinnträchtige Auseinandersetzung bedeutet hätte. Knuts Nichte Sigurn heiratete den Earl von Northumbria. Aus dieser Verbindung ging eine Tochter, Aldgyth, hervor, die von den Eltern bestens verheiratet wurde. Ihr Mann war immerhin Maldred, der Bruder des schottischen Königs Duncan I. Folgenschwer wurde diese Heirat dadurch, daß damit dynastische Ansprüche des schottischen Königshauses auf Northumberland entstanden, die natürlich die englische Seite nicht anzuerkennen bereit war. Knuts Söhne konnten nur bis 1042 die Herrschaft in England aufrecht erhalten (Norwegen war gleich nach Knuts Tod verloren gegangen), dann übernahm Edward der Bekenner (1042-1066), ein Sohn Athelreds, wieder die Regierung. Ohne die innerbritischen Konflikte genauer aufzuschlüsseln, kann man verkürzt sagen, daß Edward nicht uneingeschränkt und konfliktfrei regierte. Daher hinterließ er bei seinem Tod am 5. Januar 1066 drei Thronanwärter: William, den Herzog der Normandie, König Harald Hardraada von Norwegen (1047-1066) und Earl Harold Godwinson. Letzterer verlor keine Zeit mit verständnisvollen diplomatischen Bemühungen, sondern ließ sich am Tage des Begräbnisses seines Vorgängers krönen. Weder der eine, noch der andere Anwärter gedachten allerdings, diesen Affront kampflos hinzunehmen und rüsteten Invasionstruppen[28] aus, die nur allzu bald gegen England fahren sollten. Man sollte nicht vergessen, daß in dieser Situation das Schicksal Englands entschieden wurde. In jedem Fall war die Frage des Glaubens entschieden, denn alle Konkurrenten waren christianisiert. Siegte Harold, würde es sächsisch dominiert bleiben, siegte William, würden latinisierte Normannen das Land prägen und siegte Harald, würden die Skandinavier neues Gewicht erringen.

Harold sah sich also der Aufgabe gegenüber, zwei Invasoren bekämpfen zu müssen, von denen jeder einzelne ein ernstzunehmender Gegner war. Außerdem hatte er Familienzwist mit seinem Bruder Tostig, dem Earl von Northumbria. Dieser erklärte sich zur Zusammenarbeit mit dem norwegischen König bereit, so daß der mit einer Flotte von annähernd 300 Schiffen problemlos in England landen konnte. Tostig hatte außerdem Truppen in den Borderregionen und Schottland angeworben. Diese für englische Verhältnisse allein vom äußeren Erscheinungsbild her schreckenerregende Armee errang am 20. September gleich ihren ersten Erfolg, als sie eine englische Armee unter den Earls Edwin und Morcar in der Schlacht von Gate Fulford besiegten. Damit lag Northumbria offen vor den Invasoren, York ergab sich kampflos und stellte Geiseln. Die Sieger waren bester Laune und teilten ihre Truppen, ein Teil sollte die Schiffe bemannen und die Küste entlangfahren, ein Teil sollte zu Land vorrücken. Dieser Teil der Armee machte sich denn auch auf den Weg und marschierte Richtung York, um die Geiseln abzuholen und etwas auszuspannen. Entsprechend der Erwartung, daß sie die einzige Armee im Umkreis von mehreren Tagesmärschen waren, hatten sich die Soldaten mit Zustimmung oder zumindest Duldung ihrer Kommandeure Marscherleichterung befohlen. Die Helme baumelten an Bändern klappernd hin und her, die Schilde hatte man sich auf den Rücken geschnallt und die Kettenhemden ebenso. Gute Laune und fröhliche Stimmung herrschten vor, als die Vorhut (soviel Vorsicht hatte Harald trotz allem walten lassen) in der Ferne ein Glitzern sichtete, das sie an die Sonnenspiegelungen der norwegischen Gletscher erinnern mochte. Hier im zwar kühlen, aber im September bestimmt nicht überfrorenen England, konnte es sich allerdings nicht um ein derartiges Naturereignis handeln. Allzu schnell verflog die fröhliche Stimmung, als klar wurde, daß der Grund für die Sonnenreflexionen die Schilde und Panzerhemden einer großen englischen Armee waren, die König Harold in sechstägigem Gewaltmarsch nahe an die Stamford Bridge herangeführt hatte. Hektisch rüsteten sich die Krieger, Eilboten wurden zur Flotte geschickt und eine Kampfaufstellung veranlaßt. Schon jetzt war klar, daß die Invasoren zahlenmäßig unterlegen waren und so versuchte Harold, seinen Bruder Tostig zum Überlaufen zu bewegen, was dieser trotz Amnestie und Erhalt von Machtposition und Ämtern ablehnte.

Um Zeit für die Organisation seiner Truppen zu gewinnen, befahl Harald einem seiner „Berserker", also einem der gefürchteten großen und extrem starken Wikingerkrieger, auf der Brücke Stellung zu beziehen und den Feind aufzuhalten. Zunächst nahmen die Engländer den Kampf in ritterlichem Sinn Mann gegen Mann auf, aber der „Berserker" machte seinem Namen alle Ehre und tötete einen nach dem anderen. Wo Gewalt nicht hilft, dachte sich ein findiger Angelsachse, muß eben die List herhalten. Während einige Helfer den gefährlichen Gegner zum Schein weiterhin attackierten (und dies zum Teil mit dem Leben oder der Gesundheit bezahlten), hangelte er sich unter der Brücke entlang und gelangte endlich unter den Feind. Hier suchte er sich eine genügend große Lücke im Holz, zielte mit seinem

Normannische Krieger
des 11. bis 13. Jahrhunderts

Speer und stieß zu. Hinterhältigerweise hatte er bei diesem Stoß auf den höchst empfindlichen, verwundbaren und von unten nicht geschützten Bereich zwischen den Beinen gezielt, so daß selbst ein „Berserker" durch die so verursachten irrsinnigen Schmerzen nicht mehr zu weiterem Widerstand fähig war und von den nachsetzenden Engländern getötet wurde. Harold konnte seine Truppen über die Brücke führen und der Kampf begann.

Die Engländer nutzten ihren numerischen Vorteil, indem sie immer wieder kleine Verbände aus der gegnerischen Aufstellung heraussprengten, diese umzingelten und aufrieben. Harald Hardraada war Feldherr genug, um zu wissen, daß ein Sieg unmöglich war. So beschloß er, wenigstens als echter Wikinger zu sterben. Er ergriff sein Schwert mit beiden Händen und stürmte in die englischen Linien, wo er schließlich von der Übermacht niedergemacht wurde. Das war zweifelsohne tapfer, wahrscheinlich aber ein heldenhafter Fehler, denn noch bevor der Widerstand der norwegischen und schottischen Einheiten gebrochen war, trafen Verstärkungen von der Flotte ein. Eine Zeit lang wogte nun der Kampf mit hohem Blutzoll auf beiden Seiten unentschieden hin und her, so daß ein lebender König jetzt mehr hätte bewirken können. So aber gewannen die Engländer langsam wieder die Oberhand und verfolgten die fliehenden Norweger und Schotten bis an die Küste. Angeblich sollen die Überlebenden nicht einmal ausgereicht haben, um 100 der 300 Schiffe seetauglich zu bemannen. Das Schicksal von Harolds Bruder Tostig ist nicht gesichert. Während einige Berichte dazu tendieren, ihn unter die Gefallenen zu zählen, meinen andere, er sei über das Baltikum nach Skandinavien geflüchtet und von dort aus als Söldner zur Warägergarde des byzantinischen Kaisers gegangen.

Dieser Sieg war ein Erfolg, der auf dem Überraschungsmoment basierte, doch damit war erst einer der Gegner bezwungen. Der andere war bereits im Südosten Englands gelandet und wartete auf die zwar siegreiche, aber auch geschwächte und erschöpfte Armee. Am 14. Oktober, also nur knapp drei Wochen nach Stamford Bridge, verlor der ehedem siegreiche Harold Reich und Leben in der Schlacht bei Hastings. Der neue Herrscher, William, Herzog der Normandie, hatte gut daran getan, Stamford Bridge abzuwarten, denn selbst die angeschlagene sächsische Armee bot den Normannen aus Nordfrankreich eine Schlacht, die erst durch den Tod Harolds und die dadurch ausgelöste Verzweiflung der Sachsen zugunsten des Angreifers entschieden wurde.

🐚 🐚 🐚

Die Grenzkriege im Norden

Von der Entstehung der Borders bis zur „Battle of the Standard"

Schon 50 Jahre vor den gewaltigen Umwälzungen des Schicksalsjahres 1066 hatte im Norden eine Schlacht stattgefunden, die für die englisch-schottischen Beziehungen weitreichende Folgen haben sollte. Die Schlacht von Carham, über die wenig bekannt ist, fand während der Regierungszeit Malcolms II. zwischen Schotten und Engländern statt und bestätigte die Grenze zwischen beiden Staaten (soweit man von Schottland als Staat sprechen will, denn es war in seiner staatlichen Identität noch lange nicht soweit gefestigt wie der englische Bereich). Der Tweed teilte nun im wesentlichen die Einflußsphären und dabei sollte es, abgesehen von kleinen Korrekturen (und einer Unzahl von Grenzgefechten) auch bleiben, bis Schottland und England endgültig fast sieben Jahrhunderte später vereinigt wurden.

Schottland selber blieb auch im Inneren unruhig. Für ihre jeweilige Machtpolitik suchten die schottischen Herrscher bzw. ihre Konkurrenten immer wieder auch Hilfe bei den südlichen Nachbarn. Zu Beginn des 11. Jahrhunderts konnte König Malcolm II. im Bündnis mit den Briten von Strathclyde Northumberland unterwerfen. Als der König von Strathclyde starb, bedankte Malcolm sich auf seine Weise und setzte seinen Enkel auf den Thron. Malcolm konnte die Früchte seiner ambitionierten Pläne nicht mehr recht auskosten, da er nach einer Schlacht gegen den englisch-dänischen König Knut den Großen von den eigenen Leuten ermordet wurde. Sein Enkel, Duncan, profitierte zunächst von diesem plötzlichen Heimgang des Großvaters und wurde auch noch König von Alba. Die Macht aber forderte auch von ihm einen hohen Preis. Nur sechs Jahre (von 1034 bis 1040) regierte er das Reich, dann stießen ihn Macbeth of Moray (der mit der regierenden Dynastie eng verwandt war und durch seine Frau Thronansprüche geltend machen konnte) und sein Verbündeter Jarl Thorfinn Sigurdsson vom Thron. Aber warum sollte es Macbeth besser ergehen, als seinen Vorgängern? 1057 stieß der Sohn Duncans, Malcolm Canmore, mit der militärischen Unterstützung des englischen König Edward gegen Macbeth vor und rächte seinen Vater, indem er Macbeth besiegte und tötete. Unter Macbeth hatten auch normannische Adlige in schottischen Diensten gekämpft, allerdings waren diese 1054 in einer Schlacht gegen Angelsachsen nahezu vollständig getötet worden. Malcolm Canmore („Großkopf") war der erste König des eigentlichen Königreiches Schottland. Bis zum Vordringen normannischen Einflusses in der zweiten Hälfte des 12. Jahrhunderts war es überwiegend keltisch geprägt. Das Haus Canmore (man sollte es nach dem schnellen Königssterben bis zu Macbeth kaum für möglich halten) regierte bis zum Tode Alexanders III. im Jahre 1286.

Malcolm Canmore sollte auch mit den normannischen Eroberern bald Bekanntschaft machen. Nachdem William noch 1066 in Westminster gekrönt worden war und 1068 den Süden Englands durch Feldzüge unterworfen hatte, erfuhr er, daß 500 seiner normannischen Ritter bei Durham ziemlich unschön niedergemetzelt worden waren. Unverzüglich brach er mit dem schnell versammelten Heer in den hohen Norden auf, um auch seinen nördlichen Untertanen klarzumachen, daß neue Zeiten auch neue Sitten erforderten. Die Magnaten der Nordprovinzen hatten ihre Erhebung eigentlich vorbildlich geplant. 1069 hatten sie den Dänenkönig Sven Estridsson, einen Neffen Knuts des Großen, zur Hilfe gerufen. Der beteiligte sich gern an der Auseinandersetzung, da man ihm Geld und wahrscheinlich auch Land versprochen hatte. Entsprechend sandte er die (vielleicht übertriebene) Zahl von 240 Schiffe mit kampfstarken Besatzungen. Die Landung glückte und die Dänen vereinigten sich mit den Aufständischen. Eine Schlacht wäre für William unter diesen Umständen überaus riskant gewesen und so entschloß er sich, den dänischen Söldnern zu bieten, was Söldner aller Nationalitäten seit jeher begeistert: Geld. Zwar mußte er tief in die königlichen Taschen greifen, aber die Dänen ließen Verbündete Verbündete sein und zogen unverrichteter Dinge, dafür allerdings mit mühelos eingestrichener „Beute" wieder ab. Die im Stich gelassenen aufständischen Angelsachsen hatten ihre erste Lektion gelernt und lernten ihre zweite Lektion noch gründlicher - und ausnehmend blutig -, denn der Rachefeldzug König Williams dauerte mehrere Jahre (bis 1072/73) und war darauf angelegt, jeglichen Widerstand gegen die neuen Herren mit allen Mitteln im Keim zu ersticken. Unzählige Dörfer zwischen Humber und Tyne wurden überfallen und niedergebrannt, die Bewohner geschlagen, gefoltert, getötet, verschleppt oder vertrieben. Selbst Klöster verschonte der König nicht, St. Peter am Wear, das in Bedas[29] Leben eine Rolle gespielt hatte, und auch das Nonnenkloster Whitby wurden geplündert, hier allerdings wurden die Bewohner zumeist verschont. Angesichts dieser überzeugenden königlichen Argumentation konnte sich der sonst wenig zimperliche und nicht eben ängstliche schottische König nicht zum Widerstand gegen seinen Standesgenossen entschließen und huldigte ihm 1073. Wahrscheinlich war dies aber keine Anerkennung normannischer Oberhoheit über schottische Gebiete, sondern eine Huldigung für die Verleihung einiger an Schottland angrenzender Grafschaften. Dennoch mißtraute William den Schotten. Bei der Einführung seines Systems abhängiger und jederzeit absetzbarer Sheriffs und Vicomtes in den Grafschaften, die nach der Zerschlagung traditioneller Länder (wie Wessex, Mercia, Northumbria) entstanden waren, überging er absichtsvoll die schottische und die walisische Grenzregion. An beiden Stellen beließ er mächtige Grenzgrafschaften (wie Chester, Shrewsbury, Hereford und Durham) mit „Marcher-Lords" oder „Lords of the Marches" als Markgrafen. Obwohl ihm diese Regelung mächtige und damit potentiell gefährliche Vasallen schuf, die bisweilen tatsächlich Ärger bereiteten, scheint er diese Entscheidung nicht bereut zu haben. Notwendig erwiesen sie sich mehr als einmal, denn die auch von ihrem König nicht zu kontrollierenden Highlander, die von den Normannen und auch von den Angelsachsen als gefährliche Wilde angesehen wurden, verübten ungezählte Überfälle auf englisches Gebiet, konnten jedoch in keinem Fall die neue Herrschaft ernstlich bedrohen. Ein neuer Herrscher, der mit nur wenigen tausend Rittern (und Söldnern) ein ethnisch verschiedenes Volk regieren will, mußte allerdings auch darauf achten, daß an den Grenzen Ruhe herrschte, wenn schon im Inland immer wieder Unruhe aufflammte. Auch die Kirche wurde, wie in ganz Europa üblich, in die Grenzsicherung einbezogen. Der erste Bischof von Durham beispielsweise, Walcher aus Lothringen (1071-1080), erhielt für sein Bistum besondere Privilegien, z.B. eigene Münze, eigene Gerichtsbarkeit und - das bedeutete eine besondere Vertrauensstellung - eine eigene Armee. Die Schätzungen nehmen für England außer Schottland und Wales für die Zeit der normannischen Eroberung etwa 1,5 Millionen Menschen an. Diese weitgehend angelsächsische Bevölkerung sah sich nun einer neuen Herrenschicht von vielleicht 100.000 Normannen gegenüber. Wie so oft in der Geschichte fragt man sich, wie es bei einer derartigen Zahlenrelation den Eroberern gelingen konnte, die Angelsachsen zu unterdrücken. Der entscheidende Faktor war, daß sich für die Masse dieser 1,5 Millionen Angelsachsen (also im wesentlichen Bauern) kaum etwas änderte. Sie mußten zwar die etwas fremdartigen Namen ihrer neuen Grundherren lernen und hatten zu akzeptieren, daß diese sich streng vom Volk getrennt hielten, aber letztlich änderte das wenig an ihrem täglichen Leben. Ob die Abgaben nun in normannischen Schatztruhen oder denen des angelsächsischen Adels landeten, war ihnen in einem Zeitalter, das den modernen Nationalismus nicht kannte, ziemlich gleichgültig - sie waren immer die Beherrschten. Anders lagen die Verhältnisse in Schottland (und auch in Wales). Schottland kannte bereits die familiäre Bindung an den Clan, die es - letztlich bis zur Vereini-

Barnard Castle (Foto: Antje Mismahl)

Belagerung einer mittelalterlichen Burg (aus: Chroniques de Monstrelet)

gung der beiden Länder - einer zentralen Regierungsgewalt immer schwer
machte, ihre Vorstellungen durchzusetzen, wenn sie denen mächtiger Clans
widersprachen. Immer wieder zogen Clanangehörige für diese starke Bindung selbst gegen überlegene Gegner in die Schlacht und oft in den Tod.

Ein dänischer Christ mit Namen Heinrich (also für die Engländer Henry) war zu dieser Zeit jedenfalls auf der Flucht, allerdings floh er nicht
vor Krieg oder Fehde, sondern - seine Gründe sind nicht überliefert - vor
der Ehe. Auf seinem Fluchtweg bat er auch bei den Mönchen der Tynemouth Priory um Unterschlupf. Diese boten ihm - vielleicht um die Ernsthaftigkeit seiner Flucht zu prüfen - eine Alternative, die noch heute zeigt,
daß es dem Mann sehr ernst mit seinem Entschluß war: Sie boten ihm an,
auf dem kleinen Coquet Island, etwa eineinhalb Kilometer südöstlich der
Flußmündung des Coquet gelegen, zu leben. Auf diesem Inselchen hatten
sie eine Mönchszelle erbaut, wahrscheinlich, um dort fehlgeleitete Brüder
zum ungestörten Nachdenken über ihre Sünden zu veranlassen. In dieser
Zelle siedelte Henry sich an, um fortan als Einsiedler sein Leben zu fristen.
Das Fristen geschah allerdings nicht im Stillen, denn bald wurde er für sein
psychologisches Einfühlungsvermögen, seine guten Lebensberatungen,
seine Weisheit und seine Prophetie in der Gegend und sogar überregional
bekannt. 1127 starb der ehemals Eheflüchtige und wurde heiliggesprochen.
St. Henrys Gebeine sind in der Abtei von Tynemouth beigesetzt und ziehen
nach wie vor Pilger aus aller Herren Länder an.

Um das englisch-schottische Verhältnis stand es also schon unter der
Herrschaft Williams nicht besonders gut - und der war ein starker
Herrscher. Nach seinem Tod im Jahr 1087 übernahm William II. (Rufus) die
Regierung, der 1100 ermordet wurde. Unter ihm und seinem Nachfolger
Henry I. verbesserte sich das Verhältnis beider Länder kurzfristig, weil letzterer eine schottische Prinzessin mit Namen Mathilda, eine Tochter Malcolms III., ehelichte. Daß Henry I. es außerdem vorzog, den größten Teil seines Lebens in Frankreich zuzubringen, und in Bezug auf Schottland keinerlei Ambitionen zeigte (was für einen englischen König durchaus ungewöhnlich war), sprach, wenigstens aus schottischer Sicht, ebenfalls für ihn. Für die
Borders bedeutete das wohltuende Ruhe, aber wie sich schnell zeigen sollte, war das nur die Ruhe vor dem Sturm.

Nachdem Henry im Dezember 1135 in der alten Festung Gisors in der
Normandie, wo er sich zeitlebens so gerne aufgehalten hatte, gestorben
war, kam es zu einer Möglichkeit, das Mächtegleichgewicht in Europa vollständig zu verändern. Henry war ohne Nachfolger verstorben, da sein einziger Sohn William bereits 1120 in einer Schlacht gefallen war. Seine Tochter

Matilda hingegen, die als offizielle Thronfolgerin 1127 vom Adel (unter Druck) anerkannt worden war, lebte. Sie war standesgemäß mit dem Kaiser des Heiligen Römischen Reiches Heinrich V. verheiratet worden, der 1125 gestorben war. Die Möglichkeit, das reiche England dem Reich einzuverleiben, behagte der kaiserlichen Witwe sehr und so beließ sie es nicht bei den Planspielen ihrer Berater, sondern landete tatsächlich 1139 in England. Dort wartete bereits ihr Widersacher, Stephan von Blois, ein Neffe Henrys, der die Ansicht vertrat, England müsse ein eigenständiges Reich bleiben, in dem er daher - rein zufälligerweise natürlich - den Anspruch auf den Thron habe. Mit dieser Ansicht stand er nicht ganz alleine, denn die Aussicht, ein Teilstaat des fernen kontinentalen Reiches zu werden, behagte vielen Engländern nicht. Die Schotten sahen der Auseinandersetzung, die in eine Zeit von Bürgerkrieg und Anarchie ausarten sollte, schon lange vor Matildas Landung aufmerksam zu, denn sie warteten auf die Gelegenheit, die Grenze zum südlichen Nachbarn - wieder einmal - zu ihren Gunsten zu verschieben. König David I. von Schottland kannte seinen Gegner, da er selber am Hofe Henrys I. erzogen worden war, eine Maßnahme, die eigentlich eine englisch-schottische Allianz vorbereiten hatte sollen. Doch aller Bildung zum Trotz war David ein echter Schotte und hatte einen entsprechenden Hunger nach allem Land südlich des Tweed. Als die Situation sich nach 1135 immer weiter zuspitzte, Gegner und Befürworter der Vereinigung mit dem Heiligen Römischen Reich sich bereits bekämpften und eine Invasion vom Kontinent nur noch eine Frage der Zeit war, da beschloß David, daß jetzt Schottlands Stunde gekommen sei. Er sammelte seine Armee, die aus einem Gemisch von Kelten aus dem Westen, sächsisch-dänischen Kontingenten aus dem Südosten und den Clanaufgeboten der Hochländer bestand. In mehreren Haufen überschritten sie (ein wenig unkoordiniert) die Grenze und übten reichlich Rache für alle Greuel der normannischen und sämtlicher anderer Strafexpeditionen, derer sie sich erinnern konnten. Auf ihrem Weg plünderten sie, man muß leider sagen: wie üblich, die Grenzgebiete wie ein Heuschreckenschwarm aus, das typische Borderleiden war wieder einmal Realität geworden. Da die englischen Truppen (und deren Befehlshaber) uneins waren, wer denn überhaupt ihr oberster Kriegsherr sei, und da es (im Gegensatz zu späteren Jahrhunderten) kaum Festungen gab, die die Schotten wenigstens hätten aufhalten können, hatten sie zunächst leichtes Spiel. Sie durchquerten die Borders, konnten bis an den Humber vordringen und auf ihrem Weg Hunger, Angst, Leid, Verzweiflung und Tod zurücklassen. Ein frankonormannischer Geistlicher, Toustain, der Bischof von York, war es, der angesichts dieser Lage den Widerstand organisierte. Das Verhalten der

Schotten hatte zwar dazu beigetragen, ihren Ruf als gefährliche Krieger aufrecht zu erhalten, aber es hatte ebenso dazu beigetragen, ihren Ruf als Plünderer, Mörder und Barbaren zu festigen. Daher strömten dem Bischof eine ganze Reihe motivierter Helfer zu. Die mit ihrer Hilfe aufgestellte Streitmacht zog mit den Standarten der northumbrianischen Heiligen voran gegen die Krieger aus dem Norden. Die Schlacht, die bei Northallerton, wahrscheinlich am 22. August 1138, geschlagen wurde, ist deshalb auch als „Battle of the Standard" in die Annalen eingegangen.

Die von Norden heranziehenden Schotten werden sich gewundert oder auch amüsiert haben, als sie auf die englische Stellung trafen. Diese hatten nämlich die vier Standarten der Heiligen an einen hohen Mast genagelt, auf dessen Spitze sich zudem ein silbernes Gefäß mit geweihten Hostien befand. Dieser Anblick, so hatte der Bischof Toustain seinen Männern versichert, werde ihnen zu jeder Zeit Kraft, Mut und göttliche Stärke verleihen; die Heiligen würden, wenn sie nur tapfer kämpften, den Sieg herbeiführen. Zudem war es als Orientierungs- und Sammelpunkt für alle Einheiten und Versprengten gedacht, womit es sogar einen echten militärtaktischen Zweck erfüllte. Die Engländer hatten sich, statt wie üblich in drei Blöcken, eher als massive lebende Wand in einem einzigen Heerhaufen aufgestellt. Das taten sie allerdings durchaus mit Sinn und Verstand. Die Ritter waren abgesessen und in die Frontlinie integriert worden, weil sie befürchteten, das als extrem fürchterlich bekannte schottische Schlachtgeschrei werde die Pferde so erschrecken, daß sie durchgehen könnten. Nur ein kleines Kontingent wurde als Kavalleriereserve hinter der Schlachtlinie zurückgehalten. Ob die Befürchtungen der Engländer sich bewahrheitet hätten, sei dahingestellt, in jedem Fall freuten sich die Fußtruppen und die ausgehobenen Hilfstruppen, daß sie nun gut ausgerüstete Kämpfer in der Nähe hatten, zumal auch die Men-at-arms[30] in kleineren Abteilungen mit Bogenschützen in ihrem Rücken in die Schlachtreihe integriert waren. Die Schotten ergriffen sofort die Initiative. Entgegen den ursprünglichen Plänen des Königs, der seine besten Truppen für die erste Schlachtreihe bestimmt hatte, trugen die eher mangelhaft gerüsteten Einheiten aus Galloway, die gegen diese Zurücksetzung heftig und am Ende auch erfolgreich protestiert hatten, mit wildem Schlachtgeschrei und Waffengeklirr den ersten Sturmangriff vor. Da die Bogenschützen nur über die Köpfe der Men-at-arms hinwegschießen konnten, waren ihre Pfeile zwar weniger wirkungsvoll als im Direktschuß, gegenüber diesem Gegner allerdings führten sie zu einem regelrechten Blutbad. Lediglich einige mit Rüstungen versehene einzelne Schotten sollen auch noch mit mehr als zwei Dutzend Pfeilen gespickt den Angriff fortgesetzt haben. Mit dem Kriegsruf „Alban! Alban!" (also der damals üblichen Bezeichnung für Schottland) unterstützte Prinz Henry die schwer getroffenen Männer aus Galloway mit einer entlastenden Kavallerieattacke von der rechten Flanke her. Tatsächlich gelang es dem schwungvoll vorgetragenen Angriff, den englischen Flügel in heillose Verwirrung zu versetzen, aber dieser Effekt verpuffte ungenutzt, da der junge Mann (seine Unterführer allerdings genauso) es versäumt hatte, die Infanterie gleichzeitig in Marsch zu setzen. So konnten die englischen Ritter und Men-at-arms die beinahe demoralisierten Reihen im Namen der heiligen Standarten wieder sammeln, bevor die Schotten Entscheidendes zu erreichen vermochten. Außerdem hatte ein gewitzter Engländer in den Angriff der Männer aus Galloway, der inzwischen zwar zum Stehen gekommen, aber nach wie vor gefährlich war, hineingerufen, der schottische König sei gefallen, was durch die kurzzeitige Verunsicherung bis zum Beweis des Gegenteils den Engländern eine taktisch wichtige Verschnaufpause gewährte. Erneut rannten die Schotten gegen die englischen Linien an, konnten aber wieder nicht den Standartenmast erobern, was sicherlich das Ende der Schlacht bedeutet hätte. Die im Schnitt bessere Ausrüstung der englischen Soldaten machte sich auf Dauer bemerkbar und auch taktisch standen ihnen mehr Möglichkeiten offen. Eine bis zur Erfindung bzw. militärisch sinnvollen Nutzung der Feuerwaffen

Mittelalterliche Ritter beim Angriff

immer wieder siegbringende Taktik war es, die Bogenschützen wirkungsvoll zum Einsatz zu bringen und genau das tat der offenbar kriegserfahrene oder gut beratene Bischof erneut. Von den Flanken her, wo er diese hatte sammeln lassen, sandten sie nun ihre todbringenden Pfeile im direkten Beschuß in die schottischen Hochlandkrieger hinein, deren passive Bewaffnung, soweit sie in Form kleiner Rundschilde und weniger Kettenhemden überhaupt vorhanden war, nicht geeignet war, einem gezielten Pfeil allzuviel entgegenzusetzen.[31] Zudem zeigte sich wieder einmal, daß man in der Wahl seiner Verbündeten wählerisch sein sollte, denn die bei König David aufgenommenen englischen Flüchtlinge, die an den Flanken eingesetzt worden waren, hielten es jetzt für an der Zeit, erneut zu flüchten - diesmal allerdings nach Süden. Den Schotten blieb nichts weiter übrig als ein schneller Rückzug, wollten sie nicht die Vernichtung ihrer Streitkräfte riskieren. Dies blieb ihnen denn auch erspart, denn die englische Armee hatte kein Interesse daran, den Sieg etwa auszunutzen und die Schotten aus ganz Northumberland zu vertreiben - das sollten die Betroffenen schon selber erledigen, nachdem man ihnen schon die grobe Arbeit abgenommen hatte. So konnte der Sieg strategisch nicht genutzt werden, Schottland behielt vorerst Landgewinne in Northumberland, Westmoreland und Cumberland. Die ohnehin unrealistischen Träume Davids I. in Bezug auf den Marsch auf London und den Einzug in den dortigen Thronsaal waren in Northallerton - also noch sehr sehr weit von London entfernt - gescheitert.

Die „Battle of the Standard" beendete nicht die Kriege zwischen Schottland und England um den Besitz Northumbrias. Sowohl David I. als auch dessen Nachfolger bis zu Alexander II. versuchten weiter, dieses Land zu erobern oder sogar zu kaufen, während umgekehrt die Plantagenet-Könige ebenso unverdrossen versuchten, sich Schottland als echtes Lehen zu unterwerfen. Diese dauernden Animositäten beherrschten selbst den Alltag dieser Region bereits zu dieser Zeit derart stark, daß man von einem permanenten grenzüberschreitenden Kleinkrieg sprechen kann. Als Ausgangsbasis für mögliche Feldzüge und befestigte Punkte (auch für mögliche Rückzüge) in den Borders legte schon David I. die Städte Berwick und Roxburgh an, die wegen ihrer exponierten Lage zum Gegner auch des öfteren zerstört worden sind. Natürlich darf man sich hierbei keine prächtig ausgebauten steinernen Großstädte ausmalen, wie es sie in Südengland oder auf dem Kontinent gab; es handelte sich um bescheidene Gründungen, St. Andrews etwa, dessen Kathedrale von David I. ausgebaut worden war, um sie mit Canterbury vergleichen zu können, zählte am Ende seiner Regierungszeit etwa 12.000 Einwohner.

Die Kriege unter den letzten Canmore-Königen

William I., genannt „der Löwe", war ebenfalls einer der vielen schottischen Könige, die ihren Eroberungsdrang nach Süden trugen. Das gelbe Banner mit dem roten Löwen darauf verbreitete bald Angst und Schrecken im Norden Englands. Nachdem er seinen Bruder David beauftragt hatte, den Söhnen Henrys II. und den ihnen verbundenen englischen Baronen bei einem Aufstand gegen die Krone beizustehen, dieser jedoch schnell sein Domizil zwangsweise hinter den Mauern eines englischen Kerkers nehmen mußte, zog William selber mit großem Aufgebot los.[32] Northumbria erlebte einmal mehr den Ansturm der verschiedensten schottischen Truppen. Schenkt man den Chronisten Glauben, testeten diese wilden Horden aus den Highlands und Lowlands alle nur denkbaren Foltermethoden und Greueltaten an der Bevölkerung aus, doch man muß Vorsicht walten lassen. Auch die Chronisten schrieben voneinander ab oder orientierten sich an erfolgreichen Vorbildern, so daß fraglich ist, ob tatsächlich jedesmal betende Priester am Altar hingemordet, wehrlose Kleinkinder abgeschlachtet und schwangeren Frauen die Bäuche aufgeschlitzt wurden. In jedem Fall werden die Truppen nicht zimperlich mit den Bewohnern umgesprungen sein, zumal sie - das sollte ein konstantes Manko bei schottischen Einfällen in England bleiben - größere befestigte Städte nicht einzunehmen vermochten. So wehte das Löwenbanner zwar vor den Toren Carlisles, aber eben nicht auf dessen Türmen, wie es Williams Planung vorgesehen hatte. Um ihre Wut abzureagieren, nahmen sich die Soldaten diejenigen vor, derer sie habhaft zu werden vermochten. So brannten wie schon oft (und wie noch so viele Male später) die Felder, Scheunen und Häuser der Bauern und die Besatzer nahmen sich an Gütern, Tieren und Menschen, was immer sie begehrten. Der König selber ritt hin und wieder mit aus, führte Patrouillen durch und erkundete das Gelände. Das tat er auch an einem trüben Nebeltag vor Alnwick Castle. Hier näherte er sich, nachdem er sich von den seinen entfernt hatte, einigen Reitern, mußte aber feststellen, daß es sich um englische Soldaten handelte. Statt im Nebel unterzutauchen oder eine schnelle Flucht anzutreten, soll William sich mit den Worten: „Nun wird sich zeigen, wer es versteht, ein Ritter zu sein" auf die Engländer gestürzt haben. Die zeigten allerdings keine Lust, sich auf eine Reihe von Einzelgefechten einzulassen. Eine Lanze brachte des Königs Pferd zu Fall, er selber konnte, darunter gefangen, gefesselt und zu Henry II. nach Northampton gebracht werden. Der zeigte sich von diesem Geschenk des Himmels entzückt und schickte den wertvollen Gefangenen nach Falaise.

Den Schotten schickte er statt dessen seine Armee und die benahm sich in Schottland nicht wesentlich besser, als es die Schotten zuvor in England getan hatten. Die Situation, die sich daraus für die Borderbewohner ergab, ist bereits bekannt, die Situation, die sich für Schottland ergab, war fatal. Der König und sein Bruder waren Gefangene des englischen Königs, beide hinterließen zuhause weder Frau noch Kinder. Sollten sie bis zu ihrem Tod inhaftiert bleiben, drohte die Linie der Canmore-Könige auszusterben.

Ob es diese Gedanken waren, die König William durch den Kopf gingen oder ob es einfach die Gefangenschaft an sich war, die ihm mißfiel, ist nicht bekannt, aber bekannt ist, daß er sich fünf Monate nach seiner Inhaftierung zu einem folgenreichen Schwur entschloß. Noch im Jahr 1174 kniete William vor Henry II. und schwor den Vasalleneid, auf den sich ab jetzt jeder englische König würde berufen können. William selbst hielt seinen Schwur immerhin 15 Jahre lang. Diese 15 Jahre sollten nicht die rühmlichsten in seinem Leben werden, denn sofern es dem englischen König gefiel, seinen neuen Vasallen zu schikanieren, tat er dies. Er ließ William beispielsweise immer dann antanzen, wenn er ihm eine Entscheidung persönlich mitzuteilen gedachte - und das im Zweifelsfall bis nach Frankreich. Seine Demütigung aber sollte noch gesteigert werden. Als William gezwungen war, eine Rebellion in Galloway zu unterdrücken, hatte er natürlich zuvor seinen Herrn zu fragen. Der stimmte zwar zu, aber als William bei dieser Gelegenheit einen landesweit bekannten Schurken namens Gilbert einfing, der unter anderem den eigenen Bruder geblendet und ermordet hatte, mußte er ihn seinem Lehnsherren schicken. Der hatte nichts besseres zu tun, als dem Mann einen Loyalitätseid abzunehmen, ihn zu einer Geldstrafe zu verurteilen und nach Galloway zurückzuschicken.

Derartige Ereignisse tragen nicht zum guten Verhältnis zwischen Lehnsherr und Belehntem bei und es ist erstaunlich, daß William nach diesem Vorfall immer noch seinen Eid hielt. Ähnlich demütigend hätte sich beinahe ein anderer Vorfall entwickelt. Wieder ging es um die Unterdrückung einer Rebellion, diesmal beanspruchte ein Donald Ban MacWilliam den schottischen Thron mit der Behauptung, er stamme von der ersten Frau Malcolm Canmores ab. Glücklicherweise erledigte sich dieses Problem während eines Gefechtes, bei dem MacWilliam getötet wurde, denn beim Verhältnis von Henry und William hätte ersterer den Anspruch sicherlich peinlich genau prüfen lassen - und, wer weiß, möglicherweise Schottland einen neuen König und damit sicherlich einen Bürgerkrieg hinterlassen. Was Henry II. noch eingefallen wäre, um die Langmut seines „Untergebenen" zu testen, kann man nur ahnen, doch zum Glück für William starb er 1189.

Sein Nachfolger auf dem englischen Thron, Richard I. (Löwenherz), zeigte keine Anstalten, die Quälereien fortzusetzen, er interessierte sich ohnehin mehr für das Heilige Land als für das aufsässige Lehen im Norden. So gelang es William, sich gegen Zahlung eines Kreuzzugobulus von 10.000 Silbermark (und Übergabe einiger Befestigungen in Schottland) vom Vertrag von Falaise loszukaufen, was wahrscheinlich nicht nur eine recht komfortable, sondern auch eine recht billige Lösung war - die 15 Jahre Lehnsherrschaft waren vorbei. Für die Borders hatten diese für den schottischen König demütigenden Zeiten und deren friedliche Beendigung immerhin eine mit Vorsicht betrachtete Normalisierung des Lebens erbracht, denn außer den alltäglichen kleineren Übergriffen von Räubern und Wegelagerern, wie es sie üblicherweise auch in anderen Landesteilen gab, ist keine größere zerstörerische Aktion bekannt. Die Abwesenheit derartiger Bekanntheit in den Quellen der Chronisten aber bedeutet immer so etwas wie Frieden, und den konnte die arg angeschlagene Gegend gut gebrauchen. Beinahe hätte dieser Zustand einen noch nachhaltigeren Frieden für die Borders bedeutet. William und Richard schienen nämlich beide an dem ersten Tauschgeschäft Gefallen gefunden zu haben und gedachten, ein weiteres anzugehen. Northumberland war seit jeher begehrlich von schottischen Herrschern betrachtet worden und Richards Geldbedarf schien jetzt die Möglichkeit zu schaffen, diese Begehrlichkeit in einen befriedigten Wunsch umzuwandeln. 15.000 Silbermark bot William für die Provinz - und zum Entsetzen vieler seiner Untertanen stimmte Richard dem Verkauf zu, so England nur die militärischen Befestigungen besetzt halten dürfte. Das aber machte die Provinz nahezu wertlos und so verwarf William schweren Herzens die Idee von der friedlichen Vergrößerung Schottlands und zog sein Angebot zurück. Es bleibt allerdings fraglich, wie er die 15.000 Mark hätte aufbringen wollen, denn schon die Bezahlung der 10.000 Mark, die ihn vom Eid von Falaise lösten, hatte Schottland in eine langwierige Finanzkrise gestürzt. Richards Tod vor den Mauern von Chaluz 1199 beendete schließlich die nachrichtenarmen und somit wahrscheinlich guten Zeiten für die Anwohner der Borders.

König John von England (also der Johann Ohneland, mit dem Robin Hood in unzähligen Filmen andauernd Ärger hat) hätte diesen nachrichtenarmen Zeiten wohl gerne noch weitere Jahre hinzugefügt, denn er hatte genug damit zu tun, sich mit Frankreich und der Kurie auseinanderzusetzen. Wie sich zeigen sollte, war er bereits mit diesen Aufgaben weit überfordert, und vielleicht hätte William gut daran getan, John zunächst in Ruhe seine Mißerfolge kassieren zu lassen. Genau das aber tat er nicht. Möglicherweise hatte William es auch einfach satt, ruhig und gefaßt auf das zu warten, was das Schicksal ihm noch zu bieten hatte, und begann daher einen Krieg um den Besitz von Northumberland. Wie so oft ging der eigentlichen Invasion eine Reihe heftiger und unbarmherziger Grenzüberfälle voraus, die die Borderer einmal mehr daran erinnerten, was das Besondere an ihrer Wohnlage war und weswegen der Wert ihrer Immobilien sich nie größerer Steigerungsraten erfreute. Im letzten Moment widerrief William den Befehl zur eigentlichen Invasion, angeblich aufgrund einer göttlichen Warnung, die ihm am Grab seiner Urgroßmutter bei Dumfermline zugekommen sei. Wahrscheinlicher aber ist es, daß es John selber war, der William abhielt, denn der englische König hatte seinerseits die Grenze überschritten und forderte 15.000 Silbermark für die Verwüstungen, das Elend und die Verletzung königlicher Würde. Was für einige Jahre folgte, war ein seltsames Gemisch aus Verhandlungen, Grenzgefechten, Geschenkaustauschen, Überfällen und Konferenzen, eine Zwittersituation, die weder als Krieg noch als Frieden bezeichnet werden kann. Zu allem Überfluß schickte William auch noch zwei seiner Töchter zu John, auf daß er ihnen gute Ehemänner suche. Der stimmte zu und suchte, während die beiden an seinem Hof das Leben genossen und zu Lieblingen der Hofgesellschaft wurden. Irgendwann waren beide Seiten die Sache leid und einigten sich, den Zustand zu beenden. Eine eher durch die Ermüdung denn durch festen Willen getragene Allianz wurde geschlossen und die 15.000 Mark, auf denen John schon bestehen mußte, wurden als Mitgift deklariert. Nicht lange danach, im Jahr 1214, starb William der Löwe als alter und leider wohl auch bereits seniler Mann.

Seinem Sohn, dem erst sechzehn Jahre alten Alexander[33], hinterließ er den Wunsch nach Northumbria und den schottischen Thron. Um beides gedachte der junge Prinz zu kämpfen. Zuerst mußte er sich trotz des eigentlich klaren Erbfalls mit den Konkurrenten aus den Häusern MacWilliam und MacHeth befassen. Der Earl of Ross beseitigte das Problem auf typisch schottische Weise: er lieferte die Köpfe der Revoltierenden an den Hof. Northumbria allerdings verlangte die Auseinandersetzung mit einem schwierigeren Gegner. Dieser Gegner schickte, nachdem die Schotten wieder einmal die Grenzgefechte eröffnet hatten, eine Armee in den Norden. Diese operierte erfolgreicher als die schottischen Verbände. Berwick fiel, wurde gebrandschatzt und viele der Castles entlang der Grenze traf ein ähnliches Schicksal. Die Invasion französicher Verbände (die relativ schnell zurückgeschlagen werden konnte) und der Bürgerkrieg in England hinderten John[34] immerhin daran, mehr zu tun, so daß den Schotten ein Offensivvorstoß über die Borders hinaus erspart blieb. Als er 1216 in Newark starb (es hieß, er sei durch Giftmord beseitigt worden), beendete Alexander den

Krieg. Diese für schottische Herrscher ungewöhnliche Handlungsweise erklärt sich wenigstens teilweise, wenn man erfährt, daß er gedachte, Johns Tochter Joanna zu ehelichen und eine solche Verbindung geht man natürlich nicht mit einem Kriegsgegner ein. Tatsächlich heirateten die beiden[35] und Alexander II. wünschte als Morgengabe - wie sollte es anders sein - Northumberland. Es wäre auch zu schön gewesen, denn dann hätte er mit diesem Schachzug erreicht, was über viele Generationen hinweg weder schottisches Geld, noch schottische Kriegsmacht zustande hatten bringen können. Der Bruder der Braut und neue englische König Henry III. dachte aber gar nicht daran, seinem Schwager diesen Wunsch zu erfüllen. Das führte natürlich zu familiärem Zwist, und jedermann weiß, daß Familienstreitigkeiten in königlicher Umgebung für die Untertanen nicht ohne Folgen bleiben. Es kam wie es kommen mußte: früher als gedacht hallte in den Borders wieder das Kampfgeschrei der Krieger und bald darauf die Angst- und Schmerzensschreie der Opfer. Henry führte den Abwehrkampf geschickt und das nicht nur militärisch. Da sein Verhältnis zur Kurie immer besser war (und bleiben sollte) als das seines Vaters, überzeugte er Papst Gregor IX., daß es zum Vorteil der Kirche und der Seelen aller Beteiligten sei, wenn klare Verhältnisse geschaffen würden. Mit diesen Verhältnissen bezog er sich auf die Zeit von 1174 bis 1189, als Schottland Lehen des englischen Königs gewesen war. Dem Papst gefielen offensichtlich die Gedanken des Bittstellers von der Insel und tatsächlich dürften die Berichte der englischen (und z.T. wohl auch die der schottischen) Geistlichen diese Zeit als positiv herausgestellt haben. Jedenfalls wies er den schottischen König an, den Eid von Falaise zu erneuern. Da Alexander diesem Ersuchen auch gegenüber einem Sondergesandten der Kurie nicht nachkam, bestand die Gefahr der Exkommunikation, doch bevor es soweit kam, begannen beide Herrscher, miteinander in Verhandlungen zu treten. 1237 wurde der Konflikt von einer in York tagenden Kommission beendet. Ein Vertrag wurde unterzeichnet, der einen Kompromiß gefunden hatte, mit dem beide Könige leben konnten. Alexander II. verzichtete auf Northumbria und erhielt im Gegenzug einige Ländereien. So blieb die Border in ihrer alten Form bestehen und wurde nach dem Tod Alexanders 1249 durch die „Laws of the Marches" fest institutionalisiert.

Wieder wurde ein Kind schottischer König. Alexander III. hatte erst das (zumindest für einen König) zarte Alter von acht Jahren erreicht, als seinen Vater der Tod auf einem Feldzug gegen die norwegisch beherrschten Hebriden ereilte. In der Hoffnung, diesen zukünftigen Herrscher eher für England zu gewinnen, verheiratete Henry III. ihn 1251 in einer Kinderehe mit seiner Tochter Margret, der er, um nicht nur auf ihren kindlichen

Cardoness Castle (Foto: Hagen Seehase)

Rock Hall (Alter Stich von 1826)

Einfluß beschränkt zu bleiben, gleich eine ganze Schar von Beratern mitgab. Schon vor der Trauung soll er den jungen König nach seinem Lehnseid gefragt haben, aber der gab ihm (die wohl vorher einstudierte) Antwort, daß er in Frieden gekommen sei und nicht, um schwierige Fragen zu beantworten. Henry III. begnügte sich vorerst damit und setzte auf den Einfluß der Berater. Der wurde den schottischen Großen denn doch ein immer größer werdender Dorn im Auge und sie fragten sich, was man gegen diese sichtbaren trojanischen Pferde unternehmen könne. Sie kamen, unter der Führung des Bischofs von St. Andrews, auf eine interessante Lösung. Der Papst, inzwischen war es Innozenz IV., befand auf Drängen des Bischofs diese Berater als nicht angemessen und - das war ein starkes Stück - exkommunizierte sie. So konnten sie problemlos vom schottischen Königshof vertrieben werden und an ihre Stelle traten schottische Berater. Mit 22 Jahren gedachte der junge König, seine Südgrenze zunächst völlig in Ruhe zu lassen und zuerst die Aufgabe zu vollenden, die sein Vater begonnen hatte. Er sandte Boten nach Bergen und bot dem norwegischen König an, die Hebriden zu kaufen. König Haakon zeigte sich aber nicht (wie einst Richard Löwenherz) handelswillig. Er ließ Alexander bestellen, daß er genügend Geld habe und nicht gedenke, sich von diesem norwegischen Außenposten zu trennen. Diese unfreundliche Antwort entzückte den tatdurstigen schottischen König einerseits nicht (denn man schien ihn in Norwegen nicht ernstzunehmen), andererseits aber schon (denn nun konnte er zeigen, was er konnte) und so traf er Kriegsvorbereitungen. Seine Chancen standen gut, denn die Bewohner der Hebriden neigten ohnehin eher Schottland zu. Diese Überlegung hatte Haakon anscheinend auch angestellt und daher erschien er mit einer Flotte, um die Machtverhältnisse richtigzustellen. Die Auseinandersetzung beider Herrscher verlief dann aber trotz einiger Gefechte unblutiger als erwartet. Haakon starb während des Konflikts und sein Sohn und Nachfolger Magnus war im Vertrag von Perth 1266 schließlich bereit, die Hebriden und die Insel Man vor dem Solway Firth für 4000 Silbermark und jährliche Zahlungen von 100 Silbermark zu verkaufen. Für diese jährlichen Zahlungen findet sich allerdings kein Beleg, so daß man davon ausgehen muß, daß die schottische Seite sie nicht bezahlt und die norwegische einfach darüber hinweggesehen hatte. Nach diesem Erfolg bedrückte den König kein äußerer Feind mehr, sondern ein biologisches Problem. Wieder einmal stand die Dynastie der Canmore-Könige vor dem Ende, denn alle Kinder, die seine Frau ihm geboren hatte, waren gestorben.[36] Auch seine zweite Ehe mit Yolande de Dreux, die er 1285 schloß, änderte daran nichts und nur ein Jahr später starb Alexander III. kinderlos.

Der Schottische Unabhängigkeitskrieg [37]

Mit dem Tod Alexanders III., dessen romantische Umstände auch heute noch die Phantasie der Menschen beflügelt[38], erlosch die Linie der Canmore-Könige nach beinahe 500 Jahren. Die Thronfolge war völlig offen, denn zwar gab es die kleine dreijährige Margaret of Norway, die Tochter von Alexanders Schwiegersohn Erik III. von Norwegen, aber es meldeten sich auch andere Verwandte, meist Vettern aus der französischen Verwandtschaft der zweiten Frau. Es sollen zwischen neun und dreizehn Thronanwärter gewesen sein, die nun ausgerechnet den englischen König Edward I. aufforderten, eine Entscheidung zu treffen, statt die Sache unter sich auszumachen. Edward war aufgrund eines Lehnseids, den Robert Bruce stellvertretend für den schottischen König 1278 für die englischen Grafschaften, die zu Schottland gehörten, geleistet hatte, ohnehin der Ansicht, Oberlehnsherr von Schottland zu sein, und nahm die neue Rolle gerne an. Er entschied sich nach langem Zögern für einen John Balliol und erwartete entsprechende Dankbarkeit von diesem. Tatsächlich leistete Balliol den Treueid, wurde aber in der Folgezeit von Edward provokant schlecht behandelt, so daß der Bruch zwischen beiden vorauszusehen war. 1295 war es soweit, wieder ging eine verhältnismäßig friedliche Periode in den Borders zuende. Edward I., der später den Beinamen „Hammer of the Scots" erhalten sollte, führte eine Armee nach Norden, mit der er zunächst Berwick einnahm, dessen Holz-Erd-Befestigungen allerdings auch keine echte Herausforderung für die englische Belagerungstechnik waren. Berwick traf ein hartes Los, da Edwards Cousin Richard of Cornwall gefallen war, was des Königs Zorn hervorgerufen hatte. Nach der Kapitulation und dem Abzug der Burgbesatzung, sowie der Frauen und Kinder, wurde die Stadt zur Plünderung freigegeben. Da kein Pardon gegeben werden sollte, traf die Männer, wenn sie sich nicht verbergen konnten, zumeist der Tod. Erst nach vier blutigen Tagen beendete Edward auf Drängen der Kirche das Massaker.

Den erhofften Eindruck auf die Schotten machte diese Untat nicht, nur wenig später, am 5. April 1296 überbrachten zwei Franziskaner Edward die Rücknahme des Treueids von Balliol. Einige Tage später brachen schottische Soldaten unter dem Kommando der Earls of Ross, Menteith und Atholl zu einem Raid nach Nordengland auf, wo sie die Bewohner der Gegend in bewährter Manier terrorisierten. Unter anderem zerstörten sie drei Klöster (Lanercost[39], Hexham, Lambley) und töteten viele Zivilisten. Englische Verfolger nötigen die Schotten zum Rückzug nach Norden, deren Nachhut riegelte aber die Pässe in den Borders ab. Die Hauptarmee der Schotten blieb in Bewegung und marschierte vor die Burg des Earls of March, der sich mit seinem Aufgebot bei der englischen Armee in Berwick befand. Seine Frau kommandierte die Besatzung von Dunbar Castle. Da sie mit der schottischen Seite sympathisierte, öffnete sie die Tore der Burg.

Edward I. beorderte seinen begabten Unterführer John de Warenne, den Earl of Surrey, mit einem Fünftel seiner Armee in den Norden, um ähnliche Aktionen der Schotten zu unterbinden und Rache zu nehmen. Warenne war zu dieser Zeit zwar schon ein älterer Herr, aber der Jähzorn seiner Jugend hatte ihn noch lange nicht verlassen. Warenne begann mit der Belagerung von Dunbar Castle. Die Schotten sahen ihre Chance gegenüber dieser Teilarmee in einer Feldschlacht und marschierten mit ihrer Armee am Mittag des 27. April auf dem Kamm der Lammermuir Hills im Rücken der Belagerer auf. Warenne ließ die jüngeren Krieger unter dem Kommando von Humphrey de Bohun vor Dunbar zurück, und rückte mit dem Rest seiner Truppe gegen die Schotten vor. In aufgelockerter Formation durchquerten die Engländer eine tiefe Schlucht und verschwanden dabei aus dem Blickfeld der Schotten auf den Hügeln. Diese gedachten, den günstig scheinenden Moment zu nutzen und stürmten vor. Leider war diese Entscheidung unklug, denn sie gerieten in die Steilwand der Schlucht, wo sie kaum eine Chance gegen die englische Infanterie hatten. Zusätzliche Verluste brachten ihnen (wie so oft) die Langbogenschützen ein. Die schottische Kavallerie floh und die englischen Ritter unter dem persönlichen Kommando von Warenne vollendeten den Sieg, indem sie das inzwischen irritierte und desorientierte schottische Fußvolk niederritten und gänzlich zersprengten. Auf Befehl Edwards I. erstellte der Earl of March einen sogenannten „body count", demnach verloren 10.052 Schotten (darunter der Sheriff von Stirling und der Bannerträger John Balliols, Sir Patrick Graham of Kinkardine) das Leben. John the Black Comyn, die Earls of Ross, Menteith und Atholl wurden in den Tower verschleppt. Insgesamt brachte man 171 Ritter und Edelknappen als Gefangene in englischen Burgen unter. Darunter befanden sich auch Andrew Murray (oder de Moravia), der Justiziar Schottlands und sein Sohn (ebenfalls Andrew mit Namen). Daß man letzteren ausgerechnet in Chester Castle unterbrachte, das der schottischen Grenze am nächsten lag, rächte sich später, denn Andrew Murray jun. gelang die Flucht. Am 28. April ergab sich Dunbar Castle, James the Steward kapitulierte in Roxburgh, die Garnisonen von Dumbarton und Jedburgh ergaben sich ebenfalls. Obwohl die Schlacht von Dunbar nur von einem kleinen Detachement der Engländer ausgefochten worden war, war sie zur Entscheidungsschlacht geworden. Die Schotten hatten fast alles, was ihr Land aufzubieten hatte, ins Feld geführt und waren zuammengebrochen. Edward ließ aber dennoch sogleich weitere Schläge folgen. Vom 6. bis zum 13 Juni weilte er in Edinburgh, wo er die Burg nach mehrtägigem Beschuß aus seinen Belagerungsmaschinen in Trümmer sinken sah. Edward war schon in Linlithgow, als Edinburgh Castle kapitulierte. Linlithgow Castle kapitulierte ebenso wie Stirling Castle. Am 2. Juli erreichte Edward I. in Perth ein Brief John Balliols. Eine Woche später ergab dieser sich in Brechin Castle Fürstbischof Bek of Durham. Angeblich ließ ihm dieser in entehrender Weise die Wappen Schottlands vom Waffenrock reissen, was den Spottnamen Balliols produzierte: „Toom Tabard", leerer Mantel. Er wurde zusammen mit seinem Sohn Edward Balliol in die immerhin ziemlich relativ komfortable Gefangenschaft nach England geschickt. Später kam er nach Intervention der Kurie und des französischen Königs frei.

Edward zog sich, nachdem er den berühmten Stone of Destiny von Scone nach Westminster hatte bringen lassen[40], nach England zurück. Natürlich wollte er die Zeit schottischer Schwäche nicht ungenutzt verstreichen lassen. Am 28. August 1296 berief er in Berwick ein Parlament zusammen, zu dem 2000 Earls, Barone, Clanchiefs, Kleriker, edelfreie und gemeinfreie Landbesitzer und Bürger anreisten. Sie wußten, was sie erwartete: Edward I. verlangte den Treu- und den Lehnseid - und alle, die gekommen waren, leisteten ihn. Ihre Namen wurden auf einer Liste, der sogenannten „Ragman Roll" festgehalten. Die wenigen, die dem englischen König den Eid verweigerten, wurden vom Justiziar, William Ormesby, zu Gesetzlosen erklärt. Er hatte nicht viel zu tun. Die Earls waren entweder auf Edwards Seite oder seine Gefangenen und vom Klerus war nur Bischof Mark von Sodor und Man aktiv im Widerstand. John de Warenne wurde Edwards Stellvertreter in Schottland, Hugh Cressingham dessen Schatzmeister und Henry Percy der Militärbefehlshaber von Galloway.

Von Herbst 1296 bis Sommer 1297 (also in einem Zeitraum, in dem das Kriegführen ohnehin meist unterlassen wurde) blieb es relativ ruhig in Schottland und nach diesem furiosen Auftakt, so könnte man zu glauben versucht sein, schien der Krieg vorbei zu sein, bevor er richtig begonnen hatte. In anderen Zeiten und anderen Gegenden wäre das vielleicht auch so gewesen, aber nicht in Schottland. Es gab genügend schottische Clans - nicht nur auf den Hebriden - die schon die Herrschaft der schottischen Krone nie ganz ernst genommen hatten. Diese Haltung brachten sie natürlich erst recht dem fernen englischen König entgegen. Dennoch waren es nicht ihre Aufstände bzw. Gefechte untereinander, die den englischen König, dessen Land kurz vor einem Bürgerkrieg stand, beunruhigten. Obgleich auch Nachrichten über Unruheherde aus anderen Teilen Schottlands eintrafen, blieb Edward I. immer noch gelassen. Zunächst sah das, was als für die englischen Besatzer eher kleine Schlappe in dem kleinen Ort Lanark unweit der schottischen Westmarch der Borders begann, auch nicht nach etwas Besorgnis erregendem aus, aber hier trifft man erstmals auf den Namen eines Mannes, der Edward noch manch schlaflose Nacht bereiten sollte: William Wallace.[41] Warum er und seine Leute den Sheriff und dessen Leute töteten, ist fraglich (glaubwürdig ist, daß englische Soldaten seine Frau töteten); sicher ist, daß damit - auch wenn es noch keiner der Beteiligten ahnte - der Schottische Unabhängigkeitskrieg begann. In der Nähe von Lanark befindet sich der Ort Peebles. Dieser sollte während des Unabhängigkeitskrieges ein Zentrum des schottischen Widerstands werden. Der Ort hielt diese anti-englische Tradition auch in späteren Jahrhunderten aufrecht. So war es später heimliche Jakobitenhochburg, in der die Familien Wemyss und Stewart of Traquair eine prominente Rolle spielten.

Sicher ist, daß es die unteren Volksschichten waren, von denen Wallace vornehmlich Zulauf erhielt. Im Laufe der Zeit verstärkten sich seine Verbände durch den steten Zulauf so stark, daß er schließlich nach Süden in den Selkirk Forest marschierte, von wo er englische Garnisonen südlich des Forth angreifen konnte. Edward zeigte sich von den Vorgängen in den schottischen Borders immer noch erstaunlich wenig beeindruckt und zog nach Flandern zu Felde, wo er allerdings wenig erfolgreich agierte. Im September 1297 sollte der in Schottland bereits gutgehaßte John de Warenne den Aufstand niederschlagen. Am 10. September 1297 erreichte er von Berwick kommend die Nähe von Stirling. Auf der Nordseite des Flusses Forth hatten Wallace und Murray, Sohn des ehemaligen Justiziars Schottlands, ihre Truppen aufgestellt. Mit ihren Leuten gedachten sie, die alte Brücke über das Flüßchen Forth zu verteidigen. Das Land war größtenteils sumpfig und für Kavallerieangriffe denkbar ungeeignet, was daran lag, daß der Forth stark von den Gezeiten der Nordsee beeinflußt wurde. Die Engländer zerbrachen sich aber wenig den Kopf über die bevorstehende Schlacht. Ihr Feldherr, Cressingham, war sogar überzeugt, die Schotten würden kapitulieren. Die englische Streitmacht war allerdings auch sehr eindrucksvoll anzuschauen: rund 10.000 Fußsoldaten und über 300 berittene Men-at-arms, die den Schotten in punkto Training und Ausrüstung sicherlich überlegen waren, außerdem Bogen- und Armbrustschützen. Die Schotten verfügten zwar auch über einige Bogenschützen aus dem Ettrick Forest im Süden des Landes, zahlenmäßig aber waren diese weit unterlegen, zudem verfügten sie nur über kürzere Bögen mit geringerer Reichweite und Durchschlagskraft. An Kavallerie standen den englischen Infanteristen Ritter und Men-at-Arms zur Seite, eine schlagkräftige Waffe, der die Schotten im wesentlichen lediglich die berittene Infanterie, die Hobilars, die allerdings fast ausschließlich abgesessen kämpfte, entgegenzustellen hatten. Leichte Kavallerie zum Vorposten- und Patrouillendienst waren Bestandteil beider Heere, die bei Stirling Bridge aufeinander trafen. Die Infanterie war die wesentliche Waffe des schottischen Heeres, wenngleich der Großteil aus Bauern bestand, die zumeist nur eine sehr oberflächliche Übung im Waffenhandwerk hatten. Der typische schottische Infanterist trug als Hauptwaffe einen schweren Speer, der zum Stoß, nicht zum Wurf verwendet wurde. Daneben war er mit einem langen Messer, vielleicht einem Beil oder anderen behelfsmäßigen Schlaginstrumenten bewaffnet. Zum Schutz trug er einen simplen, doch durchaus zweckmäßigigen Helm und ein mit Wolle oder Heu gestopftes Polster- oder Lederwams, das mit Eisenringen benäht war. Der Besitz eines Schwertes oder gar eines Kettenhemdes galt als Statussymbol. und eine solche, oft in einer Schlacht erbeutete Waffe bzw. Rüstung wurde über Generationen innerhalb der Familie weitergegeben.

James the Steward und Malcolm, der Earl of Lennox, versuchten zwischen Warenne und Wallace eine Übereinkunft zu vermitteln. Dazu kam es aber nicht. Am Morgen des 11. September begannen die Engländer, den Forth zu überqueren. Als schon Hunderte die Brücke überquert hatten, rief man sie zurück, da ihr Oberbefehlshaber Warenne sich noch nicht zum Aufstehen entschlossen hatte und somit die Schlacht zu versäumen drohte. Man kann es nicht anders als unglaublichen Dilettantismus nennen, aber die Schotten taten es den Engländern gleich, indem sie nicht den geringsten Versuch unternahmen, das Übersetzen zu unterbinden. Die Engländer schienen das für normal zu halten und sicherten den ihnen kampflos in den Schoß gefallenen Brückenkopf nicht einmal. Der inzwischen aufgestandene Warenne (der in dieser Schlacht eine ungewöhnlich schlechte Figur machte) beförderte noch schnell einige Edelknappen zu Rittern und befahl dann, erneut den Forth zu überqueren. Außerdem sandte er zwei Mönche zu seinen Gegnern, um ihre Kapitulation zu fordern, was die Schotten ablehnten. Als die englische Vorhut die andere Seite erreicht hatte, ließ Wallace - endlich ein militärisch sinnvolles Manöver - seine Infanterie angreifen. Die Vorhut wurde abgeschnitten, ein Teil der Ritter unter dem Bannerherren Marmaduke Tweng schlug sich durch die schottischen Linien. An der Brücke erlitten die englischen Truppen große Verluste. Tweng warf sein Pferd herum und schlug sich mit seinem Neffen und einem Knappen wieder bis zur Südseite durch. Wenigen Engländern

Threave Castle (Foto: Antje Mismahl)

gelang es, sich schwimmend durch den Fluß zu retten. Von den anderen entkamen nur wenige. Warenne flüchtete mit der Nachhut seiner geschlagenen Armee bis nach Berwick und ließ in Stirling Castle eine kleine Garnison unter Tweng zurück. Andrew Murray hatte in der vordersten Linie mitgekämpft, war schwer verwundet worden und starb Anfang November. Vorher wurde er zusammen mit Wallace zum „Befehlshaber der Armee des Königreiches Schottland" ernannt. Nach Murrays Tod war Wallace der unangefochtene Anführer der schottischen Patrioten, der sich allerdings nach wie vor fast ausschließlich auf die unteren sozialen Schichten stützen mußte. Der schottische Adel verhielt sich in vielen Fällen nicht sehr nationalbewußt, seine Unterstützung für Wallace war bestenfalls halbherzig. Man darf nicht vergessen, daß diese Männer Edward I. die Treue geschworen hatten. Jeder Akt der Rebellion konnte fürchterliche Konsequenzen haben. Trotzdem gingen einige (die Haltung von Robert the Bruce ist nicht einschätzbar) zu Wallace über.

Die englische Besatzung in Schottland brach auseinander. Tweng kapitulierte in Stirling Castle. Dundee fiel und erhielt eine schottische Besatzung unter Alexander Scrymgeour. Berwick wurde bis auf die Burg erobert. Wallace begann, gegen England zu ziehen. Ab Mitte Oktober 1297 sickerten schottische Vorhuten in England ein. Dann marschierte Wallace selber an der Spitze der schottischen Hauptarmee in England ein, er nahm den Weg durch das später wegen seiner Borderreiter so berüchtigte Tynedale nach Bywell und Corbridge. Am 7. November erreichte er Hexham, von wo aus er gegen Carlisle marschierte. John Halton, der Bischof von Carlisle, hatte Robert Bruce of Annandale als Kommandeur der Garnison ersetzt, da Edward I. der Familie Bruce mißtraute. Wallace erschien vor der Stadt, konnte aber wenig ausrichten und zog weiter nach Süden. Auch weitere Aktionen, wie die Einnahme von Mitford Castle, brachten keine neuen Ergebnisse. Irgendwann im Winter 1297 wurde Wallace zum Ritter geschlagen und erhielt den Titel des „Guardian" von Schottland.

Als die ersten Nachrichten von Stirling Bridge bei Edward I. eintrafen, erhielt Warenne den Befehl, sofort zurückzuschlagen. Das tat der fähige Kriegsmann: Berwick wurde eingenommen und Roxburgh kam wieder fest in englische Hand. Edward selber führte den nächsten Angriff. Er verfügte über ein Heer von etwa 2000 schweren Kavalleristen aus England und eine nicht mehr bestimmbare Anzahl von Rittern aus der Gascogne. Daneben betrug die Anzahl der Infanteristen rund 26.000 Mann. Die Armee rückte nordwärts, aber wie schon so oft funktionierte ihre Versorgung nicht ausreichend. Dann erhielt Edward eine elektrisierende Nachricht: Wallace, so hieß es, sei mit seinen Leuten gerade 30 Kilometer entfernt bei Falkirk und sei entschlossen, den Kampf anzunehmen. Seine bisherigen Aktionen hatten dem Adel beinahe nichts bedeutet, so daß er, wollte er den Zusammenhalt des schottischen Widerstands aufrechterhalten bzw. dessen Basis erst einmal verbreitern, eine Feldschlacht riskieren und diese für sich entscheiden mußte. Wallace stellte seine Armee im Juli 1298[42] bei Falkirk auf einem Bergrücken auf. Seine Infanterie war in vier Schiltrons formiert. Die Bogenschützen postierte Wallace zwischen den Schiltrons, die Kavallerie der Adligen dahinter. Die waren allerdings nur in beschämend geringer Zahl erschienen. Die Engländer griffen von Süden her an, ihre Vorhut geriet in einen Sumpf und umritt ihn in westlicher Richtung, während Fürstbischof Beks zweite Kolonne ostwärts auswich. Durch den Übereifer der Ritter wurde nicht auf die Nachhut unter dem König gewartet. Zunächst schien das auch keinerlei Negativwirkung zu haben, denn die schottische Kavallerie unter dem Lord of Badenoch, John the Red Comyn, wurde angegriffen und in die Flucht geschlagen. Außerdem ritt die englische Kavallerie die schottischen Bogenschützen nieder, ohne daß denen die Infanterie hätte helfen können. Der Beschuß durch englische Bogenschützen riß große Lücken in die schottischen Reihen, die anschließend der englischen Kavallerie Angriffspunkte lieferten. Dann griffen die Infanteristen aus Wales in die Schlacht ein und zwangen die schottische Armee zur Flucht, wobei sie unter den einfachen Soldaten hohe Verluste erlitt. Wallace rettete sein eigenes Schiltron nordwärts in die Wälder von Callander, wohin ihm die Engländer nicht folgten. Die Verluste der Engländer waren weit weniger hoch. Edward sandte Streifkorps quer durch Schottland, die aber nirgends mehr auch nur die Fährte einer schottischen Armee aufzufinden vermochten.

Edward I. verließ im September Schottland, nachdem er noch ein paar Burgen im Grenzgebiet zerstört hatte. Wallace gab die Funktion des Guardian (freiwillig oder unfreiwillig) auf und tauchte unter. 1299 verließ er Schottland, um am französischen Hof Hilfe zu erbitten, die ihm gewährt wurde. Die Regierung in Schottland brach, entgegen den Erwartungen des englischen Königs, nicht zusammen. Der größte Teil des Landes war frei von englischen Besatzungstruppen, was die schottischen Magnaten für ihre eigenen Zwecke ausnutzten. Ende 1298 wurden Robert the Bruce und John the Red Comyn of Badenoch zu Guardians ernannt, eine unkluge Entscheidung, da beide einander nicht ausstehen konnten. Edward I. hatte sich vom Sieg bei Falkirk wohl mehr versprochen, jetzt aber fand sich die notorisch zerstrittene schottische Nobilität leichter mit Ihresgleichen als Anführern des schottischen Widerstandes ab, als mit dem Aufsteiger Wallace. Edward I. war aber nicht der Monarch, sich von solchen Ereignissen erschüttern zu lassen. Schon im Jahr 1300 begann er, neue Grenzfestungen zu bauen und die Garnisonen in Schottland wieder zu verstärken und eine neue Streitmacht aufzustellen. Die Armee brach Anfang Juli des Jahres 1300 nach Schottland auf und belagerte Caerlaverock Castle, das erobert wurde. Nach der Einnahme der Burg zog Edward I. nach Galloway, fand allerdings nirgends organisierten Widerstand. Im Westen konnten englische Truppen den Marschall von Schottland, Sir Robert Keith, gefangennehmen. Die Hauptmacht der englischen Armee erreichte den Schauplatz dieses Gefechts, wo inzwischen auch die Schotten unter Ingram de Umfraville, John the Red Comyn und dem Earl of Buchan eingetroffen waren. Die Attacke der Engländer war nicht gut vorbereitet, nichtsdestoweniger aber erfolgreich. Die Schotten mußten sich in die Wälder zurückziehen. Da die Engländer die Verfolgung dort nicht aufnehmen wollten, zogen sie sich zurück, Ende August war Edward wieder in England.

Im Jahre 1301 unternahm er eine weitere Invasion in Schottland. Edward hatte aus dem Vorjahr die bittere Lehre ziehen müssen, daß große Truppenansammlungen nur unzureichend aus dem Land versorgt werden konnten. War der Nachschub unzureichend organisiert, stiegen die Zahlen der Deserteure und die Armee begann zu schrumpfen. Die Schotten entwickelten aus dieser Erkenntnis heraus eine relativ erfolgreiche Methode, englische Invasionsarmeen zu bekämpfen. Sie vermieden einfach die offenen Feldschlachten und verwüsteten den englischen Vormarschweg. Edward wollte dem durch eine Teilung seiner Armee in zwei Teile begegnen. Er ernannte seinen Sohn Edward zum „Prince of Wales" und übertrug ihm das Kommando über den einen Armeeteil, der die Aufgebote aus dem Grenzgebiet unter John de St. John und 2200 Infanteristen aus Irland umfaßte. Die vom König selbst kommandierte Kolonne stieß entlang des Tweed vor und rückte dann durch das Zentrum der Southern Uplands auf Bothwell Castle vor, das der König samt den umliegenden Gebieten Sir Aymer de Valence versprochen hatte. Dazu mußte es aber erst erobert werden, was keine leichte Aufgabe war. Bothwell Castle war eine der stärksten Burgen Schottlands. Um sie dennoch in annehmbarer Zeit einnehmen zu können, ließ Edward I. den monströsen Belagerungsturm „Berefrey" bauen. Dessen Einastz war erfolgreich, Bothwell Castle kapitulierte am 24. September. Dann zog der König über Stirling nach Linlithgow, wo er das Winterquarier aufschlug. Der Kronprinz stieß an der Westseite Schottlands vor. Von Carlisle rückte er durch das Galloway bis nach Ayr und Turnberry Castle. Dank schottischer Einheiten unter dem Earl of Buchan, Simon Fraser und Sir John de Soules gelangte dieser englische Armeeteil nie zur Ruhe, denn die Schotten waren sehr beweglich und griffen unvermutet jede Einheit an, die sich zu weit vom Gros entfernte. Im September griffen Ingram de Umfraville und Soules die von Engländern gehaltene Burg Lochmaben an, konnten sie aber nicht nehmen.

Edward I. blieb mit einem Großteil der Armee fast den ganzen Winter über in Linlithgow. Obwohl diese Burg zu einer mächtigen Befestigungsanlage ausgebaut wurde, hatte der Feldzug seinen Zweck nicht erfüllt. Schottland war nicht unterworfen worde. Robert the Bruce, der lange nichts hatte von sich hören lassen, unterwarf sich, als er hörte König John Balliol sei aus päpstlicher Verwahrung entlassen worden Edward I. Damit hatte er Edward einen mächtigen Trumpf in die Hand gegeben, zumal auch im Norden die Rivalität der schottischen Magnaten dem englischen König in die Hände gespielt hatte. 1301 hatten die MacDougalls, die mit den MacDonalds rivalisierten, ein Abkommen mit Edward geschlossen. Ewen (oder Lame John) MacDougall of Lorne verplichtete sich, den Loch Awe gegen die schottischen Patrioten zu halten. Ein gälischer Stamm in Galloway, die MacDowalls, stammte von den MacDougalls ab, und ging nun ebenfalls zu Edward I über. Der hatte endlich einen Friedensvertrag mit Frankreich abschließen können und war so in der Lage, sich ganz der Eroberung Schottlands zuzuwenden. Der König nahm weit weniger Soldaten mit, als bei früheren Feldzügen, plante aber, diese länger in Dienst zu nehmen. Er wollte diesmal eine systematische Zerstörung aller schottischen Hilfsquellen erreichen, so wurde die Brandschatzung Merkmal dieses Feldzuges. Die größte Kolonne führte der König, kleinere der Kronprinz, Robert the Bruce und der Earl of Ulster. Die schottischen Patrioten unternahmen zwar kleinere Gegenangriffe, als die englische Armee sich nordwärts bewegte, konnten aber den Hauptstoß der englischen Armee nicht einmal verzögern. Am 23. Mai setzte die englische Armee über den Forth. Den leichteren Weg über Stirling schlug Edward nicht ein.[43] Den ersten Widerstand traf er in Brechin Castle, das am 9. August 1303 fiel. Im September erreichte er Kinloss am Moray Firth, dann wendete er sich durch die Highlands südwärts, wobei er noch Lochindorb Castle und Kildrummy Castle eroberte. In Dunfermline bezog er Winterquartier. Allerdings wurden die militärischen Aktionen während des Winters nicht eingestellt. Man sandte Streifkorps nach Galloway und eines in den Selkirk Forest. Dort kam es bei Happrew zu einem Gefecht mit schottischen Soldaten unter Simon Fraser und William Wallace. Beide entkamen, obwohl das Scharmützel siegreich für die Engländer endete. 1304 unterwarf sich der Earl of Atholl, 1303 hatte es schon der Earl of Ross getan. Nun suchte auch der Lord of Badenoch, John the Red Comyn, um Frieden nach. Im Februar 1304 wurde ein Abkommen ausgehandelt, das die Unterwerfung der schottischen Patrioten vorsah. Fast ganz Schottland unterwarf sich. Mit drei bemerkenswerten Ausnahmen: Stirling Castle unter dem Kommando von Sir William Oliphant, Simon Fraser und William Wallace. Der versteckte sich irgendwo im Selkirk Forest mit einem Haufen Desperados. Dann gab auch Fraser auf, Wallace hielt jedoch mit der Hilfe der örtlichen Bevölkerung weiter aus. Edward I. konzentrierte sein Kräfte nun um Stirling. Die Burg hielt unter Oliphant aus, was Bewunderung unter den englischen Belagerern hervorrief. Doch Edward I. beurteilte den Widerstand weniger positiv. Im Frühjahr 1304 wurden alle möglichen Belagerungsmaschinen um Stirling Castle zusammengezogen, darunter 19 Belagerungstürme. Drei Monate lang wurde Stirling Castle belagert, dann mußten Oliphant und seine Leute kapitulieren. Edward verließ Schottland und ließ ein Land zurück, das beinahe vollständig unterworfen war. Aber eben nur beinahe, denn Wallace hielt noch irgendwo aus, wenngleich er zur Zeit keine besondere Bedrohung mehr darstellte. Dennoch forderte Edward die Schotten immer wieder auf, Wallace aufzugreifen und an ihn auszuliefern. Er ließ gar die exilierten Adligen solange nicht nach Schottland zurück, wie Wallace in Freiheit war. Am 3. August 1305 wurde Wallace von den Leuten von John Stewart of Menteith, dem Sohn des Earls of Menteith, gefangen. Wallace wurde wunschgemäß an Edward ausgeliefert und nach einem Schauprozeß zum Tode verurteilt. Er wurde gehängt, gestreckt und geviertelt.

Erfolgreicher für Schottland und folgenreicher für Edward und England sollte der Griff Robert the Bruces nach der schottischen Krone werden. Die Krönung erfolgte in bescheidenem Ambiente[44] am 25. März 1306, das dazugehörige Reich mußte der nunmehr engagierte schottische Patriot sich erst noch erwerben. Bei diesem Erwerb verlor Bruce keine Zeit. Persönlich nahm er die Stadt Dundee (wieder einmal ohne die Burg), während seine Anhänger andere englische Stützpunkte attackierten. Hinter Bruce standen die Earls von Atholl, Menteith und Lennox. Die Bischöfe Wishart und Murray unterstützten ihn. Aber Bruce hatte auch mächtige Gegner. Da waren die Earls von Strathearn, Buchan, March, Angus und Ross. David Strathbogie, Sohn und Erbe des Earls of Atholl, war ein Gegner Bruces. Die Earls von Sutherland und Caithness standen unter der Kontrolle des Earls of Ross. Die wenigsten dieser Magnaten waren Anhänger von Edward I., deshalb standen sie aber noch lange nicht auf seiten des neuen Königs.

Auch Edward I. blieb nicht untätig. Auf die Nachricht von Bruces Unternehmungen konfiszierte der englische König Bruces Ländereien. Dann ernannte er fähige Kommandeure für eine Strafexpedition gegen Bruce, an deren Spitze er Aymer de Valence setzte. Dieser setzte seine etwas über 2000 Mann starke Truppe nach Norden in Marsch. Er hatte schriftliche Order, namhafte Anhänger von Bruce zu exekutieren. Valence nahm Bischof Wishart gefangen, Bischof Lamberton ergab sich. Trotz dieser Erfolge war die Lage von Valence mit seiner Hauptbasis Perth nicht ungefährlich. Robert the Bruce verfügte über das zahlenmäßig größere Heer. Dieses näherte sich am Sonntag, dem 19. Juni 1306 von Westen der Stadt Perth, wobei die Ritter weiße Hemden über den Waffenröcken trugen. Gewöhnlich war die Zurschaustellung der Familienwappen nicht nur Frage des Stolzes sondern auch der Selbsterhaltung. Wie leicht konnte ein Ritter im Kampfgetümmel sonst mit einem Angehörigen einer niederen Schicht verwechselt und - quasi unabsichtlich - getötet werden. Bei einem erkennbar Adligen war Schonung üblich, da Lösegeld winkte. Bruces Ritter nun waren sozusagen „anonym", da sie Repressalien gegen Familie und Besitz von seiten des englischen Königs fürchteten. Möglicherweise waren Einzelheiten aus den schriftlichen Ordern des Königs bekanntgeworden. Bruce wartete außerhalb von Perth, Valence nahm die Schlacht aber nicht an. Daraufhin zog sich Bruce mit seinen Truppen gegen Mittag in den Wald von Methven zurück. Hier lockerte die Truppe die Ordnung auf, man begann, nach Nahrung und Quartier zu suchen. Nun schlug Valence zu. Seine Soldaten stürmten das schottische Lager. Bruce schaffte es noch, seine Kavalleristen aufsitzen zu lassen, es kam zu heftigen Nahkämpfen. Valence verlor sein Schlachtross, das unter ihm getötet wurde. Trotzdem war der Schlachtverlauf sehr einseitig, die schottischen Fußsoldaten hatten kaum eine Chance, während ein Großteil der Kavallerie entkommen konnte, wurden viele von Bruces Leuten getötet oder gefangen. König Robert hatte sich bei seiner ersten Bewährungsprobe nicht sehr achtbar geschlagen.

Edward I. schickte eine weitere Armee nach Schottland. Der gerade zum Ritter geschlagene Kronprinz wurde an die Spitze der zweiten Armee gesetzt. Die Armee überschritt die Grenze, nahm Lochmaben Castle und stoppte. Nachdem endlich Nachschublieferungen angekommen waren, marschierte sie nach Perth weiter. Valence war Bruce dicht auf den Fersen, der entzog sich aber immer wieder dem englischen Zugriff. Die Anhänger von Bruce, die gefangen wurden, erwartete kein Pardon. Groteske Formen königlicher Rache zeigten sich bei der Schwester König Roberts und der Countess of Buchan. Man ließ beide in speziell angefertigten Käfigen in den Burgen von Berwick und Roxburgh zum Ergötzen des Publikums bis 1310 ausstellen. Frau und Tochter von Robert the Bruce erfuhren eine bessere Behandlung. Die zwölfjährige Tochter Marjorie kam in ein Kloster, Elizabeth auf ein königliches Gut.

Robert the Bruce lebte nicht nur in der Schlacht gefährlich, auch der Alltag hielt Herausforderungen bereit. Weitab von den Schwertern seiner Feinde spazierte er eines schönen Tages über eine grüne Wiese, als ein Bulle „rot" sah und ihn auf die Hörner nehmen wollte. Ein Mann namens Roull sprang rasch dem König bei und packte das wilde Tier bei diesem gefährlichen Hauptschmuck und zwang es zu Boden. Der dankbare König zeigte sich hocherfreut und gab dem bärenstarken Kerl Ländereien im Teviotdale. Dort residierte die Familie, die sich nun „Turnbull" nannte, fürderhin und entwickelte sich, gar nicht im Sinne der Krone, zu einer der gefährlichen und kampfstarken Borderfamilien. In ihrem Wappen führen sie gleich drei Bullenköpfe und den Wappenspruch: „I saved the king"[45].

Wahrscheinlich hielt sich Robert the Bruce bei Angus Og Mac Donald auf und reorganisierte, keineswegs mutlos oder verzweifelt, hier seine Truppen - von Armee konnte man wohl nicht mehr sprechen. Die zumindest zu einem Teil professionellen Krieger von Angus Og waren genau richtig für den Guerillakrieg, den Bruce 1307 begann. Im frühen Februar 1307 tauchte er im Süden der Halbinsel Kintyre auf und landete später auf Arran. Bruce teilte seine Truppen und landete mit der nördlichen Division in Carrick auf dem schottischen Festland. Die südliche Division, angeführt von seinen Brüdern Alexander und Thomas, landete in Galloway. Achtzehn Langboote brachten diese Truppe an Land. Die Landung wurde allerdings ein Desaster, denn Partisanen unter Dungal MacDowall zerschlugen die Truppe. Auch die Landung von der von Robert the Bruce persönlich geführten Truppen verlief nicht reibungslos. Man ging in gefährlicher Nähe zu einer englischen Abteilung von 300 Mann unter Henry Percy bei Turnberry an Land. Der schottische König leitete selbst einen Nachtangriff auf die englischen Soldaten, die in der Stadt kampierten. Percy jedoch konnte die Burg halten. Bruce zog sich zurück. Inzwischen war Valence in Galloway eingetroffen, Bruce gelang es, ihm am Glen Trool in einem Hinterhalt Verluste zuzufügen. Die Leute von Bruce rollten Felsbrocken von den steilen Hängen. Etwas weiter östlich bei Rapploch Moss am Clatteringshaws Loch erreichte Bruce wenig später einen ähnlichen Erfolg.[46] Besonders die Verluste an Pferden machten den Engländern zu schaffen. Was der schottische König aber jetzt brauchte, war ein Sieg in einem größeren Gefecht, der das Land zu begeistern vermochte, der die Menschen zum Aufstand gegen die

Caerlaverock Castle (Foto: Antje Mismahl)

Hermitage Castle (Foto: Antje Mismahl)

Engländer veranlassen konnte. Am 10. Mai 1307 kam es am Loudon Hill bei Kilmarnock zur Schlacht. Bruce stellte seine ca. 1000 Speerträger auf einem Höhenrücken auf, dessen Flanken von tiefen Geländeeinschnitten geschützt waren. Valence führte eine weit stärkere Truppe ins Feld, obwohl die Angabe von 3000 Kavalleristen vermutlich übertrieben ist. Valence führte die Attacke persönlich an. Mit geschlossenem Visier und gefällter Lanze griffen die Ritter an, allerdings verlangsamten der Boden und die Steigung den Galopp, so daß die schottischen Speerträger nun im Vorteil waren. Der Kavallerie gelang es nicht, in das Schiltron einzubrechen, so mußte Valence das Feld ungeordnet räumen, seine Leute wurden von Bruce bis Ayr getrieben. König Robert versuchte sogar, die Stadt zu belagern, mußte sich aber zurückziehen, da ein englisches Entsatzheer erschien.

Vielleicht sind diese Angaben aber nur der Phantasie der Chronisten entsprungen, denn wenig später soll sich der König wieder in den Mooren Galloways aufgehalten haben. Ihm auf den Fersen befand sich John MacDougall mit 800 seiner Clansmen, die für den Guerillakrieg genauso geeignet waren wie Roberts Leute. König Edward I. sprach von Bruce nur abschätzig als „König Hobbe". Der so Geschmähte bereitete aber Edward soviele Sorgen, daß der kranke König sich in eigener Person nach Schottland aufmachte, obwohl er von seiner Krankheit noch keineswegs genesen war. Am 2. Juli 1307 war er von Carlisle aufgebrochen, am 6. Juli hatte man erst wenige Meilen zurückgelegt. In Burgh-on-Sands ereilte Edward I., König von England, Hammer of the Scots, sein irdisches Ende.

Mit dem Tod des alten Königs wurde Edward II. zum Hauptwidersacher von Robert the Bruce. Edward II. war kein grausamer Despot, er war auch kein entsetzlicher Schwachkopf, aber ihm fehlten viele Eigenschaften, die ihn zur Regierung Englands und zur Unterwerfung Schottlands befähigt hätten. Beim Tode Edwards I. hatte der in der schottischen Angelegenheit im Grunde wenig erreicht, denn die englische Position hing im wesentlichen von einigen Festungen im Süden und der Haltung schottischer Magnaten im Norden ab. Nur ein ausgedehnter Feldzug wie der von 1296 beispielsweise mit anschließender Festungsbaupolitik (wie etwa in Wales) hätte daran nachhaltig etwas ändern können. Edward II. fehlten dazu drei wesentliche Dinge: die Einsicht, die Tatkraft und das Geld. Am 19. Juli 1307 erreichte er Carlisle. In drei Marschsäulen marschierten seine Truppen unter seiner persönlichen Führung in Schottland ein, um in Dumfries halt zu machen. Nachdem er die Truppen durch das Nithtal bis Cumnock vorrücken hatte lassen, ließ er die Armee wenden und verließ Schottland. Wenige Wochen später löste Edward II. Valence als Oberkommandierenden in Schottland ab und ersetzte ihn durch John of Brittany, was keineswegs eine gelungene Personalentscheidung war, da nur die Verwandtschaft zwischen Edward und Brittany diesen als Befehlshaber qualifizierte. Nicht einmal die Nordgrenze Englands konnte der neue Mann gegen die schnellen Überfälle von Bruces Männern sichern. König Robert wandte sich zunächst gegen die MacDougalls, denen er schwere Verluste zufügte. Nach erfolgrichen Unternehmen gegen innerschottische Gegner wurde Robert the Bruce sehr krank. Viele seiner Anhänger verließen nun ohne Hoffnung sein Heer, es blieben nur wenige. Im März 1308 zerstörte diese kleine, aber nach wie vor sehr schlagkräftige Truppe Balvenie Castle, dann Duffus Castle. Dann verlagerte Bruce seinen Operationsraum nach Südosten in die Nähe von Inverurie. Dort kam es zu Scharmützeln mit den Leuten des Earls of Buchan. Edward Bruce hielt mit seinen Leuten tapfer aus und verteidigte den kranken König, schließlich zog man sich in die Strathbogie-Berge zurück. Buchan griff Bruce entlang der Straße von Oldmeldrum an. Diesmal nahm Robert the Bruce den Kampf selbst auf. Er ließ es sich nicht nehmen, sich in den Sattel zu schwingen. Tatsächlich wurde er gehoben, zwei Männer mußten ihn stützen, damit der Schwerkranke nicht herunterfiel. Der Anblick des Königs zu Pferde entsetzte Buchans Leute derart, daß sie sich nach kurzem Widerstand zur Flucht wendeten. Die Kavallerie Buchans griff erst gar nicht in die Kämpfe ein. Nun begann eine Phase, die das „Hership of Buchan" genannt wurde. Bruce gab den wilden Gälen seiner Armee freie Hand zu plündern, tatsächlich waren sie äußerst knapp an Nahrungsmitteln. Eine Burg nach der anderen wurde genommen, die Getreuen Comyns verfielen dem Schwert. Die Zerstörungen waren so schwerwiegend, daß später Siedler nach Buchan gerufen werden mußten, den Distrikt neu aufzubauen. Robert the Bruce nahm Aberdeen und hatte damit eine Verbindung nach Frankreich und Flandern. Im August 1308 wendete sich Robert the Bruce von den Grampians in Richtung Westen. Sein Ziel waren die MacDougalls of Lorne, die er besiegte, mild behandelte und auf deren Gefolgschaft er anschließend zählen konnte.

Der König erfreute sich steigender Popularität beim „Small Folk", die kleinen Leute sahen in ihm einen Mann, der die englische Herrschaft beenden konnte. Sie versorgten seine Streitkräfte mit Nahrungsmitteln und griffen auch selbst zu den Waffen. Ihre Loyalität zum König war selbst dann evident, wenn der lokale Lehnsherr oder Chief zu den Gegnern des Königs gehörte. Am Weihnachtsabend 1308 kletterten die Hirten und Köhler aus den Wäldern von Platane aus eigenem Antrieb über die Mauern von Forfar Castle und töteten die Besatzung. Die Verwüstungsfeldzüge führte Bruce nur gegen Buchan und Galloway, in den anderen Regionen Schottlands erfreute er sich immer breiterer Unterstützung. Instinktiv muß er erkannt haben, daß in der Unterstützung des gälischen Bevölkerungsanteils der Schlüssel zur Herrschaft über Schottland lag. Mächtige Chiefs wie Angus Og MacDonald traten in Allianz zu Bruce. Sie wurden Verbündete, keine Untertanen. Robert the Bruce war weise genug, nie den besonderen Charakter dieser Zusammenarbeit in Frage zu stellen. Gegen die wilden Highlander reichten die kleinen englischen Garnisonen der Burgen im nördlichen Schottland kaum aus, die englischen Kräfte waren zu weit verstreut, um König Robert tatsächlich behindern zu können. Die fähigen und selbständigen Unterführer, z.B. James Douglas und Edward Bruce, ermöglichten getrennte und dennoch erfolgreiche Operationen. Im Norden Schottlands hatte König Robert leichtes Spiel mit den englischen Garnisonen und opponierenden schottischen Adligen. Derer gab es noch einige wenige. Im südlichen Schottland war die Situation ganz anders. Hier geboten mächtige Earls, die sich auf die großen englischen Garnisonen der Burgen stützen konnten, ebenso wie auf die relativ gut funktionierende Verteidigung des englischen Grenzlandes. Voraussetzung dafür war aber eine zumindest mehr als sporadische militärische Hilfeleistung durch den englischen König. Aber der hatte inzwischen eigene Probleme, die an den Grundfesten seiner Herrschaft rüttelten[47].

An weitere Feldzüge gegen König Robert von Schottland konnte er zumindest mittelfristig nicht denken, und das trotz der immer lauter werdenden Rufe der Barone, denen Edward I. Ländereien in Schottland gegeben hatte. Die englischen Positionen in Schottland waren schon sehr prekär geworden. Im Spätherbst 1309 kam es zu einer militärischen Aktivität der Engländer in Schottland, der Earl of Gloucester entsetzte Rutherglen Castle. Nach einiger Zeit fiel es jedoch in die Hände von Edward Bruce. Diplomatische Bemühungen hatten kaum Erfolg. Der Earl of Ulster (immerhin Schwiegervater des schottischen Königs) wurde zu ihm geschickt. Die Verhandlungen führten zu nichts. Der englische König erteilte den Kommandeuren bedrängter Stützpunkte die Erlaubnis, befristete Waffenstillstände zu schließen.

Erst im August 1310 war der englische König in der Lage, endlich einige Earls (Warenne, Gloucester und Cornwall) aufbieten zu können und eine Armee in Marsch gesetzt. Viele Earls bewegten sich mit ihren Truppensendungen an der untersten Grenze ihrer Lehensverpflichtungen, de Valence z.B. entsandte einen einzigen Ritter. Nichtsdestotrotz überschritt

Edward II. mit seinen Leuten im Herbst die Grenze. Nach einem kurzen Vorstoß bis Linlithgow zog er sich nach Berwick zurück, wo er bis Juni 1311 blieb. Die Schotten stellten sich nicht zum Kampf, sondern schickten allenfalls Plünderungs- oder Überfallabteilungen aus. Die Aktionen des englischen Königs in Schottland können daher nur mit dem Wort „wirkungslos" beschrieben werden. Wegen verschiedener Probleme im eigenen Land bot Robert the Bruce die Anerkennung als schottischer König an, wenn der Angriffe gegen England unterließe. Bruce lehnte rundweg ab. Die Gefahr des Bürgerkriegs, die in England drohte, wußte Robert the Bruce zu nutzen.

Schon 1311 hatte der schottische König Raids nach Nordengland unternommen - mit eben jenen taktischen Finessen, die die späteren Borderreiter nur noch zu perfektionieren hatten. Im August hatte er acht Tage lang das Tynedale heimgesucht und im September war der Osten der englischen Grenzregion das Ziel gewesen. Die Bewohner Northumberlands waren bereits so verzweifelt, daß sie sich für 2000 Pfund für einige Monate freikauften. Bruce spezialisierte seine Truppen auf derartige Blitzangriffe, indem er den Anteil der Kavallerie und der Hobilars erhöhte. Es wurde kein Gepäck mitgenommen, die Versorgung erfolgte aus dem Lande selbst. Das Ziel war es, Geld und Vieh einzutreiben, die militärischen Kapazitäten Nordenglands zu zerstören und Informationen zu beschaffen. Im Januar 1312 begann Robert the Bruce die Belagerung Dundees. Die Garnison der Stadt war die zweitgrößte in ganz Schottland, nur in Berwick standen mehr englische Soldaten. Der Kommandeur, William Montfichet, übergab Bruce die Stadt und das bedeutete, daß sich nördlich des Forth nur noch Perth in englischen Händen befand. Im Süden war die englische Herrschaft dagegen weitgehend intakt. Berwick, Roxburgh und Jedburgh waren in englischem Besitz und stark verteidigt, gleiches galt für Edinburgh, Linlithgow, Livingston und Stirling. In Galloway hielten die Engländer Dumfries, Lochmaben und Caerlaverock sowie Dalswinton, Tibbers und Buittle. Loch Doon Castle fiel gegen Ende 1311, ebenso Ayr. Nach weiteren schweren Heimsuchungen Nordenglands und dauernden Überfällen auf kleinere englische Einheiten und Patrouillen war das militärische Potential von König Robert inzwischen derartig angewachsen, daß er den Angriff auf die Zentren der englischen Position in Schottland wagte. Am 6. Dezember 1312 versuchten die Schotten den Sturm auf Berwick. In der Manier eines neuzeitlichen Kommandounternehmens schlichen sich die Schotten des Nachts unentdeckt heran. Sie hatten die Sturmleitern schon angelegt, als ein bellender Wachhund die Garnison alarmierte und zum Rückzug zwang. Jeder Versuch, eine der vier wichtigsten englischen

Bastionen in Schottland (Edinburgh, Stirling, Berwick und Roxburgh) aus-zuhungern, hätte Edward II. mit einer großen Invasionsarmee auf den Plan gerufen und daran war dem schottischen König nicht gelegen, denn solan-ge noch englische Garnisonen in Schottland aushielten, durfte sich Robert the Bruce keine unnötigen Provokationen leisten. Er marschierte auf Perth und begann in der ersten Januarhälfte des Jahres 1313 mit der Belagerung. Perth war an drei Seiten von breiten Wassergräben umschlossen, an der vierten Seite vom Fluß Tay geschützt. Zudem war es von starken Mauern umgeben. Bruce gedachte aber nicht, einfach aufzugeben. Er täuschte einen Rückzug vor, kehrte nachts mit einem Stoßtrupp zurück und durch-schwamm mit seinen Kriegern - die dabei nicht allzu laut mit den Zähnen klappern durften - das eiskalte Wasser eines Grabens. Als die Garnison be-merkte, was vor sich ging, öffneten die Schotten gerade ein Stadttor für ihre Hauptmacht, was zum schnellen Fall der Stadt führte. Dann wendete sich der schottische König gegen Dumfries, das ebenfalls erobert wurde. Bald darauf fielen Caerlaverock Castle und Buittle Castle.

Der Südwesten Schottlands war nun sicher. Der König wendete sich nun gegen den englischen Befestigungsbogen an der schmalen Taille des Landes zwischen Clyde und Forth. Robert hatte durch Zähigkeit, Tapferkeit und menschliche Größe Respekt gewonnen. Keiner der schottischen Ad-ligen, die noch mit der englischen Krone paktierten, konnte sich sicher sein, daß seine Vasallen nicht insgeheim für König Robert agierten. Die Burg von Linlithgow beispielsweise war eine wichtige englische Station auf dem Weg von Edinburgh nach Stirling. Ein ortsansässiger Bauer namens Matthew Binnock, der sich aus eigenem Antrieb zur Verfügung gestellt hatte, blockierte das Tor von Linlithgow Castle mit seinem Heuwagen. Im Heu waren acht schottische Soldaten verborgen, die das Tor solange verteidigten, bis Entsatz heran war. Die Besatzung wurde getötet, die Burg zerstört.

Edward II. unternahm in Schottland zu dieser Zeit wenig. Das sollte sich rächen, denn er hatte mit dieser nachlässigen Haltung alle schottischen Adligen, die noch bereit waren, ihn zu unterstützen, vor die Wahl gestellt, entweder zu Bruce überzugehen oder den schottischen König mit eigenen Mitteln zu bekämpfen. Und Robert the Bruce hatte, politisch geschickt, diese Zwangslage ausgenutzt, indem er auf dem Parlament von Dundee im November 1313 proklamierte, daß alle, die sich nicht innerhalb von Jahresfrist ihm anschlössen, Enteignung und fortwährende Enterbung fürchten müßten.[48] 1314 fielen Roxburgh und Edinburgh Castle. Im Februar 1314 entschied der englische König, einen Feldzug nach Schottland zu unternehmen. Die beeindruckend große Armee, etwa 10.000 - 20.000

Schottischer Ritter der 1. Hälfte des 14. Jahrhunderts

Infanteristen und 2000 Kavalleristen, die am 17. Juni von Berwick und Wark aus nach Norden zog hatte keine geringere Aufgabe als das widerspenstige Schottland endgültig zu unterwerfen. Da die Schotten wie so oft den Vormarschweg zerstört hatten, wurde die Armee von einem gewaltigen Troß begleitet, der das Marschtempo minderte. Da eine Reihe englischer Grafschaften nur wenige Ritter sandte, versuchte Edward, diesen Mangel durch Söldner (z.B. aus Irland und Aquitanien) zu kompensieren. Auch aus Schottland erhielt er Unterstützung.

Die Stärke der schottischen Armee ist nicht mehr exakt bestimmbar. König Robert verfügte insgesamt über etwa 7000 - 10.000 Infanteristen, die mit 12 Fuß langen Speeren bzw. im Inneren eines Schiltrons mit Streitäxten, Schwertern und dem bekannten bunten Arsenal der Schotten ausgerüstet waren. Da die wenigen Männer der schweren Kavallerie zu wenige waren, um von taktischem Nutzen zu sein, wurden diese kampferfahrenen Männer mit guter Ausrüstung in die Schiltrons eingegliedert. Bogenschützen standen den Schotten kaum zur Verfügung, während die Engländer über ein größeres Aufgebot an englischen und walisischen Bogenschützen zurückgreifen konnten. Die schottische Kavallerie bestand aus maximal 500 leichten Reitern.

Über die taktische Gliederung der Schotten bzw. die Kommandoverhältnisse gibt es widersprüchliche Angaben[49]. Das Schlachtfeld war für Kavallerie ungeeignet und teilweise, zwischen dem Waldrand und dem Bannock Burn, mit Fußangeln versehen worden. Östlich des Waldes schloß sich das Moorgebiet des Carse an die Windungen des Bannock Burn an. Edward drängte auf eine rasche Entscheidung, anstatt die volle Entfaltung seiner Armee abzuwarten. In gegenseitiger Eifersucht drängten die verfeindeten englischen Kommandeure weiter vorwärts. So kam es zu einem übereilten Gefecht zwischen der englischen Vorhut und den Truppen unter König Robert, die die Engländer zurücktrieben. Die Fußangeln und Fallgruben vor der schottischen Front vervollständigten den Erfolg. Mittlerweile hatte eine weitere englische Attacke stattgefunden. Als Edward II. eingesehen hatte, daß der vorschnelle Angriff der Vorhut keinen Erfolg gehabt hatte, schickte er Robert Clifford und Henry Beaumont mit 300 Berittenen in einer östlich ausholenden Flankenbewegung Richtung Stirling Castle. Hätten sie ihr Ziel erreicht, hätte die verstärkte Garnison zur Bedrohung von Robert the Bruce werden können. Clifford überschritt mit seinen Leuten den Bannock, hielt sich aber in angemessener Entfernung zu den schottischen Linien. Sie passierten die Division von Thomas Randolph, der mit seinen Leuten nur äußerst langsam vorrückte, um die taktische Formation der Schiltrons nicht aufzubrechen. Das taktisch Sinnvollste für die englischen Reiter wäre es gewesen, die Schotten einfach zu ignorieren. Aber es kam anders. Clifford wollte die Schotten herankommen lassen und in einer Kavallerieattacke niederreiten. Die englischen Ritter versuchten, im Nahkampf die Schiltrons Randolphs aufzureiben. Das Unternehmen scheiterte kläglich und die Verluste der Engländer stiegen, die der Schotten waren verhältnismäßig gering. Trotzdem war vom Standort des schottischen Königs die Schwere des Gefechts zu erkennen, ebenso die Gefahr, Clifford könne mit seinen Reitern Stirling Castle erreichen. Die Engländer zogen sich schließlich zurück. Am Abend beendete der englische König alle Angriffe und entschied, den Großteil des Heeres über den Bannock Burn zu führen. Diese Entscheidung war so unbesonnen, daß sie von vielen Historikern angezweifelt wurde. Die Sprache der Quellen ist aber eindeutig, der Übergang fand statt, möglicherweise, weil Edward unbedingt eine Entscheidungsschlacht provozieren wollte. Der vorsichtige Schottenkönig, der schon einen Rückzug nach Westen hatte anordnen wollen, wurde in der Nacht von Überläufern vom desolaten Zustand der Engländer überzeugt und entschloß sich nach der Beratung mit seinen Kommandeuren, weiterzukämpfen.

Am Mittsommertag 1314 rückten die Schotten bei Anbruch der Dämmerung aus dem Schutz des Waldes vor. Es war gegen vier Uhr morgens und König Robert hatte die riskante Entscheidung getroffen, die englische Kavallerie zu einem Angriff zu provozieren. Die Schotten rückten so nahe wie möglich an die englische Position heran, achteten aber darauf, ihre Flanken durch Geländeeinschnitte gedeckt zu lassen. Edward drängte nun zum Angriff. Die englische Kavallerieattacke endete allerdings in einem Desaster, weil viele Ritter ihren Kommandeur Gloucester, der keinen Waffenrock trug, nicht erkannten. Die allenfalls gebremste Wucht des Angriffs traf Edward Bruces Division, die die Ritter an ihrem starrenden Lanzenwald scheitern ließen. Auch der Versuch der Engländer, im Nahkampf den Durchbruch zu erringen, scheiterte kläglich. Ausserdem verhinderten sie, daß Kavallerieverstärkungen herangebracht werden konnten. Die englische Infanterie konnte nicht eingreifen. Edward II. befahl den Bogenschützen, den Fernkampf wiederaufzunehmen, was den Nachteil hatte, daß sie nur im indirekten Feuer hoch über die Ritter hinwegschießen konnten, was ineffektiv war. König Robert ließ nun den rechten Flügel seiner Armee vorgehen und nach links einschwenken. Damit rollte er die englischen Reihen von der Seite auf. Diese wankten und lösten sich auf. Die Schlacht war verloren, der König floh und entkam nur mit knapper Not den schottischen Verfolgern. Erst in

Dunbar Castle erreichten sie einen sicheren Aufenthaltsort. Die englischen Verluste waren enorm hoch, so waren mehr englische Ritter ums Leben gekommen als jemals zuvor in den englisch-schottischen Kriegen. Wie so oft in diesen Kriegen bedeutete eine noch so überlegen gewonnene Schlacht noch nicht das Ende des Krieges. Edward II. bzw. der von ihm beauftragte Henry of Lancaster versuchten in Berwick, die Verteidigung Nordenglands gegen die Schotten zu organisieren. Viel Erfolg hatten beide nicht. Am 1. August 1314 überschritten die Schotten unter Edward Bruce und Thomas Randolph die englische Grenze bei Norham und begannen, Northumberland zu plündern. Die Einwohner des Fürstbistums Durham kauften sich (nicht zum ersten Mal - und nicht zum letzten Mal) frei, andere, weniger wohlhabende Gebiete wurden verheert. Englische Gegenmaßnahmen, wie beispielsweise ein Raid gegen Dumfriesshire, erwiesen sich als wenig wirkungsvoll. Gegen die erfolgreicheren schottischen Raids konnte Edward II. wenig tun. Er ernannte Aymer de Valence zum Befehlshaber der englischen Truppen nördlich des Trent, aber es waren einfach zuwenig davon vorhanden. 1314 konnte Northumberland kein Geld mehr aufbringen, um sich durch Tribute von den Überfällen freizukaufen, was zur Folge hatte, daß die schottischen Streifkorps tiefer und tiefer nach England eindringen mußten, wenn sie

Dunbar Castle (Foto: Hagen Seehase)

Beute machen wollten. Dies zeigt zum einen, daß die Schotten militärisch relativ freie Hand hatten, zum anderen aber auch, daß die nördlichen Grafschaften Englands bereits leergeplündert worden waren.

Die Stadt Berwick, deren Besatzung und Befestigungsanlagen hastig verstärkt worden waren lebte in ständiger Alarmbereitschaft. 1315 wurde Carlisle erfolglos belagert und die Ernte war zum zweiten Male armselig. Die Folge war eine schlimme Hungersnot, die England schlimmer betraf als Schottland. Die Hungersnot verstärkte noch die durch die schottischen Überfälle verursachte Landflucht der Bewohner des englischen Nordens, so daß ganze Landstriche in Nordengland entvölkert und zu rechtsfreien Räumen wurden. Der Kastellan von Barnard Castle, John Ireys, entführte beispielsweise Lady Clifford und kam vorerst straflos davon. 1315 trat in York ein Parlament zusammen, an das Robert the Bruce ein Friedensangebot adressierte. Weder der englische König, noch seine Barone waren geneigt, darauf einzugehen. Man vereinbarte aber einen Gefangenenaustausch. Die Familienangehörigen von König Robert (seine Frau, seine Tochter, seine Schwester) und Bischof Wishart kamen frei. Verschiedene schottische Magnaten, die bislang zu König Edward II. gestanden hatten, schworen nun König Robert die Treue. darunter befanden sich Patrick Dunbar, der Earl of March, und Sir Ingram de Umfraville. 1315 regelte König Robert auf einem Parlament in Ayr neben den anstehenden Eigentumsfragen auch die Thronfolge. Sollte König Robert kein Sohn geboren werden (das geschah erst 1324), würde sein Bruder Edward den Thron erben. Die Tochter Marjorie, die aus der ersten Ehe des Königs stammte, wurde von der Thronfolge ausgeklammert. Sie heiratete wenig später den jungen Walter the Steward. Für den Fall, daß sowohl König Robert wie Edward Bruce nur minderjährige Erben hinterlassen sollten, wurde Thomas Randolph zum Guardian bestimmt.

Nach der Klärung dieser wichtigen innenpolitischen Fragen geriet Berwick wieder ins Fadenkreuz der schottischen Armee. Die Stadt war der letzte Flecken englisch gehaltenen Landes in Schottland. Ihr Hafen wurde von den Schiffen flämischer Piraten und den Langbooten Angus Og Mac Donalds blockiert. Versorgungsschiffe wurden abgefangen. Die Leute des Stadtkommandanten Berkeley schlugen im Januar 1316 einen großangelegten kombinierten Land-/Seeangriff der Schotten zurück. Sir James Douglas kam nur knapp mit dem Leben davon. Ausfälle aus der Stadt wurden mehrmals von den Schotten vereitelt, so daß Desertionen die englische Besatzung zu dezimieren begannen. Das Jahr verging mit englischen und schottischen Streifzügen über die Grenze, ohne daß sich die Lage veränderte.

Auch der Versuch der Engländer, über See Streitkräfte nach Schottland einzuschleusen, scheiterte. Mit fünf Schiffen und über 300 bewaffneten Seeleuten landeten sie nördlich von Edinburgh. Der Sheriff von Fife riskierte kein Gefecht, obwohl er 500 Männer zur Verfügung hatte. Einige Meilen entfernt weilte Bischof William Sinclair, der von den Ereignissen erfuhr, sich mit 60 erfahrenen Kriegern auf den Weg machte und den übervorsichtigen Sheriff zur Rede stellte. Der Bischof nannte den Sheriff einen Feigling, warf die geistlichen Gewänder fort und griff sich eine Lanze. Er gab Befehl, ihm zu folgen und griff an. Die Engländer wurden ins Meer geworfen, einige ertranken und sie gaben nach dieser Erfahrung mit der schottischen Geistlichkeit weitere Invasionsversuche auf. Die Verantwortung für die Verteidigung Berwicks wurde 1317 den Bürgern der Stadt übertragen. Der König von England empfing als Pfand für dieses Versprechen Geiseln. Ein Bürger, wie die meisten Schotte von Geburt, war mit Sir Robert Keith verschwägert. Der hatte den Oberbefehl über die Belagerungsarmee. Piers Spalding, der Schwager von Robert Keith, war der Befehlshaber eines Stadttores, durch das er in der Nacht vom 2. April einer schottischen Sturmtruppe unter Douglas, den der schottische König kurzfristig von Wark Castle abgezogen hatte, Einlaß gewährte. Es folgten heftige Straßenkämpfe, die zur Eroberung der Stadt führten. Anschließend trieb man alle Engländer ausgeplündert, aber lebend aus der Stadt. Die Burg hielt noch elf Wochen aus, dann kapitulierte sie, die Besatzung erhielt freien Abzug. Im Januar 1319 besuchte König Robert die Stadt, um die Befestigungsarbeiten zu überwachen und von hier Überfälle auf Dunstanburgh Castle, die Burg des Earls of Lancaster, zu organisieren[50]. Sein Schwiegersohn Walter the Steward (oder Walter Stewart) wurde Stadtkommandeur, der flämische Freibeuter John Crabbe leitete die Ausrüstung der Stadt mit Katapulten und ähnlichen Kriegsmaschinen, die Stadt sollte nicht mehr leicht in englische Hände fallen. Schottland war frei.

Nach dem Fall von Berwick, Wark und Harbottle eroberten die Schotten auch Mitford. Die großen Burgen von Alnwick und Bamburgh wären beinah gefallen. Dann brachen Douglas und Randolph zu einem der verheerendsten Streifzüge nach England auf. Northumberland litt derart unter den Plünderungen, daß es von kirchlichen Abgaben befreit wurde. Mittlerweile hatte sich Edward II. mit seinem größten innenpolitischen Widersacher, dem Earl of Lancaster, wieder versöhnt. Der englische König plante einen Angriff zur Rückeroberung Berwicks und ließ im Frühjahr 1318 einen Aufmarsch bei Newcastle verkünden. Edward forderte die Aushebung von rund 25.000 Fußsoldaten. Rund 8500 konnte er im August in Newcastle versammeln. Das große Kontingent aus der Grafschaft Cumberland wurde als Eingreifreserve gegen schottische Streifkorps detachiert. Mit dem Rest der Armee zog Edward II. gegen Berwick. Neben den Landstreitkräften hatte er auch noch 77 Schiffe aufbieten können. Allerdings war der Feldzug nicht gut vorbereitet, erst als die Armee vor Berwick eingetroffen war, ergingen Befehle, Belagerungsgerät herbeizuschaffen. Edward II. hoffte, Robert the Bruce zu einer offenen Feldschlacht herausfordern zu können, da der versichert hatte, daß Berwick niemals in die Hände der Engländer fallen würde.

Der Beschuß der Stadt mit Katapulten leitete den Angriff ein. Sturmtruppen mit Leitern und anderen Geräten griffen die Mauern an. Gleichzeitig wurden englische Schiffe von Ruderbooten in Richtung Hafen geschleppt. Ein Schiff ging längsseits der Hafenmauer. Langsam wurde eine Zugbrücke vom Vorderkastell des Schiffes herabgelassen - zu langsam, ein Ausfall der Verteidiger aus der Stadt, ein paar Brandpfeile und das Schiff stand in Flammen. Der Angriff wurde abgebrochen. Im englischen Lager wartete man tatenlos auf die Belagerungstürme, die von Bamburgh Castle und Northampton eintreffen sollten. Am sechsten Tage der Belagerung wurde ein weiterer Angriff unternommen. Beim ersten Angriff war ein Belagerungsingenieur in schottische Hände gefallen. Er bediente nun ein Mangonel (eine Art Katapult) und zerschmetterte damit eine englische Belagerungsmaschine. John Crabbe, der Kommandeur der schottischen „Artillerie", benutzte einen Kran, um brennende Materialien auf englische Mauerbrecher zu werfen. Ein englisches Schiff hatte ein Beiboot voller Schwerbewaffneter bis ins Masttop gezogen und näherte sich der Kaimauer. Bevor das Boot aber heruntergelassen werden konnte, wurde es von einem Steingeschoß aus einem Katapult getroffen. Der Landangriff war erfolgreicher. Die Außenwerke von einem Stadttor (das Marygate) wurden von den Engländern genommen. Sie versuchten, eine Zugbrücke zu öffnen. Walter Stewart setzte alle Reserven ein, das Tor zu halten. Der Kampf wurde bis zu Beginn der Dunkelheit fortgesetzt, dann zogen sich die Engländer zurück. Die englischen Verluste waren höher als die schottischen.[51] Trotz der englischen Angriffe war der schottische König nicht so unbesonnen, eine offene Feldschlacht zu riskieren. Statt dessen schickte er Douglas und Randolph mit einem Streifkorps über die englische Grenze nach Süden. Es bewegte sich auf York zu, wo die englische Königin weilte. Hastig wurde sie mit ihren Hofdamen nach Nottingham in Sicherheit geschafft. Erzbischof Melton versammelte eine improvisierte Armee, die erfahrenen Krieger Randolphs und Douglas' aufzuhalten. Die Truppe des Erzbischofs war allerdings zu improvisiert. Als die englischen Soldaten von einem gefangenen schottischen

Spion erfuhren, daß York das eigentliche Ziel des schottischen Expeditionskorps war, war James Douglas nur noch dreizehn Meilen von York entfernt. Mit äußerster Eile versammelte man die wehrfähigen Leute der lokalen Landbevölkerung beim Dorfe Myton. Die englischen Bauern, mit wenigen und schlechten Waffen ausgestattet, schlecht geführt und taktisch unklug aufgestellt, hatten keine Chance gegen Douglas kampferprobte Männer. Bei der ersten schottischen Attacke wandten sich die Engländer zur Flucht, man hatte es aber versäumt, den Rückzugsweg (eine Brücke über den Fluß Swale) zu sichern. Schottische „Hobilars", berittene Infanteristen, schnitten jede Fluchtmöglichkeit ab. Von den 4000 Toten der Schlacht von Myton (20. September 1319) waren nur sehr wenige Schotten.[52] Unter den getöteten Engländern waren so viele Kleriker, daß schottische Chronisten die Schlacht das „Domkapitel von Myton" nannten. Nach der Schlacht zogen die Schotten südwärts bis Castleford und kehrten dann durch die westlichen Marches der Borders wieder nach Hause zurück.

Die Nachrichten von Myton elektrisierten Edward II. vor Berwick. Er hielt eine Krisensitzung ab. Das Meinungsbild war sehr klar: die Barone aus dem Süden Englands wollten die Belagerung auf jeden Fall fortsetzen, die nordenglischen Barone sahen ihre Besitzungen und Familien in Gefahr und rieten zum Abbruch. Der König war für eine unbedingte Fortsetzung der Belagerung. Der Earl of Lancaster gab den Ausschlag. Als er die Nachricht erhielt, schottische Raider seien bis in die Nähe seiner Burg Pontefract Castle gelangt, schlug er sich auf die Seite der nordenglischen Barone. Die Belagerung wurde aufgehoben und Edward II. begab sich nach York und versuchte, die Verteidigung des nordenglischen Grenzlandes zu organisieren. Viel kam dabei nicht heraus: 600 Mann blieben in York unter dem König selbst, David Strathbogie, John de St. John und Henry Beaumont. Einen weiteren Streifzug der Schotten (wieder unter Douglas und Randolph) konnten sie aber nicht verhindern, nicht einmal behindern. Der englische König hatte keine Ambitionen, die Kampfhandlungen fortzusetzen. Er kam mit schottischen Gesandten überein, einen Waffenstillstand für zwei Jahre festzusetzen. Am 22. Dezember wurde der Vertrag unterzeichnet.

Die Situation für Edward II. verschlechterte sich stetig. Lancaster hatte verschiedene Barone des englischen Nordens für sich einnehmen können, ebenso wie den Earl of Hereford. Lancasters Gefolgsleute erhielten von Douglas freies Geleit nach Schottland. Auch Thomas Randolph verhandelte mit Lancaster. Die schottischen Kommandeure handelten in eigenem Namen, wohl aber im Sinne ihres Königs. Die Schotten suchten bei Lancaster, was Edward II. ihnen nicht geben wollte: den Frieden.[53]

Warkworth Castle (Foto: Hagen Seehase)

Alnwick Castle (Foto: Antje Mismahl)

Mit Auslaufen des zweijährigen Waffenstillstandes im Januar 1322 griff ein schottisches Streifkorps das Fürstbistum Durham an, die schottischen Streitkräfte attackierten ganz gezielt königstreue Barone in dieser Gegend. Randolph machte mit seinen Leuten in Darlington halt, Douglas plünderte Hartlepool und Cleveland. Walter Stewart erpreßte Tribute von Richmond. Als nordenglische Ritter Hilfe bei Lancaster suchten, erfand der nichts als Ausreden. In einem Brief, der möglicherweise eine Fälschung ist, versprachen Lancaster und Hereford den Schotten, Edward II. in seinen Kriegen gegen Schottland nicht mehr zu unterstützen. Die Schotten versprachen militärische Hilfe, falls es zum Bürgerkrieg in England käme.

Es war tatsächlich bald soweit. Als die Königin in Leeds Castle von Batholomew Badlesmere (der Lancaster nahestand) beleidigt wurde, war das Maß für Edward II. voll. Er entschloß sich, die baroniale Opposition zu beseitigen. Von entscheidender Bedeutung waren dabei die englischen Grenztruppen unter Andrew Harcla. Dieser aus kleinen Verhältnissen stammende, äußerst fähige Kommandeur beriet sich mit dem König. Letzterer vertröstete Harcla, daß man sich erst später mit den Schotten beschäftigen könne. Es wurde ein Waffenstillstand mit ihnen geschlossen. Edward II. nutzte die Zeit. Er griff zunächst mit den königlichen Streitkräften Hereford an. Nach siegreichen Gefechten in den Waliser Marken verfolgten des Königs Soldaten den flüchtenden Hereford in den Norden. Er vereinigte seine angeschlagenen Truppen mit den Kräften von Lancaster bei Burton-on-Trent. Gemeinsam zogen sie sich weiter nach Norden zurück. Ob sie nach Dunstanburgh Castle oder zur schottischen Grenze wollten, ist nicht bekannt, es ist aber auch ohne Bedeutung. Denn in Boroughbridge hatte Harcla die Brücke über den Fluß Ure mit den Grenztruppen blockiert. Hereford starb bei dem Versuch, einen Übergang zu erzwingen. Lancaster wurde gefangengenommen. Des Königs Langmut war zu lange auf die Probe gestellt worden, Lancaster wurde hingerichtet. Harcla erhielt das neugeschaffene Earldom of Carlisle. Nun war Edward frei für einen neuerlichen Feldzug gegen Schottland. Er hatte vorerst keine Opposition seiner Barone zu fürchten und seine Kassen waren gefüllt. Trotzdem waren seine Pläne doch etwas zu ambitioniert. Edward rief 70.000 Mann auf. Sie sollten in zwei Marschsäulen (eine an der Westküste, eine an der Ostküste) nach Schottland vordringen. Tatsächlich konnte er 1250 Men-at-arms, 1500 Hobilars und 18.500 Infanteristen aufbringen. Die Kosten hatte der König zum überwiegenden Teil auf die Grafschaften abgewälzt. Als sich seine Truppen im Nordosten Englands sammelten, schlug Robert the Bruce zu. In nur einer Woche (vom 17. bis zum 24. Juni 1322) überschritten die Schotten unter Bruce, Douglas und Randolph die Grenze, zerstörten den erzbischöflichen Sitz Home, brannten Lancaster und Preston nieder und zerstörten die Getreideäcker bei Carlisle. Dann waren sie wieder in Schottland. Erst am 12. August überschritten die Engländer die Grenze. Die Schotten vernichteten alles Eßbare auf dem englischen Vormarschweg. Bei den jeweiligen Verwüstungen wurde auch Kircheneigentum nicht verschont. So wurden auch Klöster, Kirchen und Abteien in den Borders des öfteren ein Opfer von Plünderungen, z.B. Lanercost in England und Dryburgh in Schottland. Die Versorgungsflotte, auf die Edward II. setzte, erschien nicht, flämische Piraten und die Langboote Angus Og MacDonalds hatten ihre Aufgabe mehr als gründlich erfüllt. Nach einer Woche hatten die Engländer Leith erreicht, wenig später Edinburgh. Aber der Zustand der Armee war katastrophal. Seuchen brachen aus, Fouragekommandos wurden von schottischen Soldaten niedergemacht. Am 2. September war der englische König wieder auf heimatlichem Boden, die Armee folgte: dezimiert, hungrig, demoralisiert. Eine Vorhut war in Melrose eingefallen, um das Kloster zu plündern. Dort war sie ausgerechnet auf Sir James Douglas gestoßen. Die Vorhut mußte abgeschrieben werden. Am 3. September 1322 löste der englische König seine Armee auf, soweit sie sich nicht von selbst aufgelöst hatte. Jetzt schlugen die Schotten zu. König Robert griff an. Er zog mit seiner Armee durch das Gebiet von Carlisle und schickte Späher aus, die erkunden sollten, wie es um das wesentliche Angriffsziel bestellt war: König Edward den Zweiten von England. Der hielt sich in Barnard Castle auf, als ihn die Nachricht von der schottischen Invasion erreichte. Er machte sich auf dem Weg nach Byland, als ihn am 12. Oktober Nachrichten erreichten, die Schotten hätten den Höhenzug der Pennines bereits überschritten. Edward schlug sein Lager im vermeintlich sicheren Rievaulx auf, tatsächlich war ein schottisches Streifkorps unter Thomas Randolph nur 15 Meilen entfernt. Randolph versuchte, sich in eine Lage zu manövrieren, die dem englischen König den Rückzug nach Süden abschnitt. Als Randolphs Truppen in Sichtweite der englischen Kräfte kamen, traf Randolph die Entscheidung, die Bergposition der Engländer frontal anzugreifen. Der einzige Weg führte durch einen schmalen Pass, der von abgesessenen Men-at-arms verteidigt wurde. Die Kolonne von Sir James Douglas führte den Angriff an, Randolph gab seinen Kommandoposten auf, um Seite an Seite mit Douglas den Weg durch den Paß freizukämpfen, was gelang. Nun schickte König Robert seine Highlander nach vorne, die wilden Gälen aus Argyll. Sie erklommen die Berghänge, um Brittany, den Kommandeur der englischen Truppen, zu umgehen. Aus der erhöhten Position unternahmen sie eine wilde Attacke aus vollem Lauf mit Gebrüll: später

bezeichnete man diese einfache, aber durchaus wirkungsvolle Angriffs-
form als Highland-Charge. Brittany, der abgesessen kämpfte, geriet zusammen mit einem französischen Adligen in Gefangenschaft. Der Großteil seiner Leute ergriff die Flucht. Immerhin verschaffte Brittanys Verteidigung der Bergstellung dem König Zeit zur Flucht. Edward II. entkam,
er flüchtete (ohne das in der Eile zurückgelassene Tafelsilber und die
Kriegskasse) bis nach York, ständig verfolgt von der Einheit Walter Stewarts. Die schottischen Truppen zogen ungehindert durch Yorkshire. Anfang November kehrten sie nach Schottland zurück.[54]

Edward II. war immer noch (oder sogar mehr denn je) entschlossen,
den Krieg gegen Schottland fortzusetzen. Er ordnete an, alle nordenglischen Barone sollten sich im Falle einer schottischen Invasion in York
sammeln. Viermal wurden die englischen Streitkräfte im Norden seit Beginn des Jahres 1323 in Alarmbereitschaft versetzt, aber viermal verge-
bens. Der Erzbischof von York ermächtigte den Klerus von Nordengland,
private Friedensgespräche mit den Schotten aufzunehmen. Der Fürstbischof von Durham verhandelte direkt mit ihnen. Der englische Heerführer Andrew de Harcla war vom Verhalten des Königs enttäuscht und begann eigenständige Verhandlungen zu führen, die ihn allerdings das Leben kosteten[55]. Den Schotten war auch dieses Ergebnis nicht unrecht,
denn immerhin hatte der englische König ihnen so den fähigsten seiner
Kommandeure vom Hals geschafft. Das Paradoxe war, daß Edward bald
darauf erkennen mußte, daß Friedensverhandlungen mit den Schotten
nicht mehr zu umgehen waren. Am 30. Mai 1323 wurde in Bishopthorpe
ein dreizehnjähriger Vertrag geschlossen, der dem Konzept Edwards nicht
entsprach. Der hatte lediglich einen kurzzeitigen Waffenstillstand gewollt,
mußte aber den schottischen Drohungen nachgeben. Robert the Bruce
konnte mit dem Vertrag allerdings auch nicht vollends zufrieden sein,
denn die schottische Kriegspartei, die die Streifzüge nach Nordengland
fortsetzen wollte, grollte jetzt mit ihrem Herrscher. Doch Robert the
Bruce brauchte die Zeit, um die Zerstörungen in seinem Land wenigstens
teilweise zu beheben. Der zeitweilige Friede war auch ganz im Sinne des
Papstes, der nun Robert in offiziellen Dokumenten als König Schottlands
anerkannte. König Edward hatte interne und außenpolitische Probleme,
die ihn von der schottischen Frage ablenkten.[56] Thomas Randolph erreichte zudem im April 1326 den Abschluß des Vertrages von Corbeil. Er war
der Beginn der „auld alliance" zwischen Schottland und Frankreich[57] und
auch, wenn der Vertrag für die Schotten auf Dauer nicht gerade segens-
reich wirkte, galt er zunächst als außenpolitischer Erfolg.

Bereits zehn Jahre vor dem Ablaufen des Friedensvertrags mit England kam es 1326 an der englisch-schottischen Grenze zu kleineren Gefechten. Edward II. befahl den Kommandeuren der Grenzverteidigung, sich auf militärische Zusammenstöße vorzubereiten, allerdings beruhigte sich die Lage zu Edwards Glück wieder, denn seine mit ihm verfeindete Frau Isabella hatte sich der Hilfe des Fürsten von Hainault versichert, der mit 700 Soldaten an ihre Seite trat (dafür sollte seine Tochter den englischen Kronprinzen heiraten). Mit 1500 Mann begann Isabella im September 1327 eine Invasion in Suffolk, hier schlossen sich ihr Thomas Brotherton (ein Halbbruder des Königs) und Henry, Earl of Leicester, (Bruder des getöteten Lancaster) an. London erhob sich gegen den König, er mußte die Stadt verlassen. Der König wurde gefangen und dankte am 20. Januar 1327 zugunsten seines Sohnes ab. Am 1. Februar 1327 wurde der vierzehnjährige Edward III. gekrönt. Diese Gelegenheit ließen sich die Schotten, die bisher stillgehalten hatten, nicht entgehen. Noch in derselben Nacht griffen sie Norham Castle an, wurden allerdings zurückgeschlagen. Mit dieser Provokation hatten sie die neue politische Führung in England, die sich aus Mitgliedern der alten englischen Kriegspartei zusammensetzte, gegen sich aufgebracht und auch das englische Parlament, das Edward II.[58] abgesetzt und vom Verlust Schottlands durch des Königs Schuld gesprochen hatte. Da Robert the Bruce um seine Krankheit wußte, war ihm bewußt, daß sein 1324 geborener Sohn David als Kind auf den Thron kommen würde. So stand er unter dem Druck, noch vor seinem Tod einen dauerhaften Frieden mit England erreichen zu müssen. Er suchte zunächst eine Verhandlungslösung, sammelte aber, genau wie die Engländer, für den Fall des Scheiterns der Beratungen eine Armee. Die englischen Gesandten waren bei den Verhandlungen aber zu keiner ernsthaften Konzession bereit, so daß die schottische Delegation die Verhandlungen abbrach und aus York abreiste. Eine in Verse gefaßte Drohung, die sie zurückließ, bedeutete Krieg.

Die Earls von Leicester und Kent sowie der Fürst von Hainault wurden zu alternierenden Oberkommandierenden ernannt. Auf schottischer Seite trat König Robert, schon schwer von der Lepra gezeichnet, aber noch in Irland aktiv, den Oberbefehl an Thomas Randolph ab. Die schottische Armee war kampferprobt und hatte einen großen Anteil an Kavallerie, mehr als bei allen früheren Feldzügen. Am 15. Juni überschritten die Schotten in den westlichen Borders die Grenze zu einem kurzen Überraschungsangriff, ihr Hauptangriff begann aber erst Mitte Juli. In zwei Heeressäulen (Mar im Westen, Randolph im Osten) durchquerten sie die Borders. Die Hauptmacht der Engländer hatte zwar bereits Durham und Newcastle erreicht, aber die Schotten zogen an ihnen vorbei nach Süden. Hastig wurde die englische Infanterie samt einiger Ritter ausgeschickt, allein, sie waren zu langsam, die schottischen Hobilars und Ritter abzufangen. Inzwischen hatte sich eine militärische Neuerung durchgesetzt. Die Hobilars hatten begonnen, die Infanterie als wichtigste Waffengattung abzulösen. Auch gingen die Hobilars immer häufiger aufgesessen ins Gefecht. Erbeutete englische Streitrösser setzten schottische Ritter in den Stand, mit voller Rüstung und mit Lanze zu kämpfen. Das war nicht mehr die Armee von Dunbar oder Stirling Bridge.

Ein englischer Knappe, Thomas Rokeby, stieß bei seiner Suche nach der schottischen Armee tatsächlich auf dieselbe, wurde allerdings gefangengenommen. Zu diesem Zeitpunkt lagen nur neun Meilen zwischen den feindlichen Positionen. Douglas ließ Rokeby frei, der natürlich sofort die englischen Truppen alarmierte. Am 30. Juli stießen die Engländer auf die kampfbereiten Schotten. Die Schotten hatten sich, außerhalb der Bogenschußweite, am Ufer des Flusses Wear in Defensivposition aufgestellt. Die englischen Ritter saßen ab und marschierten in drei Kolonnen zum Flußufer, wo sie gezwungenermaßen stehenblieben. Die Schotten rührten sich nicht. Eine Kompanie englischer Bogenschützen überquerte mit einigen Rittern den Fluß. Douglas zog sich zurück, er versuchte diese Abteilung in einen Hinterhalt zu locken. Das mißlang, denn ein englischer Knappe erkannte Douglas und führte die Bogenschützen zurück. Die Engländer hofften nun, die Schotten aushungern zu können, tatsächlich war eher das Gegenteil der Fall. Mehrere Tage belauerten sich die feindlichen Armeen am Fluß. Nach einigen Tagen rückten die Schotten nachts geräuschlos ab, sie hatten ihre Lagerfeuer brennenlassen. Sie zogen sich ein paar Meilen nach Stanhope Park in eine noch bessere Defensivposition zurück. In der ersten Nacht führte Douglas persönlich ein ausgesuchtes Kommando gegen das englische Lager. Es war tiefe Nacht, als im englischem Quartier der Schlachtruf „Douglas, Douglas" erscholl. Douglas selbst gelangte bis in die Nähe des königlichen Zeltes, wo er noch einige Wachen erschlug, bevor er und seine Leute abgedrängt werden konnten. Der englische König wurde vorsichtiger und ließ das Lager fürderhin stärker bewachen. Ein gefangener schottischer Ritter berichtete, daß im schottischen Lager alles marschbereit gemacht wurde. Sofort verfügten die Engländer Alarmbereitschaft, doch als nichts geschah, erkundeten sie das schottische Lager. Außer zwei Trompetern, die großen Lärm veranstaltet hatten, um die Anwesenheit des schottischen Heeres vorzutäuschen, war niemand da. Die Schotten waren abgerückt und hatten die englische Position umgangen. König Robert war schon über das Ausbleiben seiner Truppen besorgt und hatte Verstärkungen unter John Stewart und Patrick Dunbar nach Süden geschickt. Beinahe liefen sie den Engländern in die Arme. Der englische König brach den ergebnislosen Feldzug ab. Bemerkenswert macht ihn die Tatsache, daß zum erstenmal auf englischem Boden Artillerie eingesetzt wurde, allerdings ohne rechte Wirkung. Henry Percy wurde mit der Verteidigung der Grenze betraut. Das war eine Aufgabe, die ihm kaum Erfolg und viele Schwierigkeiten einbringen konnte. Robert the Bruce war inzwischen aus Irland zurückgekehrt. Mit drei Divisionen schottischer Truppen überquerte er die Grenze. Eine Division griff Norham an, eine zweite Alnwick Castle, die dritte unter Bruces Kommando durchstreifte Northumberland. Verschiedene englische Grafschaften kauften sich von den andauernden schottischen Heimsuchungen bis zum nächsten Mai frei. Northumberland war von der Vereinbarung ausgeschlossen. König Robert behielt seine Armee im Felde. Er schien zu versuchen, Northumberland für Schottland zu annektieren. In Norham übernahm König Robert selbst das Kommando der Belagerung gegen die Burg unter Robert Manners. Allerdings verlief die Belagerung für die Schotten nicht sehr erfolgreich. Randolph und Douglas belagerten Alnwick Castle, wo sich Henry Percy mit einer großen Garnison verschanzt hielt. Nach zwei Wochen griffen sie Warkworth Castle an, dann stießen sie zu König Robert vor Norham. Percy machte einen Raid ins Teviotdale, Douglas schnitt ihm den Rückzug ab, so daß Percy sich mit einem Gewaltmarsch hinter die Mauern Newcastles retten mußte. Dem heimlichen Regenten Englands, Roger Mortimer, wurde klar, daß er um Frieden mit Robert the Bruce nachsuchen mußte, wenn er nicht seine Herrschaft verlieren wollte. Anfang Oktober 1327 trafen englische Unterhändler bei Bruce ein. Die Verhandlungen zogen sich hin, wurden aber von beiden Seiten ernsthaft geführt. Die letzte Verhandlungsrunde verfolgte König Robert von seinem Krankenbett in der Burg von Holyrood. Es wurde vereinbart, den Friedensschluß durch die Heirat von David (König Roberts Sohn) mit Joan (König Edwards Schwester) zu bekräftigen. Am 17. April 1328 wurde der Friede proklamiert. Damit war der Schottische Unabhängigkeitskrieg vorüber.

Am 19. Juni 1329 erlag König Robert the Bruce in seinem Landhaus Cardross der Lepra.[59] Er war Schottlands größter König, vermutlich der einzige „Große". Seine militärischen Methoden, die Schottlands Freiheit wiedergewannen, waren revolutionär und wurden von den Engländern im Hundertjährigen Krieg gegen Frankreich kopiert. Bruce starb als Kristallisationspunkt und geistiger Urheber des schottischen Nationalismus.

oben: Kampfszene Ende des 13. Jahrhunderts. In der Mitte Ritter mit Hauschwert („Falchion").
unten: Darstellung schwerer Kavallerie.

Von der Rueckkehr David Balliols
bis zu den Rosenkriegen

Die „Erblast"

Schottland wurde nach dem Friedensschluß - wenn man es so formulieren darf - von einer „Erblast" gedrückt. Viele der von Robert the Bruce enterbten Adligen, von denen einige Besitz in beiden Teilen der Borders ihr eigen nannten, hatten sich zu einer Zweckgemeinschft unter dem wohl prominentesten Enterbten, David Balliol, zusammengeschlossen und waren am 6. August 1332 bei Kinghorn in Fife gelandet. Sie verfügten allerdings nur über etwa 1500 Mann, darunter 500 Men-at-arms. Die Landung verlief dank einer schottischen Einheit nicht ganz unproblematisch, gelang aber. Balliol wandte sich gegen Perth und traf bei Dupplin Moor auf die Schotten. Es kam zur Schlacht, die Balliol für sich entscheiden konnte.[(60)] Er nahm Perth in Besitz, wo er bald von einer weiteren schottischen Armee belagert wurde.

Durch den Abfall weiterer Adliger von der schottischen Krone in Galloway, teilweise schon in den Borders, konnte Balliol ungehindert nach Scone ziehen und sich vom Earl of Fife krönen lassen. Große Teile des schottischen Episkopats arrangierten sich mit dem neuen Herrscher. Nach weiteren militärischen Aktionen verschlechterte sich Balliols Position so stark, daß der englische Edward III., dem Balliol bereits einige schottische Gebiete in den Borders überlassen hatte, eingreifen mußte. Er belagerte zunächst die für jeden weiteren Angriff wichtige - und daher so oft von Kriegshandlungen betroffene - Schlüsselstellung am östlichen Ende der Borders: Berwick-upon-Tweed. Ganz in dessen Nähe, bei Halidon Hill fand am 19. Juli 1333 eine Schlacht statt, die für die Schotten zu einer furchtbaren Niederlage wurde. Schottland war nach diesem Desaster nahezu wehrlos, was Edward III. jedenfalls bewog, nach England zurückzukehren. Balliol, nun wieder auf die eigenen Ressourcen angewiesen, vermochte nicht, die letzten Stützpunkte der bruce-treuen Fraktion zu nehmen. Der englische König hatte bereits andere Probleme, denn die dunklen Wolken des Hundertjährigen Krieges waren bereits deutlich am Horizont sichtbar, so gut sichtbar immerhin, daß in Südengland eine französische Invasion für wahrscheinlich gehalten wurde. Der französische König hatte bereits zehn Schiffe mit Waffen und Versorgungsgütern für Schottland ausgerüstet, die aber vom Kurs abkamen und ihren Bestimmungsort nicht erreichten. Außerdem bot König Philipp von Frankreich dem jungen König David II. sicheres Asyl an. John Randolph, der als Abgesandter Schottlands am französischen Hof weilte, kehrte mit den notwendigen Finanzmitteln für die geplante Reise Davids nach Schottland zurück. David der Zweite von Schottland segelte nach Frankreich, wo er bis 1341 in der Burg Chateau Gaillard blieb.

In Schottland übernahmen nun zwei junge Männer, der achtzehnjährige Robert Stewart und der siebzehnjährige John Randolph, die Führung der Anhänger Davids II. Positiv für ihre Partei war es, daß Balliols Parteigänger auf einem Parlament in Perth im August 1334 dermaßen aneinander geraten waren, daß sie sich auf ihre Besitzungen, die weit verstreut in Schottland lagen, zurückzogen. Das eröffnete den Patrioten eine Chance. In einer Reihe kleinerer Feldzüge und Gefechte eroberten die Patrioten wesentliche Teile Schottlands oder gewannen sie unblutig durch Überläufer für sich. Nennenswerte englische Garnisonen gab es in Schottland nicht, so daß es wieder bei Edward III. lag, ein Heer zu sammeln und nach Norden vorzustoßen. Im November 1334 marschierte er mit nur 4000 Mann nach Norden Da Schottland im Winter nicht das ideale Land zum Kriegführen ist, stieß Edward nur bis Roxburgh vor, wo er sein Lager aufschlug. Am 28. Dezember marschierte er zwar (gegen alle vernünftigen jahreszeitlichen Überlegungen) weiter, kam allerdings nicht weit, da die Vierteljahreskontrakte der Soldaten, von denen die meisten Söldner waren, ausliefen und diese nicht zu Vertragsverlängerungen bereit waren. Als Edward III. nach England zurückkehrte, fragte ein französischer Gesandter im Namen seines Königs nach, warum der englische König den Usurpator Balliol unterstütze.

Die Antwort scheint Edward III. nicht allzu schwer gefallen zu sein oder er bemühte sich angesichts des ohnehin schlechten Verhältnisses der beiden Länder gar nicht mehr um eine diplomatische Erwiderung. 13.000 Mann zogen diesmal von Carlisle aus durch die Borders, wobei sie dank des ungehinderten, schnellen Vormarsches keine allzu breitgestreuten Zerstörungen hinterlassen konnten. Auf dem direkten Vormarsch hatten sie allerdings nach Herzenslust plündern und brandschatzen dürfen. Am 7. August 1335 hatte die englische Armee bereits Perth erreicht, denn die schottischen Patrioten hatten der schlagkräftigen Armee vernünftigerweise keine offene Feldschlacht angeboten, sondern, wie so oft, den englischen Rückraum unsicher gemacht, kleinere Plünderungseinheiten attackiert und einzelne Raids in die Marches der englischen Borders unternommen. Nun folgte ein Rückschlag für die Sache der Patrioten nach dem anderen.[61] Die englisch-französischen Beziehungen verschlechterten sich weiter, der Hundertjährige Krieg stand direkt bevor. Edward III. konnte sich nicht mehr intensiv um die

Tweedbrücke in Peebles (Foto: Antje Mismahl)

schottischen Angelegenheiten kümmern und war nicht in der Lage, Balliols Armee weiterhin zu finanzieren. Andrew Murray hielt den Widerstandsgeist der Schotten am Leben. Er hielt bis zu seinem Tode 1338 aus und wiederholte in Südschottland und den Borders die Strategie, die Robert the Bruce in Nordengland angewendet hatte. Murray konnte im Oktober 1336 Dunnottar und weitere Burgen zurückerobern. 1337 griff er Stirling Castle an und provozierte Edward III. zu einer Blitzintervention, die Stirling rettete, aber dem englischen König sonst nichts einbrachte. Murray unternahm Raids nach Nordengland und belagerte Edinburgh Castle. Eine Entsatzarmee des Bischofs von Carlisle wurde bei Crichton von Murray angegriffen, es gab viele Tote auf beiden Seiten, die Schlacht verlief unentschieden.

Edward III. war in die Niederlande aufgebrochen, viele seiner Barone folgten ihm und schwächten damit die englische Position in Schottland. Die Unterstützung, die Balliol aus Schottland bekam, war nicht sehr groß. Er mußte einen Waffenstillstand bis 1339 eingehen, dem Jahr, in dem die Kampfhandlungen des Hundertjährigen Krieges begannen. Robert Stewart, Nachfolger Murrays, nutzte diese Zeit. Im Juni 1339 begannen die Gegenangriffe der Patrioten, die sich im wesentlichen außerhalb der Borders abspielten. Balliol war schließlich gezwungen, sich nach England zu flüchten. Dies und weitere Erfolge waren das Signal für David II., nach Schottland zurückzukehren. Am 2. Juni 1341 landete er in seiner Heimat. Die Strategie der „Nadelstiche" in Form von Raids nach Nordengland brachte den Borderern wieder äußerst unruhige Zeiten, aber auch wieder Beute in ihre leeren Kassen und verwüsteten Gegenden. Davids Erscheinen bewegte immerhin Edward III., vom Kontinent zurückzukehren und nach Schottland zu ziehen. Edward kam zunächst über die Borders nicht hinaus, er lagerte in Melrose. William Douglas und seine berittenen Truppen, unter denen sicher viele schottische (und vielleicht auch englische) Borderer waren, versuchten durch dauernde Angriffe auf jede kleinere englische Einheit, die Plünderung der Umgebung so weit wie möglich einzuschränken. Außerdem eroberte er reichlich Versorgungsgüter der englischen Truppen. Im Dezember 1341 trat eine Reihe von Waffenstillständen in Kraft, die für sechs Monate die militärischen Aktivitäten abebben ließen. Edward III. kehrte - weiterhin höchst unzufrieden mit der Lage im Norden - nach England zurück.

Im Sommer 1342 führte David II. einen Raid gegen Nordengland durch, der schwere Kampfhandlungen nach sich zog. Balliols Position brach wegen der ausbleibenden Hilfe des englischen Königs, der im sich wesentlichen auf die Sicherung des eigenen Landes beschränkte, nun zusammen, nur in Galloway konnten sich seine Anhänger halten. Balliols wichtigster Gefolgsmann in dieser Region war Eustace Maxwell, der Lord von Caerlaverock Castle und Anführer einer der großen Border-Families im schottischen Westen, den Balliol 1335 zum Sheriff von Dumfries gemacht hatte. Edward III. von England hatte Maxwell mit Geld versorgt, dann war Maxwell zu den Patrioten übergelaufen. 1342 kehrte er - nun bereits als erfahrener „Überläufer" (etwas für Borderer nicht ganz Untypisches) - ins Lager Balliols zurück. In diesem Jahr fielen die letzten englischen Bastionen mit den drei Ausnahmen von Berwick, Jedburgh und Lochmaben. Der schottische Adel hatte damit wieder einmal Zeit, interne Fehden auszufechten, was die relative Ruhe in den Borders in den Jahren 1343 und 1344 erklärt. 1343 hatte Edward III. einen von der Kurie vermittelten dreijährigen Waffenstillstand angenommen, der in Frankreich zwar eingehalten, in Schottland aber weitestgehend ignoriert wurde. 1346 brach der Krieg sowohl in Frankreich als auch in Schottland erneut aus. Edward III. landete mit 15.000 Mann in der Normandie und der 26. August 1346 erlebte die große Schlacht von Crecy, die Edward III. dank der Überlegenheit der englischen Langbogenschützen problemlos und mit ungewöhnlich niedrigen Verlusten gewann. Der französische König hatte Wochen vor der Schlacht Briefe an David II. gesandt, um ihn zu bewegen, schnell im Norden anzugreifen. David ließ sich nicht lange bitten. Er wußte, daß große Teile des englischen Adels mit ihrem König in Frankreich standen. Ein Raid nach Cumberland, Derwent und Aldstone Moor, den er unter dem Banner Randolphs im Juli 1346 unternahm, überzeugte ihn davon, daß Nordengland eine leichte Beute sei. Im Oktober 1346 zog er Truppen aus allen Landesteilen in Perth zusammen. Es zeigte sich jedoch, daß David II. und sein Stab keinerlei weitergehende Pläne vor Augen hatten. Seine Armee zog lediglich plündernd und marodierend durch die englischen Borders und Nordengland. Dort waren die Engländer trotz der Abwesenheit der auf dem Kontinent kämpfenden Truppen nicht völlig unvorbereitet. Als die etwa 12.000 - 15.000 Schotten die Grenze überschritten hatten, stellten sich ihnen Sir Ralph de Neville, Sir Henry Percy und William Zouche, der Erzbischof von York, entgegen. Sie hatten 700 Ritter und 10.000 Infanteristen und Bogenschützen unter ihrem Kommando.

Am Morgen des 17. Oktober 1346 wurde einem Plünderungstrupp der Schotten in der Nähe von Merrington deutlich, daß sie sich in der Nähe der englischen Armee befanden. David II. war klar, daß er starken Streitkräften gegenüberstand und den Engländern war klar, daß ihre Anwesenheit den Schotten bekannt war. Sie stellten sich vor den Mauern Durhams bei einem alten Wegkreuz auf. Wieder spielten die englischen Bogenschützen mit ihren verheerend wirkenden Pfeilen eine entscheidende Rolle, da sie den numerischen Vorteil der Schotten mit der Zeit relativieren halfen. Auch die starke englische Kavallerie, die den linken schottischen Flügel zum Rückzug zwang und den rechten Flügel ebenfalls zurückdrängte, entschied den Ausgang der Schlacht für England entscheidend mit. Der schottische König stand zuletzt mit seinen Leuten ohne Unterstützung seiner Flügel alleine. Er wurde umzingelt, seine Leibgarde fiel, dann wurde er gefangengenommen. Eine ganze Reihe schottischer Adliger waren gefallen oder verwundet worden, einige gerieten mit dem König in Gefangenschaft. Dem englischen Favoriten John Balliol war dennoch nicht mehr zu helfen. Im Mai 1347 brach er mit knapp 3500 Mann von Carlisle auf und eroberte Bezirke in den Borders wie Berwick und Roxburgh, bevor er an Edinburgh scheiterte. Er zog sich nach Heston und schließlich nach Caerlaverock zurück. Der König blieb lange in Gefangenschaft, da Schottland das Lösegeld nicht aufbringen konnte, Robert Stewart die Aufbringung des Lösegeldes nach Kräften verzögerte und die Verhandlungen sich hinzogen.[62] Nach langwierigem Hin und Her gab Edward III. seinen „Strohmann" Balliol auf, traf sich am 20. Januar 1355 mit ihm und ließ sich gegen Bezahlung die schottische Krone abtreten. Balliol verschwand nach Süden, tauchte noch ein paar Mal als Wilderer in den Chroniken auf und starb 1364 in Doncaster.

Edward III. machte sich mit einem letzten brutalen und zerstörerischen Feldzug durch Südschottland, der als „Burnt Candlemas" in die Geschichte einging, noch mehr Feinde in Schottland, bevor er einsehen mußte, daß ein Friedensschluß unumgänglich war. England wie Schottland (letzteres allerdings noch mehr) waren durch den Krieg und durch die Pest (die wiederum hatte in England mehr Opfer gefordert) erschöpft, Englands Kräfte waren zudem durch den Hundertjährigen Krieg in Frankreich gebunden. Am 3. Oktober 1357 wurde ein Vertrag geschlossen, der die Zahlung von 100.000 Mark Silber als Lösegeld für König David vorsah. Am 5. Oktober 1357 kam David der Zweite von Schottland frei. Er konnte zwar in ein freies Schottland zurückkehren, als den eigentlichen Gewinner muß man allerdings Edward III. bezeichnen. Nach dem Friedensschluß konnte er die englischen Garnisonen an der Nordgrenze reduzieren und seine ganze militärische Stärke gegen Frankreich einsetzen. Zudem verzichtete er auf seine Ansprüche Schottland betreffend prinzipiell nicht, sondern nur darauf, sie mit Gewalt durchzusetzen. 1369 waren von dem Lösegeld 44.000 Mark bezahlt. 1371 verstarb David II. unerwartet, aber sein Nachfolger, Robert II. aus dem Hause Stewart, hielt den Vertrag zunächst ein. Eine Summe von 24.000 Mark blieb unbezahlt, trotzdem hielt der Waffenstillstand bis zu seinem vertraglich vereinbarten Ablauf im Jahre 1384. Zu diesem Zeitpunkt waren (fast) alle englischen Eroberungen wieder in schottischen Händen. John Stewart (der spätere Robert III.) hatte 1352 das Annandale erobert, 1353 war das Liddesdale wieder an Schottland zurückgefallen. 1384 fiel die Burg Lochmaben, als die Douglasses die englische Garnison niederkämpften.[63] Berwick hingegen blieb englisch besetzt.

Das wollten sieben schottische Borderer nicht ohne weiteres akzeptieren. Im Jahr 1377 erschlugen sie den Gouverneur, Sir Robert Boynton, und besetzten zusammen mit 41 weiteren Gefolgsleuten Berwick Castle. Die Engländer befanden weder den Tod ihres Gouverneurs, noch die Besetzung einer strategisch derart wichtigen Fortifikation in irgendeiner Form für besonders geistreich oder unterhaltsam - außerdem war ihnen die Sache sicher höchst peinlich. Entsprechend unsportlich reagierten sie. Angeblich waren es 10.000 Soldaten, die sie zur Rückeroberung des Castles schickten, auf jeden Fall war es ein reguläres Heer, daß die 48 Borderer bekämpfen sollte. Als wäre der Vorgang bis dahin nicht schon peinlich genug gewesen, mußten die Belagerer acht ganze Tage auf die Rückeroberung verwenden. Am Ende zeigten sie dann noch nicht einmal Respekt vor der Leistung der mutigen Borderer: Alle Überlebenden wurden enthauptet. Nach jahrzehntelangem Krieg war Schottland nur die Stadt Berwick und die Isle of Man verlorengegangen, angesichts der englischen Übermacht (die allerdings wegen des Hundertjährigen Krieges wesentlich auf dem Kontinent gebunden war) und der aufrechterhaltenen Unabhängigkeit ein akzeptabler Preis.

Edinburgh Castle (Foto: Antje Mismahl)

Douglas gegen Percy

Die Familie der Douglas war eine mächtige Familie in Schottland, deren Name ursprünglich eine Landschaftsbezeichnung in Lanarkshire war. Der erste namentlich erwähnte Douglas war William de Douglas, der im letzten Viertel des 12. Jahrhunderts auftaucht. Sein ältester Sohn Archibald hatte zwei Söhne, William und Andrew. Williams Sohn William the Hardy, der erste Lord Douglas, war der Gründer der beiden großen Zweige der Familie Douglas: gemeint sind die Black Douglases und die Red Douglases. Williams ältester Sohn war Sir James Douglas, der sich Freund und Adjutant von König Robert the Bruce nennen durfte. William Douglas wurde 1357 in den Grafenstand erhoben, er wurde der erste Earl Douglas und erhielt durch seine Eheschließung auch noch die Earlswürde von Mar. Sir William war der erste der Black Douglases. Er starb 1384. Der erste Earl Douglas hatte einen unehelichen Sohn, George, der zum Earl of Angus erhoben wurde und 1403 verstarb. Er war der erste der Red Douglases. Die Burg Threave Castle war ein wichtiger Stützpunkt der Familie Douglas. Es war die letzte Burg der aufrührerischen Douglasses, die 1455 fiel, als König James II. gegen die Familie zu Felde zog. Erst der Beschuß mit der Riesenkanone „Mons Meg" konnte die Burg bezwingen. Als nordenglische Intimfeinde der Familie Douglas galten die Percies. Die Familie Percy war normannischen Ursprungs und hatte 1066 mit William dem Eroberer den Kanal überquert. Sie wurden im Nordwesten Englands angesiedelt, wo sie unter anderem natürlich für die Grenzverteidigung zuständig waren und damit genügend Möglichkeiten hatten, mit schottischen Familien zusammenzustoßen. Anno 1309 erwarben die Percys Alnwick Castle und in der nächsten Generation bereits Warkworth Castle, womit sie zwei wesentliche Stützpunkte im Nordosten der späteren englischen Middle March ihr eigen nennen konnten. Die Percys bauten insbersondere Alnwick Castle zu einer starken Festung aus.[64] 1377 wurde Henry Percy[65] Earl von Northumberland, was die Auseinandersetzungen mit der schottischen Seite noch intensivierte.

In das Jahr 1388 fiel wieder einmal ein Versuch der Schotten, aus innerenglischen Problemen - der englische König, Richard II., war mit der Niederschlagung eines Bauernaufstandes beschäftigt - Kapital zu schlagen. Während Archibald Douglas die schottische Hauptmacht gegen Carlisle führte (das nicht erobert werden konnte), startete James Douglas zu einem größeren Plünderungszug nach Nordengland hinein. Mit etwa 300 Reitern und 2000 Fußsoldaten verheerte James Douglas, der Sohn des ersten Earl Douglas, Northumberland. Henry Percy mit dem Beinamen „the Hotspur" wollte das nach Kräften verhindern und zog dem Gegner, der bereits tief ins Land eingedrungen war, entgegen. Nicht weit nördlich von Newcastle trafen sich die Truppen der Erzfeinde und die Douglasses waren es, die nach dem Gefecht das Feld behaupten konnten - und zu allem Überfluß die Fahne des Gegners in Händen hielten. Das konnte Henry Percy nicht auf sich und der arg ramponierten Ehre sitzenlassen. So sammelte er seine Männer wieder und begann, den Feind, der sich inzwischen nach Norden orientiert hatte, zu suchen.

Am 19. August hatte er ihn bei Otterburn, in der Nähe des Flusses Rede, gefunden und er hatte auch seine Truppen versammelt. Allerdings wurde es bereits Nacht und der taten- und rachedurstige Henry Percy wußte nicht, ob der Gegner am nächsten Morgen noch anwesend sein würde. So nahm er das Risiko eines Nachtangriffes auf sich. Wie risikoreich ein solcher war, zeigt sich am Verlauf des nächtlichen Gefechts. Die Truppen Henry Percys, von denen nur eine Handvoll das Gelände[66] mit eigenen Augen gesehen hatte, griffen zwar erfolgreich an und trafen nur auf geringen Widerstand, konnten sich aber dieser Tatsache nicht allzu lange erfreuen, denn der Grund für diesen geringen Widerstand war, daß ihr Hauptstoß den Troß getroffen hatte. Die schottischen Befehlshaber, allen voran James Douglas, waren dadurch in der Lage, ihren Widerstand zu organisieren und sogar einen Gegenangriff zu führen. Dieser war tatsächlich von Erfolg gekrönt, denn die verwirrten Engländer zogen sich ungeordnet vom Ort des Geschehens zurück. Beide verfeindeten Familien hatten unter dem Ausgang des Gefechtes zu leiden, denn James Douglas, der den Gegenangriff in eigener Person angeführt hatte, war von drei Speeren tödlich verletzt worden, während sein nicht annähernd so stark verletzter Gegner in Gefangenschaft geriet, aus der er bald wieder freigekauft wurde. Auch heute noch ist das dem Redesdale benachbarte Coquetdale Schauplatz militärischer Aktionen. Das Upper Coquetdale, westlich von Harbottle, ist Teil der Otterburn Training Area der englischen Armee. Allerdings sind dies Manöverbewegungen, die unter normalen Umständen die Bewohner nicht mehr gefährden und es sind nicht mehr Borderer, die dort ihr kämpferisches (bzw. ehemals räuberisches) Können unter Beweis stellen.

Nicht einmal 20 Jahre lang ließ der nächste größere militärische Konflikt mit exponierter Beteiligung beider Rivalen auf sich warten. Wieder waren es die Schotten, die die Kampfhandlungen begannen und wieder taten sie es, weil der Gegner mit einem anderen Problem beschäftigt war. Das Problem hieß Owain Glyn Dwr (engl.: Owen Glendower) und dieser Herr befand sich in Wales, wo er die englische Herrschaft zu erschüttern gedachte. Die englischen Gegenmaßnahmen banden entsprechend Streitkräfte und deren Einsatz im Südwesten war sozusagen das Signal für Archibald Douglas gewesen, wieder einmal mit mehreren tausend Mann in Nordengland einzufallen. Das tat er sehr erfolgreich und so waren die Schotten reich mit Beute beladen, als sie auf dem Rückweg am 14. September 1402 eine Streitmacht der Percies in der Nähe von Wooler trafen. Douglas ließ seine Truppen, die den englischen numerisch leicht unterlegen waren, auf dem Homildon Hill Stellung beziehen und hatte vor, da er über die strategisch bessere Stellung verfügte, den englischen Angriff abzuwarten.

Während der junge Percy „Hotspur" ihm den Gefallen getan hätte, einen klassischen Frontalangriff vorzutragen, der die Schlacht wahrscheinlich zugunsten der Schotten entschieden hätte, setzte sein Vater, der Earl of Northumberland, ein anderes Vorgehen durch. Er ließ die englischen Bogenschützen, die (wie immer) den schottischen schon zahlenmäßig weit überlegen waren, einen steilen Hügel in der Nähe der schottischen Positionen ersteigen, der sie trotz fehlender Infanteriedeckung wegen seiner Steigung vor Kavallerie- und auch vor geschlossenen Infanterieattacken sicherte und sie in eine ausgezeichnete Schußposition brachte. So mußten die schottischen Kommandeure machtlos zusehen, wie ihre Männer dem Beschuß der englischen Bogenschützen ausgeliefert waren und verletzt zusammenbrachen oder tot niedersanken. Das veranlaßte Sir John Swinton, einen schottischen Ritter, dazu, mit etwa einhundert Freiwilligen den Versuch zu wagen, den Hügel dennoch zu erklimmen. Sir Archibald Douglas ließ sich daraufhin verleiten, den Entlastungsangriff mit einer Schwadron Reiter zu unterstützen. Die englische Kavallerie bereitete beiden Versuchen ein jähes Ende, das die meisten schottischen Beteiligten das Leben kostete. Archibald Douglas wurde trotz Panzer und Kettenhemd von fünf Pfeilen verwundet und fiel in die Hände der Percies. Die schottischen Reihen lösten sich auf und mehere hundert Mann wurden auf dem Rückzug getötet oder ertranken im Tweed, der Rest ergab sich. Die Percies, die sich schon ein gewaltiges Lösegeld für die Gefangenen ausrechneten, wurden vom englischen König, Henry IV., gezwungen, ihm die Gefangenen zu überlassen, was die Bande zwischen Krone und Percies nicht eben enger miteinander verknüpfte. Die unfreundliche Geste von Henry IV., der trotz dieses finanziellen Verlustes für die Percies weiterhin erwartete, daß diese sich maßgeblich an der Finanzierung der Verteidigung der Borders beteiligten, trug wohl auch wesentlich dazu bei, Percy „Hotspur" zu veranlassen, im folgenden Jahr an einer Rebellion gegen die Krone teilzunehmen.

Diese Rebellion planten die Percies, die Henry IV. nicht alle Gefangenen ausgehändigt hatten, zusammen mit dem walisischen Patrioten Owen Glendower. Im Juli 1403 befand sich der englische König gerade auf dem Weg in Richtung der Borders. Keinesfalls wollte er den Percies die restlichen Gefangenen mit Gewalt abnehmen, im Gegenteil, er kam sogar in freundlicher Absicht, denn er wollte sie gegen eine vermutete schottische Invasion unterstützen. Um so erstaunter dürfte er gewesen sein, als er von den hochverräterischen Aktivitäten erfuhr, die sich offenbar nicht so gut hatten geheim halten lassen, wie es die Percies angenommen hatten. In jedem Fall erholte er sich schnell von der Überraschung und reagierte. Sofort ließ er seine etwa 5000 Mann starke Armee die Richtung wechseln, denn die Percies befanden sich bereits auf dem Weg nach Wales, um sich dort mit Glendover zu vereinigen. Tatsächlich gelang es Henry IV., die rund 1000 Mann schwächere Rebellenarmee bei Shrewsbury, also noch kurz vor der Vereinigung mit den Walisern, abzufangen. Nun ist Shrewsbury bekanntlich weit von den englischen Borders entfernt und hätte so als Schlacht in diesem Buch eigentlich gar kein Existenzrecht, aber ein für den Schlachtverlauf an sich unwichtiges Detail läßt zumindest diese kurze Schilderung relevant erscheinen. Das Detail war menschlich und hatte einen Namen: Archibald Douglas. Der Verlierer von Homildon Hill, so mag man mit Fug und Recht annehmen, könnte vom englischen König als Berater gegen die aufständischen Percies angeworben worden sein. Das wäre logisch gewesen, aber wieder einmal zeigt die Geschichte, daß das Leben keineswegs immer logischen Gesetzmäßigkeiten folgt. Sir Archibald nämlich kämpfte auf Seiten seines „Erbfeindes", er war immerhin der Befehlshaber ihrer Vorhut. Ansonsten ist noch hervorzuheben, daß Prinz Henry (der spätere Henry V.) hier im Alter von 15 Jahren seine erste Schlacht schlug. Er wurde durch einen Pfeil im Gesicht verletzt, verkraftete die Wunde aber erstaunlich gut und ritt persönlich die Gegenattacke mit, die einen Gutteil zum späteren Sieg der königlichen Streitkräfte beitrug.[67]

Die Rosenkriege

Als Rosenkriege bezeichnet man die drei Jahrzehnte von 1455 bis 1485, in denen die Häuser Lancaster und York, Seitenlinien des Hauses Plantagenet, einen immer wieder aufwallenden dynastischen Konflikt austrugen. Der Name dieses langandauernden Konflikts rührt wie allgemein bekannt nicht etwa daher, daß die beiden Parteien besonders viele Anpflanzungen von Rosenliebhabern zerstörten, sondern daher, daß das Haus Lancaster eine rote und das Haus York eine weiße Rose im Wappen führte. Edward III. war der Herrscher gewesen, der mit der Errichtung der Herzogtümer Lancaster, York, Gloucester und Clarance für seine Söhne die Grundlage für diesen Konflikt geschaffen hatte. Diese Herzogtümer verbanden sich durch Bündnisse und Heirat mit anderen Magnatenfamilien und so entstanden regionale Schwerpunkte, die an Macht die Krone zum Teil übertrafen. Diese Macht setzten die jeweiligen Machthaber in militärische Stärke um und so entstanden Privatarmeen[68], die von seiten der Krone (also der eigentlichen Staatsmacht) nicht mehr zu kontrollieren waren und deren Einsatz nur eine Frage der Zeit war.

Henry VI. war 1431 zum König gekrönt worden, aber ein Herrscher wollte sich aus dem noch minderjährigen Knaben auch in den Folgejahren nicht entwickeln. Er war offensichtlich zu sensibel und zu selbstmitleidig, um jemals ein Land führen zu können, aber er war König und sein Königtum führte, unter anderem wegen seiner völligen Ablehnung kriegerischer Handlungen, zu einem gehörigen Machtverfall Englands. Als Henry VI. 1452 den Verstand verloren haben soll, wurde daher Herzog Richard von York zum Protektor ernannt. Nach zwei Jahren wurde er allerdings bereits wieder entlassen, da der König ihm Machtgelüste weit jenseits seiner bereits exponierten Stellung vorwarf. Wie recht der anscheinend doch noch nicht vollständig verstandslose König damit hatte, zeigte sich, als Herzog Richard von York sich nun selber zum Tronprätendenten ernannte. Als direkter Nachkomme Edwards III. behauptete er jetzt, daß sein Recht über die mütterliche Linie der Plantagenets älter sei als das des Hauses Lancaster. Das relativ unbedeutende Gefecht von St. Albans eröffnete dann 1455 die Rosenkriege, die zu Recht als einer der abscheulichsten Zeitabschnitte in der englischen Geschichte gelten. Morde, Meuchelmorde, Verrat, Folter, Hinrichtungen und Metzeleien bestimmten für dreißig lange Jahre das Bild englischer Innenpolitik. Bemerkenswert an diesen Untaten ist vor allem, daß ein Land, das kurz zuvor aufgrund völligen Bankrotts den Krieg gegen Frankreich hatte beenden

Drei Epochen schottischer Border-Kavallerie

müssen, zu dieser gräßlichen Form der Selbstzerfleischung noch fähig war. Glücklicherweise färbte die mordgierige Besessenheit, mit der beide Häuser und ihre Parteigänger übereinander herfielen, nicht auf das gesamte Land ab. Die Bevölkerung hielt sich weitgehend aus dem Konflikt heraus und - was erstaunlicher ist - die Kämpfenden hielten weitgehend auch das Volk aus ihrem Konflikt heraus. Mit teilweise erstaunlicher Rücksichtnahme gegen unbeteiligte Dritte gehen daher diese Kriege als relativ human in das Verzeichnis der bisherigen Kriege ein. Das kennzeichnende Zitat, das zeigt, das hinter diesem Vorgehen durchaus auch ein Gutteil Methode steckte, ist in diesem Fall ein von Edward IV. überliefertes Wort: „Schonet das Volk, tötet die Herren!"

Die für die Geschichte der Borders, die von den Kriegshandlungen sonst kaum betroffen waren, wesentliche Schlacht aus der blutigen Geschichte der Rosenkriege ist die Schlacht von Hexham. Sie wurde in der sehr unübersichtlichen Periode nach 1461 geschlagen, genauer gesagt im Jahre 1464. Beide Parteien hatten 1461, die Anhänger des Hauses York bei Wakefield und die Lancasters bei Mortimers Cross, Niederlagen hinnehmen müssen, insbesondere die Yorkisten waren angeschlagen, da der Vater des jungen Prinzen Edward von York bei Wakefield gefallen war. 1461 übergaben Truppen der Lancasters Berwick den Schotten. 1482 eroberten die Engländer die Stadt wieder zurück. Dennoch konnte der junge Prinz nach dem Sieg von Mortimers Cross zunächst als Edward IV. den Thron besteigen. Viel Freude hatte er an dieser Herrschaft nicht, da er gegen die geflohene Königin Margaret, die besonders von den Schotten, die bereit waren, gegen jegliche englische Armee zu kämpfen, Unterstützung bekam, einen permanenten Kleinkrieg zu führen hatte. Trotz anstrengender Such- und Marschaktivitäten der Yorkarmee stellten sich die Lancasters nicht zur Schlacht. Bei einem kleineren Gefecht am 24. April 1464 in der Nähe von Hedgeley Moor wurde der Duke of Sommerset, seines Zeichens Kommandeur der bis dato nicht eben effektiven Lancasterarmee, besiegt und zog sich auf Hexham zurück. Auf einer Ebene südlich der Stadt, den sogenannten Hexham Levels, ließ er campieren. Diese Ebene, die in einem Tal liegt, das steil ansteigt und viel Wald enthält, lädt durchaus zum Verweilen ein, unter militärischen Gesichtspunkten aber war diese Entscheidung weniger klug, da man so die Wasser des Flusses Devil, der immerhin bis zu fünfzehn Meter breit ist und im April/Mai gut Wasser führt, also mit Sicherheit wenigstens einen Meter tief ist, im Rücken hatte. Auch König Henry VI., der sich bei ihm befand, erhob keinen Einspruch (den allerdings von ihm auch niemand erwartet hätte).

Am 8. Mai traf Lord Montague, der Befehlshaber der Yorkisten, mit seiner Armee ein und traute seinen Augen kaum. Alles schien für einen Angriff zu sprechen, da alle Vorteile auf seiner Seite waren: Er stand auf höherem Gelände, was dem Angriff mehr Wucht verleihen würde, er verfügte über die etwas größere Armee und sein Widersacher hatte einen Fluß im Rücken, über den keine größere Brücke führte. Vergeblich suchte er nach dem Haken, den die Sache haben mußte, aber er fand keinen - weil es keinen gab. Daher entschloß er sich zu einem schnellen Angriff, der die Lancasters tatsächlich recht unvorbereitet traf. Schnell gewannen die Männer Lord Montagues die Oberhand und warfen die Soldaten der Lancasters, die zu organisiertem Widerstand nicht mehr fähig waren, zurück. Vor allem dem verlockenden Troß hatten die Verteidiger es zu verdanken, daß etliche mit dem Leben davonkamen, denn nur dessen Plünderung sorgte für entsprechende Auflösungserscheinungen in den Linien der Yorkisten, durch die auch Fußsoldaten und Verwundete sich erfolgreich zu retten vermochten. Ohne diese undisziplinierte Haltung wäre in dieser Situation eine vollständige Vernichtung der Lancasters gelungen. Der glücklose Somerset wurde verwundet, konnte entkommen und wurde später in einem Haus, wo er ausruhen mußte, doch noch gefangen genommen. Er wurde nach Hexham gebracht, wo die Yorkisten bereits ihre Siegesfeier planten, und auf dem Marktplatz hingerichtet. Der zwar (wie bei allen Kriegshandlungen) ebenso ineffektive, aber zumindest bei seinem Fluchtversuch glücklichere Henry VI. entkam.

Edward IV. hatte, wie seine Vorgänger, den Wert des Langbogens schätzen gelernt, wollte aber nicht soviel Geld für die Ausbildung und den teuren Unterhalt[69] dieser Experten ausgeben. Folglich verlangte er 1466 per Dekret von seinen Untertanen, daß jeder wehrfähige Mann in Irland und Schottland einen Bogen besitzen müsse. Da das entweder nicht recht funktionierte oder die Bogen nur pro forma als Schmuck an den Wänden hingen, verfügte er vier Jahre später, daß Würfeln, Kartenspiele und andere Arten von Glücksspiel - also alles Dinge, die er sehr gerne tat - nicht mehr erlaubt seien. Für die entgangenen Freuden gedachte er die Männer dadurch zu entschädigen, daß sie künftig das Bogenschießen verstärkt in den Mittelpunkt ihrer Freizeitaktivitäten stellen sollten. Ob diese Verfügung besser beachtet worden ist als die erste, ist nicht mehr genau auszumachen, in jedem Fall hat sie sich nicht allzu lange gehalten, denn es wurde munter weiter gewürfelt und auch die Spielkartenfertigung brach zu keiner Zeit zusammen. Die Rosenkriege zeigen zwar, daß der englische Bogenschütze noch unersetzlich für die Schlacht war, aber sie demonstrieren auch den langsamen, aber unaufhaltsamen Aufstieg der neuen Waffengattung Artillerie. Die trutzige und uneinnehmbar wirkende Festung Bamburgh war es, der während der Belagerung durch Edward IV. die zweifelhafte Ehre widerfuhr, als erste auf britischem Boden von Artillerie bezwungen worden zu sein.

Als Edward IV. 1483 starb, war zwar auch das Land, aber vor allem der englische Adel ausgeblutet. Dennoch kam es 1485 zum letzten großen Treffen in der Schlacht von Bosworth. Henry Tudor, der die Schlacht gegen Richard III. entscheiden konnte, wurde noch auf dem Schlachtfeld zum neuen König von England ausgerufen und mit der Krone gekrönt, die zu Beginn der Schlacht noch das Haupt Richards geziert hatte und die man nach dessen Tod aus einem dornigen Rosengebüsch hatte heraussuchen müssen. Als Henry VII. beginnt er die Dynastie der Tudors, die bis 1603 die englischen Herrscher stellen sollte. Seine Popularität beruhte u.a. auf der Tatsache, daß er wieder ein König für alle Parteien war, daß er dem sinnlosen Blutvergießen ein Ende setzte und daß er die wiedererstarkte Zentralgewalt zum Wohle des Königreiches nutzte, z.B. dadurch, daß er den Adel an eine kürzere Leine nahm. Durch seine Heirat mit Elisabeth von York zeigte er zudem Versöhnungswillen.[70] Er tat viel für den inneren Frieden des Landes, was er durch eine Außenpolitik absicherte, die den Kontakt zum Kontinent weitgehend vermied. Allerdings hatten ihm die vergangenen dreißig Jahre auch in die Hände gearbeitet, denn es war kaum noch ein ernsthafter Kontrahent vorhanden - und die wenigen, die ihm nicht wohlgesonnen waren, fanden kaum Anhänger, mit denen sie hätten Unruhe stiften können. Immerhin war der Hochadel derart dezimiert, daß gerade noch 18 Peers im ersten Parlament Henrys VII. saßen, während es im letzten vor den Rosenkriegen immerhin noch 53 gewesen waren. England wurde zu einem der sichersten Aufenthaltsorte in Europa, jedenfalls solange man nicht allzu intensiv die Borders bereiste.

≈ ≈ ≈

Gotische Rüstung mit Schaller (engl.: „Sallet") und Pferdepanzer aus der Zeit der Rosenkriege

Bamburgh Castle (Foto: Hagen Seehase)

Die Border Reivers

Die Marches

Bereits im 13. Jahrhundert wurde das blutige und ökonomisch schädliche Treiben der Border Reivers den Regierungen von England und Schottland immerhin so unangenehm, daß sie sich 1249 auf die „Laws of the Marches" einigten. Beide Seiten der Border sollten in jeweils drei Abschnitte geteilt werden, die man der Einfachheit halber mit East, Middle und West March bezeichnete. Jeder Abschnitt sollte von einem March Warden militärisch und juristisch kontrolliert werden, dessen Stellung in etwa einem Markgrafen entsprochen haben dürfte. Bis zur ersten Ernennung eines March Warden dauerte es allerdings noch bis 1297.

Die englische East March umfaßt den Norden von Northumberland und erstreckt sich in Ost-West-Richtung von der Küste bis zum Hanging Stone on Cheviot. Der March Warden residierte in Berwick-upon-Tweed, das als starke Festungsanlage ausgebaut war. Es galt als das stärkste der Border-Castles. Die heute sichtbaren Fortifikationen sind im wesentlichen elisabethanisch, während das mittelalterliche Castle (in der Nähe des Bahnhofs, dessen Bau das Ende eines Großteils der Anlage bedeutet hatte) in der Nähe des Flusses lag. Berwick wechselte zwischen dem 13. und dem 15. Jahrhundert nicht weniger als vierzehn mal den Besitzer. 1482 wurde es nach der Übergabe durch die Schotten an Richard von Gloucester (den späteren Richard III.) englisch. Das bedeutete allerdings nicht, daß die Leiden als grenznahe Stadt vorüber waren. Nach wie vor unterlag das Umland dem Zugriff der Bordererbanden und nach wie vor war es bei kriegerischen Auseinandersetzungen extrem gefährdet. Erst nach der Vereinigung der beiden Königreiche beruhigte sich die Situation der Stadt, was an den immer stärker verfallenden Fortifikationen ablesbar war.

Der Tweed trennte die englische von der schottischen East March, und der Tweed trennte bis auf einen kleinen Bereich zwischen Carham und Smailholm auch die schottische East March von der schottischen Middle March. So gehört der Smailholm Tower nördlich des Tweed, ein noch heute beeindruckendes Beispiel für die auf Wehrhaftigkeit ausgerichtete Architektur der Borders, noch zur Middle March. Aufgrund der geringen Höhenunterschiede in weiten Bereichen der englischen wie auch der schottischen Seite boten die East Marches eine ideale Passage für durchziehende Heere an. Da die Küstenebenen zudem fruchtbar waren und eine Nachschublinie über See möglich war, mußten die Landstriche in den beiden Marches entsprechend oft die Schrecken von Grenzlandgefechten, Invasion und Schlachten ertragen. Die englische Middle March reicht vom Hanging Stone bis etwa 10 Kilometer vor Kershopefoot im Liddesdale. Sie dehnte sich bis zur Küste und im Süden teilweise sogar über den Hadrianswall aus, womit sie die größte der sechs Marches war. In ihr befindet sich Redesdale, ein Landstrich, dem man nachsagte, er sei einer der wildesten und gesetzlosesten Distrikte des ganzen Königreiches, in dem des Königs Wort, falls es denn überhaupt zur Kenntnis genommen würde, keine Geltung besitze.

In der englischen Middle March befindet sich auch das heute größte Wasserreservoir Großbritanniens, Kielder Water, mit einem Uferumfang von 43 Kilometern. Das dürfte für die Reivers, die normalerweise keine Flöße oder Boote benutzten, zwar nicht interessant gewesen sein (abgesehen von der guten Wasserversorgung, die allerdings in dieser Gegend ohnehin kein Problem ist), aber um so interessanter dürfte der umgebende Wald gewesen sein, der noch heute die größte zusammenhängende Waldfläche des Landes bildet. Wald, das bedeutete in diesen Zeiten für den gewöhnlichen Menschen Gefahr, und daher wurde er von den meisten Menschen gemieden, so daß er (wie wir nicht erst durch den Sherwood Forest wissen, in dem Robin Hood sich so erfolgreich versteckte) ein ideales Rückzugsgebiet für Menschen darstellte, die mit der Obrigkeit in Konflikt geraten waren. So dachten die Borderer und so dachten zum Leidwesen ihrer Befehlshaber auch ihre Verfolger, die selbst durch finanzielle Versprechungen nur selten zu einer Verfolgung in diesem Gebiet zu überreden waren.

Am einfachsten verteidigen ließ sich der Fluß Coquet, an dessen Ufern mehrere Kastelle und eine Reihe von Türmen den Übergang erschwerten. Außerdem gewährten die Cheviot Hills eine gewisse, bisweilen aber auch trügerische Sicherheit, denn ein echtes Problem bereitete nur der Transport von Artillerie, während der Infanterie und der Kavallerie mehr als 40 Wege offen standen, um von einem Land ins andere zu gelangen. Die Wardens gaben ihre Befehle von der alten Festung in Alnwick[71] oder Harbottle aus. In ihren Reihen finden sich im Lauf der Zeit Angehörige der Familien Bowe, Forster, Eure und Percy. Auf halbem Weg zwischen Alnwick und Rothbury befindet sich Edlingham Castle, das zwar keine militärischen Haupt- und Staatsaktionen sah, dafür aber Furore wegen einer Hexe machte. 1682 war es, als John Mills, Besitzer des Castles unter Eid aussagte, eine Anwohnerin von Edlingham, Margaret Stothard, sei eine Hexe und habe sich in dieser Eigenschaft, wahrscheinlich um ihn zu Tode zu erschrecken, am Fuße seines Bettes, nachdem sie mit einem Windstoß ins Zimmer gelangt sei, materialisiert. Nur sein sofortiges Schreien: „The witch, the witch" habe dazu geführt, daß sie genausoschnell wieder verschwunden sei.

Die schottische Middle March, die im Osten an die englische East March grenzte, erstreckte sich zwar im Norden noch bis jenseits des Tweed, reichte aber in der Gesamtgröße nicht an das englische Gegenüber heran. Sie verfügte über die Bezirke der Sheriffs von Selkirk, Roxburgh und Peebles. Während das juristische Zentrum in Jedburgh lag, lebten die Wardens, zumeist Angehörige der Familie Kerr, in ihren Stammsitzen in Ferniehurst oder Cessford. Wie die englische Seite verfügten auch die Schotten im Westen der Middle March über besonders berüchtigte Banden, die „Limmers" oder Diebe von Teviotdale und Liddesdale. Angeführt von Armstrongs[72], Scotts, Elliots und anderen, fielen sie auf eigenes Risiko, aber auch auf eigene Rechnung, des öfteren in alle englischen Marches, insbesondere in die englische West und Middle March ein, wobei sie allerdings auch eine gute Gelegenheit auf schottischer Seite nicht unbedingt ausschlugen. In größeren Verbänden trauten sie sich ohne weiteres auch Züge in entfernter liegende Gebiete zu. Im Februar 1590 fielen über 200, worunter durchaus auch Reiter aus dem berüchtigten englischen Redesdale gewesen sein können, in die englische East March ein, brannten Myndrome nieder und erbeuteten Vieh, Getreide und andere Güter im Wert von 300 bis 400 Pfund. Niemand, auch nicht die Streitkräfte des englischen oder schottischen Wardens, trauten sich, sie wenigstens zum Kampf zu stellen, denn die Bande konnte, wie man erfährt, ohne Gegenwehr auf demselben Weg, auf dem sie gekommen war, in ihre sicheren Verstecke zurückkehren. Eine Verfolgung in den vielen kleinen Tälern und Hügelgruppen ihrer Heimat war wenig aussichtsreich, zumal man, wenn man sie gefunden hätte, mit einer kleinen Belagerung rechnen mußte, denn die Häuser dieser Herrschaften lagen oft an unzugänglichen Plätzen, waren gut befestigt und für Verfolgungstrupps ohne Artillerieunterstützung nur schwer einzunehmen. Daher hatte die schottischen Streitkräfte, ganz abgesehen von nationalen Animositäten, verständlicherweise wenig Interesse an allzu engagierter Amtshilfe für die englische Seite, ein Verhalten, das allerdings auch im umgekehrten Fall galt und von dem die Banden entsprechend häufig profitierten. Das entlegene und unzugängliche Liddesdale war in der Tat ein idealer Schlupfwinkel für Kriminelle aller Art und die zunehmende Gesetzlosigkeit dieser Gegend nötigte die schottische Seite, einen weiteren militärischen Amtsträger, Keeper genannt, einzusetzen, der von der düsteren Feste Hermitage Castle aus versuchte, den Spuk wenigstens auf schottischer

Seite einzuschränken. Hermitage Castle war als kleine „Haus-Festung" zwischen 1358 und 1365 auf den Fundamenten einer älteren Anlage erbaut worden. Zunächst bestand es lediglich aus zwei befestigten Steinhäusern, die durch Mauern verbunden waren. Relativ schnell, wahrscheinlich um 1400 herum, wurde es zu einem regelrechten Tower House ausgebaut und später durch Türme in der Umfassungsmauer verstärkt. Im 16. Jahrhundert wurden verstärkende und ergänzende Baumaßnahmen durchgeführt, die auf Artilleriestationierung schließen lassen.

Ein sehr bekannter und intriganter Offizier der Marches war James, 4. Earl of Bothwell. Er wurde der dritte Ehemann von Queen Mary Stuart. Eine Fehdeverwundung im Oktober 1566 zeigte, wie sehr die Königin ihn liebte, denn sie ritt gut 50 Meilen - wahrscheinlich nicht gerade in königlicher Haltung - , um ihn schnellstmöglich zu sehen. Bothwell war es, der hinter dem Attentat auf Darnley am 10. Februar 1567 steckte. Anschließend mußte er flüchten, wurde dennoch in Norwegen geschnappt und nach Dänemark gebracht, wo er in einem Kerker 1578 starb. [73] Etliche Keeper machten den Banden zwar das Leben schwer, scheiterten aber weitgehend bei diesem Eindämmungsversuch und so wundert es kaum, daß sich nach und nach ein Nebeneinander von Leben und Leben lassen entwickelte. Die Keeper begannen, gegen entsprechende Honorierung, die Plünderungszüge durch Informationen und gezielte Fehleinsätze ihrer Truppen zu unterstützen, ja zum Teil sollen sie gar den Verkauf der Beute organisiert haben. Manche beruhigten ihr schlechtes Gewissen immerhin damit, daß sie darauf hinwirkten, möglichst nur noch englische Besitzungen zu überfallen, aber von einigen berüchtigten Keepern, wie James Hepburn, dem vierten Earl of Bothwell, oder Sir Walter Scott of Buccleuch, hatten die Anwohner nicht einmal diese Form patriotischer Rücksichtnahme zu erwarten.

Die englische West March schloß das durch die gleichnamige Sauce bekannte Cumberland und Westmoreland ein. Sie erstreckte sich von Kershopefoot im Osten bis an den Solway Firth im Westen. Da die Landschaft, parallel zur East March, wieder flacher wird als in den Middle Marches, befindet sich hier das zweite Einfallstor zwischen den beiden feindlichen Nachbarn. Allerdings erschweren die Gezeiten im Solway Firth und die tückischen Moore, deren weite Moosflächen nicht jedem Uneingeweihten den Weg weisen, den Durchmarsch, aber die gute Versorgungssituation entschädigte die Truppen für die Mühen und die trotz professioneller Führer möglichen Verluste des Weges. Die beiden Schlüsselstellungen für die West March waren Naworth und Carlisle. Insbesondere Carlisle, das Sitz der Wardens war, wurde im Laufe der Jahrhunderte (erbaut wurde es nach der Eroberung von William Rufus 1092) zu einer immer stärkeren englischen Festung ausgebaut, deren starke Steinmauern lange Belagerungen standhalten konnten. Seine strategische Stellung, die schon die Römer mit der Anlage der Basis Luguvalium im Jahr 43 erkannt hatten, wurde als „the key to England" bezeichnet und dieser Stellung entsprach der Festungsbau. Das Amt des Wardens übernahm des öfteren die Familie der Dacres und ging später auf die Lords Scrope über. Nach Norden hin deckten die kleineren Festungen von Askerton, Scaleby und Bewcastle die March, wobei der Festungskommandant von Bewcastle für gewöhnlich das schlechteste Los gezogen hatte, denn in seinen Verantwortungsbereich fiel die Bekämpfung nahezu aller Raubzüge der Plünderer aus Liddesdale. Das schottische Pendant zu dieser Stellung war die des Keepers of Annandale, der von Langholm Castle aus diesen Raubzüge entgegenwirkte. Die Wardens der schottischen West March, oft Mitglieder der mächtigen Maxwells, dagegen nahmen ihren Sitz im ruhigeren Westteil, in Dumfries. Die eigentlichen Machtstützen der Maxwells waren die beiden stark befestigten Castles von Caerlaverock und Lochmaben, deren Wassergrabensysteme als vorbildlich galten. Die West March bestand aus den Landschaften Annandale, Dumfries und Kirkudbright.

Eine Besonderheit der beiden Marches war ein kleines Landstück zwischen beiden, das sogenannte „Debatable Land" (Umstrittenes Land). In etwa begrenzt durch die Wasserläufe von Liddel, Lyne und Sark und nicht mehr als zwölf Meilen lang in Ost-West-Richtung und dreieinhalb bis fünf Meilen in der Nord-Süd-Ausdehnung, ist kaum verständlich, wieviel Gram und welch hohen Blutzoll es von beiden Nationen forderte. Erstmals erwähnt wurde es in einem Waffenstillstandsdokument aus dem Jahr 1450, in dem es keiner der beiden Seiten zugesprochen wurde. Entsprechend wurde es als eine Art Allmende von den Borderern beider Seiten genutzt, zumeist als Viehweide für Schafe und Rinder. Natürlich begannen schon dabei die Schwierigkeiten, denn bei der meist ziemlich lockeren Einstellung der Borderer gegenüber fremdem Eigentum war der Streit um verschwundenes Vieh vorprogrammiert. Derartige Streitereien belasteten aber zumeist nicht die englisch-schottischen Beziehungen im Debatable Land, diese wurden aber auf die Probe gestellt, wenn es um die Errichtung von Gebäuden, deren Nutzungsrechte und die Eigentumsfrage ging. Da keine der beiden Seiten Lust verspürte, sich wegen dieser Dispute in dauernde Kämpfe verwickeln zu lassen, einigte man sich schließlich darauf, daß die Bewohner die Konflikte selber lösen sollten und daß weder Engländer noch Schotten Anspruch auf diese Gebäude oder deren Bewohner haben sollten. Eine solche Situation, die durch das Desinteresse beider Mächte ein Machtvakuum, einen quasi neutralen Status erzeugte, zog natürlich kriminelle Elemente an, die durch die Abwesenheit von Staatsmacht, also auch Justiz und Strafvollzug, eine neue Basis für raubende Banden und ein Refugium für Verfolgte schufen. Mächtige Bordererfamilien von diesseits und jenseits der Grenze nahmen Einfluß, z.B. die Armstrongs, Littles, Bells und Grahams, handelten mit beiden Kronen miteinander unvereinbare Abkommen aus, die sie zudem noch oft brachen und garantiert öfter erneuerten als ihre Kleidung. Als die Situation im Laufe des 15. Jahrhunderts immer bedrohlicher und gänzlich intolerabel wurde, stellten die Wardens - nicht das erste Mal - ihre Nationalität hintan und entschlossen sich, Feuer mit Feuer zu bekämpfen. Sie erließen gemeinsam eine Proklamation, die es allen Schotten und Engländern unter Zusicherung vollständiger Straffreiheit und unter Ausschluß jeglicher Wiedergutmachungsforderungen erlaubte, im Debatable Land zu rauben, zu morden, brandzuschatzen und zu zerstören, was sie an Personen, Vieh, Gütern und Gebäuden anträfen. Dieser verführerische Aufruf besaß allerdings einen Nachteil: man mußte damit rechnen, daß die Bewohner sich dagegen zur Wehr setzen würden, und da jedermann wußte, wer dort hauste, wurde der Aufruf, trotzdem einige eifrige Bürger ihren Pflichten durchaus nachzukommen trachteten, kein so durchschlagender Erfolg, wie die Obrigkeit es sich erhofft hatte. Um wenigstens ein für alle Mal die hoheitlichen Zuständigkeiten in diesem Landstrich zu klären, setzten beide Kronen eine Kommission ein, die ihn teilen sollten. Nach viel Streit und Gezänk und vielen Forderungen und Kompromissen einigte man sich im Jahr 1552 auf eine Linie, an der entlang ein Erdwall, der sogenannte „Scots Dyke" aufgeschüttet wurde. Allerdings mußten schon die damaligen Behörden die Erfahrung machen, daß die Definition von Zuständigkeiten durch Kommissionen alleine leider noch keine Probleme löst, denn das Land behielt seinen traditionellen Namen und - sehr zum Verdruß von Kommission, Wardens und der Bevölkerung des Umlands - die Bewohner behielten ihr traditionelles Berufsbild bei. Zudem ließ sich oft nicht feststellen, wer nun Schotte und wer Engländer war, so daß die Bewohner dies weidlich ausnutzten und einem zuständigen Beamten namens Thomas Musgrave den verzweifelten und bekannten Ausspruch, der die Situation auf den Punkt brachte, entlockten: „They are people that will be Scottishe when they will and English at their pleasure"[74]. Private und hoheitliche Aktionen hatten sie wenig abschrecken können und so blieben sie eine Gesellschaft von gefürchteten Räubern, Verrätern und Marodeuren.

Die Wächter: Wardens, Keeper und ihre Helfer

Die bereits erwähnten Vorsteher der Marches, die Wardens, wurden von der jeweils zuständigen Regierung ernannt und fanden zu ihrer Unterstützung Keeper, Deputies, Capitains, Land Sergeants und ihre Truppen vor. Um gerade die wichtigen grenzüberschreitenden Aktivitäten der Borderer unterbinden zu können, sollten die Wardens guten Kontakt untereinander pflegen (eine Forderung, die sich besser die vorgesetzten Regierungen und die Monarchen beider Länder zu Herzen hätten nehmen sollen). Zu diesem Zweck wurde erwartet, daß die Wardens der einander gegenüberliegenden Marches einmal im Monat einen „Truce Day" (Waffenstillstandstag) ansetzten, an dem Aktivitäten abgesprochen, Erfahrungen ausgetauscht, Situationsberichte angehört und ganz allgemein Kontaktpflege betrieben werden sollte. Außerdem war es erwünscht, daß beide Wardens an diesem Tag zur Demonstration ihrer Einmütigkeit zusammen die Klagen von Bürgern anhörten und Urteile verkündeten und vollstrecken ließen. Im Idealfall - der allerdings so gut wie nie eintrat - sollten also zwölf Truce Days im Jahr stattfinden. Man versuchte, verschiedene grenznahe Orte zu wählen, möglichst abwechselnd einen schottischen und einen englischen. Da ein Tag nur eine geringe Zeitspanne für ein derart umfangreiches Programm ist, wurde bereits im Vorfeld eines solchen Tages geklärt, wessen Klagen vorgebracht werden durften. Wenn irgend möglich, ließ man nur die Klagen und Beschwerden zu, für die man dann gleich im Anschluß die Täter präsentieren konnte, so daß der eigene Erfolg entsprechend von der Öffentlichkeit, die sich bei solchen Tagen immer versammelte, gewürdigt werden konnte. Die Prozesse hatten ebenfalls vor dem Truce Day stattgefunden, so daß durch die schnelle Folge von Klage und Urteil der Eindruck unglaublich effektiver Polizei- und Justizarbeit entstand. Für Außenstehende (z.B. anwesende Regierungsbeamte) mochte dies beeindruckend wirken, für viele Eingeweihte und Betroffene war es allerdings mehr eine idealisierte Vorspiegelung von Effektivität, denn sie wußten, daß an diesen Tagen nicht mehr als der berühmte Tropfen auf den heißen Stein fiel. Das lag vor allem an der unglaublichen Fülle der Verbrechen, für deren Bekämpfung den Wardens einfach nicht die entsprechenden Machtmittel zur Verfügung standen, so daß selbst ein vollständig integerer Warden mit vollständig integeren Mitarbeitern (zugegebenermaßen ein Fall, der selbst in friedlicheren Gegenden und Zeiten bei denen, die Träger von Macht sind, Seltenheitswert besitzt) der Aufgabe nicht gewachsen gewesen wäre. Mord, Viehdiebstahl und anderer schwerer Raub waren die Verbrechen, die in der Regel hier abgeurteilt wurden.

Scott   Scott Hunting

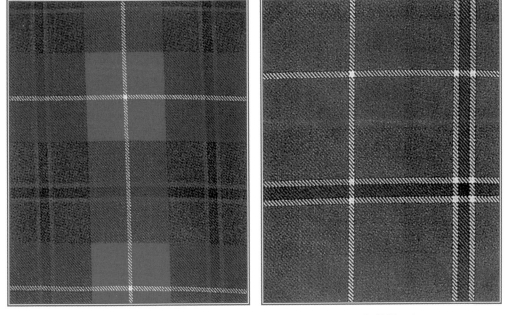

Turnball Dress   Turnball Hunting

Tartanmuster zweier wichtiger Bordererfamilien

Bei dem Wert von Vieh als Lebensgrundlage der Menschen und der Häufigkeit der Viehdiebstähle grenzt es an ein Wunder, daß in dem weitläufigen Park östlich von Chillingham Castle ein Herde von wildlebenden weissen Rindern diese Zeiten überlebt hat. Die Herde soll etwa seit dem Beginn des 14. Jahrhunderts dort leben und ist noch heute eine Touristenattraktion des Schlosses. Ausgerechnet heute, wo Viehdiebstahl eher die Ausnahme als die Regel darstellt, hielt man es aber für angebracht, aus Gründen der Arterhaltung sicherheitshalber eine kleine Herde in Schottland anzusiedeln. Zumeist begann man mit den letzteren Verbrechensarten. War der zu diesem Zeitpunkt bereits Verurteilte wohlhabend, konnte er sich unter Umständen durch entsprechende Ausgleichszahlungen vor schweren Körperstrafen bewahren, denn vielen der zumeist armen Betroffenen war das Geld näher als die Rache. Von den Schadensersatzzahlungen und den Körperstrafen steigerte man sich dann hin zum abschreckenden Höhepunkt des Tages: zu den Hinrichtungen der Mörder. Die Delinquenten wurden enthauptet, gehängt oder - besonders in schweren Fällen - lebendig in einem sogenannten „Murder Hole" (Mörderloch) begraben. Derart erschüttert und geläutert konnte das versammelte Publikum dann, wenn die Wardens sich zurückgezogen hatten, zum ungezwungenen Teil des Tages übergehen und sein (vielleicht gerade wiedergewonnenes) Geld zum Feiern verwenden. Möglichkeiten dazu boten umliegende Kneipen, Hausierer und Dienstleister aller Art, die sich an Truce Days zu einer Art Festmarkt einfanden. Da diese Veranstaltungen, an denen reichlich Alkohol floß, des öfteren zu körperlichen Auseinandersetzungen, Messerstechereien oder sogar zu Massenschlägereien mit Toten auf beiden Seiten führten, wie beispielsweise 1575 in Reidswire, hatten die Polizeikräfte beider Wardens auch an einem solchen Tag alle Hände voll zu tun. Um die Kontrolle nicht vollständig zu verlieren, sollen die Wardens daher versucht haben, nicht mehr als 1000 Besucher pro Seite zuzulassen, aber wer wollte das im Laufe des Tages noch abschätzen oder gar genau kontrollieren können?

Neben der Strafverfolgung in den Marches fielen den Wardens noch weitere Aufgaben zu, so hatten sie die Festungen in Schuß zu halten[75], die Gerichte zu überwachen und einige weitere zivile Aufgaben zu übernehmen. Vieles wurde ihnen dabei von Untergebenen abgenommen, so auch oft die äußerst wichtige Unterhaltung der Wachfeuerstationen. Bei einem Überfall, der in aller Regel nachts vorgetragen wurde, sollten diese Wachfeuer nach Bekanntwerden des Überfalls bzw. schon bei Sichtung unbekannter Reitertrupps angezündet und damit jedermann, insbesondere die Truppen des Wardens, gewarnt und in Alarmbereitschaft versetzt werden.

Ein Feuer bedeutete, daß Reiter sich näherten, zwei, daß sie sich schnell näherten und vier, daß sie in großer Zahl kamen. Von einem vorbildlichen Warden erwartete die Bevölkerung außerdem, daß er, wenn er sich in der Nähe befand, persönlich die Verfolgung führte - und tatsächlich soll, trotz des schlechten Rufes einiger Amtsinhaber, so mancher Warden nachts zu diesem Zweck sein warmes Bett und wer weiß was noch verlassen haben. Wer seine Pflichten allerdings so gewissenhaft erfüllt, macht sich besonders viele Feinde, und so sorgten sich Wardens und Keeper, die oft als Stellvertreter in deren Abwesenheit zu agieren hatten, auch um ihre persönliche Sicherheit. Daß auch das bisweilen nicht nützte, zeigen die Beispiele von Roger Fenwick, des Keepers von Tynedale, der 1537 in Bellingham ermordet wurde und des Wardens Lord Russell, der 1585 auf einem Truce Day einem Attentat zum Opfer fiel. Diese beiden Beispiele bilden allerdings nur die Spitze eines Eisberges, denn viele der Borderer, speziell auf schottischer Seite, übten noch bis mindestens ins 18. Jahrhundert hinein die Blutrache aus. Das bedeutete für jeden, der ein Bandenmitglied mit bekanntem Namen oder Einfluß festnahm bzw. tötete, daß er oder, wenn man an ihn nicht herankam, seine Familie ihres Lebens nicht mehr sicher waren. Wie gefürchtet insbesondere die Männer aus dem Redesdale und dem nördlichen Tynedale waren, zeigt ein Gesetz aus Newcastle, das allen dort ansässigen Handwerkern, Kaufleuten und sonstigen Arbeitgebern untersagte, jemanden, der in diesen Gegenden geboren war, als Lehrling anzustellen. Bezeichnend für die Gründlichkeit der Stadtväter, die scheinbar der Ansicht waren, Rauben sei erblich bedingt, war besonders, daß das Gesetz bis 1771 in Kraft blieb.

In den englischen Marches versuchte die Regierung verstärkt, Ortsfremde als Wardens zu gewinnen, möglichst Gentlemen aus dem Süden des Landes. Sie versprach sich davon mehr Unparteilichkeit der Wardens und eine größere Abhängigkeit von den Vorgesetzten, da die Verwurzelung in der Region fehlte. Der Erfolg stellte sich aber nur teilweise ein, denn neben den tüchtigen Männern, die versuchten, sich nicht an einer der starken Fraktionen vor Ort zu orientieren, gab es genügend, die dies doch taten, in Untätigkeit oder Depressionen verfielen oder ebenso korrupt und kriminell wurden, wie die Banden, die sie bekämpfen sollten. Dennoch blieben die Engländer bei ihrer Praxis, da einige Versuche, Einheimische das Amt führen zu lassen, zu desaströsen Ergebnissen geführt hatten. Als das wohl bekannteste Beispiel mag hier die Karriere Sir John Forsters genügen. 1560 wurde der in Northumbria geborene Sir John Warden der englischen Middle March. Ohne seiner ganzen Familie gleich vorwerfen zu müssen, sie sei in die Bandengeschäfte verstrickt gewesen, stellte sich doch schnell heraus, daß er erstaunlich genau wußte, an wen er sich halten mußte, wenn er seine Amtszeit nicht nur überleben, sondern auch noch den Grundstock eines überaus angemessenen späteren Altersruhegeldes ansammeln wollte. Gegen keinen anderen englischen Warden sind dermaßen viele Anschuldigungen wegen Bestechlichkeit, Hehlerei, Weitergabe von Amtsgeheimnissen, Verwicklung in die Plünderungszüge, Kollaboration mit schottischen Räubern, Beihilfe zur Flucht gefangener Krimineller und anderer Vergehen laut geworden wie gegen ihn. Und auch wenn seine Unschuldsbeteuerungen alles andere als überzeugend waren, hatte er doch seine Spuren immer so gut verwischt, daß ihm nie der Prozeß gemacht werden konnte. Auch andere Wardens versuchten, aus ihrer Stellung Profit zu ziehen, ein Unsitte, die sich im Laufe des 15. und 16. Jahrhunderts ausweitete, da die finanziellen Mittel, die seitens der Regierung zur Verfügung gestellt wurden, den Aufgaben nicht mehr angemessen waren und das Einkommen eines Wardens zudem, zumindest im Vergleich zu den weniger gefährlichen und unkomplizierteren Verwaltungsämtern im englischen Süden, nie besonders hoch gewesen war. Diese finanzielle Situation machte es erstens schwieriger, überhaupt richtige Kandidaten für das Amt zu finden und sie ließ die persönliche Bereicherungverständlich werden. So griffen Bestechlichkeit, Korruption, überhöhte Wegegelder, „Vergeltungszüge" gegen lohnende Ziele jenseits der Grenze (was wiederum die Beziehungen zum Nachbarland nicht eben verbesserte und ähnliche Gegenaktionen provozierte) und das Kassieren von Lösegeldern für Gefangene vom Warden bis zum einfachen Wachsoldaten um sich und wurden eher zur Haupteinnahmequelle, denn zum lukrativen Mitnahmegeschäft. Man muß hierbei auch berücksichtigen, daß es für Wardens fast unmöglich war, Soldaten zu finden, die nicht irgendeine familiäre oder freundschaftliche Beziehung zu den raubenden Banden mit ihrem Dienst vereinbaren mußten, so daß Loyalitätskonflikte auch auf dieser Ebene vorprogrammiert waren.

Die schottische Seite, die die Clans als Machtfaktoren kannte und um die enge Verbindung von Volk und Clanführung wußte, handelte entgegengesetzt zur englischen Praxis. Sie vertraute das Amt gerne einer der mächtigen Familien der jeweiligen March an, wohl wissend, daß sie ihre Leute bevorzugen und bei einigen der Räuber ein Auge zudrücken würde. Diesen Nachteil nahm sie aber durchaus bewußt in Kauf und glich das durch den Vorteil aus, daß ein solcher Warden nicht nur auf die Hilfe der Regierung angewiesen war, sondern sich im Konfliktfall auf eine eigene starke Hausmacht stützen konnte. Außerdem war ein einheimischer Warden besser in der Lage, sich gegenüber den anderen Familien durchzusetzten, er verfügte über familiäre Autorität und über Amtsautorität (und im Idealfall auch noch über persönliche Autorität), er wußte um die Verbindungen und die Beziehungsgeflechte und konnte entscheiden, wer wie zu behandeln war. Ob die schottischen Bewohner der Border-Marches im statistischen Schnitt der Jahrhunderte besser mit dieser Variante lebten als die englischen, läßt sich mit letzter Sicherheit nicht sagen, aber aller Wahrscheinlichkeit nach lebten sie in keinem Fall schlechter damit.

Sicher ist, daß keine der beiden Seiten ihren Bürgern den notwendigen Schutz bieten konnte, um ein halbwegs friedliches Leben führen zu können. 1518 beispielsweise berichtete der Bischof von Carlisle aus der englischen West und Middle March, daß es hier durch Banden mehr Diebstahl, mehr Raub und Erpressung gebe als von allen Schotten in ganz Schottland verübt werde. Obgleich der geistliche Herr bei dieser Schilderung - wahrscheinlich absichtsvoll - übertreibt, deckt sich die Grundtendenz mit anderen Schilderungen von klagenden Bewohnern oder Reisenden, die sich nicht gewehrt hatten und daher nur ihre Geldbörse, nicht aber ihr Leben verloren hatten. Selbst ein Herrscher wie Heinrich VIII. von England, der des ewigen Ärgers an seiner Nordgrenze überdrüssig war und so den Befehl herausgab, solange Gras für die Pferde wachse, jede Woche eine Strafexpedition gegen Tynedale und Redesdale durchzuführen und dabei auch die schottische Seite nicht zu verschonen, erreichte nicht allzu viel, denn die so bekämpften Banden wichen aus, z.T. auf schottisches Gebiet und die schottischen Borderer fühlten sich arg gereizt, so daß sie verstärkt Überfälle auf englisches Gebiet durchführten. So kamen die Zustände entlang der Border nie zur Ruhe, was zur Folge hatte, daß dort auch nach der Mitte des 16. Jahrhunderts, als der Süden Englands einen beneidenswerten Zustand in den Bereichen Innere Sicherheit und kultureller und wirtschaftlicher Prosperität aufzuweisen hatte, die Bordergebiete weiterhin im Zustand dauernden mittelalterlichen Kleinkriegs stagnierten. Doch selbst im Vergleich zum ähnlich strukturierten, den Zeitgenossen immer als wild und gefährlich geltenden schottischen Hochland fällt die extreme Rechtsunsicherheit, die Vielzahl befestigter Farmen (sogenannte „bastles"), Burgen und Festungsanlagen und die große Anzahl organisierter krimineller Vereinigungen ins Auge. Gerade diese kriminellen Vereinigungen aber hatten den Typ des Grenzlandreiters hervorgebracht, den die friedlichen Borderer, die Reisenden und auch die Truppen der Marches so fürchteten und haßten: Reiter, die mit ihren Pferden und ihren Waffen hervorragend umzugehen verstanden, die auf regionaler Ebene jeden Weg und Steg kannten, die zu beinahe jeder Schurkerei bereit waren, solange sie entsprechenden Profit verhieß, und die alle zum Überleben notwendigen Tricks und Täuschungen beherrschten.

Taktik, Ausrüstung und Bewaffnung

Der Borderer (keineswegs nur der männliche), hieß es, sei, wenn nicht im Sattel geboren, so doch wenigstens dort aufgewachsen. Das Pferd gehörte zum Haushalt der meisten Borderer und damit sind nicht nur die Mitglieder der Banden gemeint. Um sich diesen Luxus[76] erlauben zu können, mußte auf die Auswahl der Tiere großer Wert gelegt werden. Da Pferd und Reiter im Sommer wie im Winter bei Wind und Wetter unterwegs waren und weder kontinuierliche Versorgung mit hochwertigem Futter, wie Hafer oder anderem Getreide, noch regelmäßige Pflege von Fell, Hufen und Gebiß oder gar medizinische Hilfe garantiert werden konnten, mußten es gesunde, widerstandsfähige und ausdauernde Pferde sein. Sie sollten zudem schnell und wendig sein, damit Attacken, Kampf- und Abwehrmanöver effektiv durchführbar waren und sie sollten trittsicher wie ein Esel oder Maultier sein, um in jedem Gelände bei Tag und Nacht ihren Reiter sicher ans Ziel zu bringen. Diese vielfältigen und, wie viele Züchter aus leidvoller Erfahrung wissen, höchst anspruchsvollen Bedürfnisse fanden die Borderer in einer Rassemischung vereinigt, an deren Zucht[77] sie selber über Jahrhunderte mitwirkten. Es waren kleine Pferde, heute würde man sie eher als Ponys bezeichnen, die „Hobbler" oder „Hackney", in Schottland „Galloway" in Northumbria „Naggs" oder „Bog Trotter" genannt wurden.[78] Sie konnten zur Not auch alleine in der Wildnis zurechtkommen, fraßen beinahe so genügsam wie Maultiere und waren vor allem im Dauereinsatz belastungsfähiger als die meisten größeren Rassen. So konnten sie z.B. einen Reiter mit Ausrüstung und auf dem Rückweg auch noch die Beute binnen 24 Stunden von Tynedale tief nach Teviotdale hineintragen, die Anstrengungen der Plünderungsattacken ertragen und ohne nennenswerte Pause wieder nach Tynedale zurücktragen. Da sie fast nie isoliert, sondern meistens in kleinen Herden gehalten wurden, bedurften sie sozialer Kontakte zum Menschen kaum. Über den Umgang, den ihre Besitzer mit ihnen pflegten, ist wenig bekannt, aber allzu großen Illusionen darf man sich dabei nicht hingeben. Es waren Nutztiere, deren Zweck klar definiert war, und wenn ein Tier zu krank oder zu alt geworden war und auch zu Fortpflanzungszwecken nicht mehr nutzbar war, wurde es, trotz des guten Verhältnisses zum Reiter in den nicht überreichen Bordergegenden, wo auch die Räuber ums Überleben kämpfen mußten, im Regelfall geschlachtet und verbraucht. Bis es soweit war, wurden die Tiere durch die schon angedeutete typische Taktik der Borderer stark gefordert und so manches Pferd wird vorzeitig durch die hohe Beanspruchung oder Kampfverletzungen gestorben sein.

Diese Taktik setzte zunächst eine gute Aufklärung voraus, die sinnvolle Ziele ermittelte und abschätzen konnte, wie viele Leute gebraucht werden würden. Der Anführer und sein Stab (man sollte den Organisationsgrad derartig erfolgreich agierender Verbände nicht unterschätzen) wählten dann anhand der Berichte und eigenen Wissens um Aufwand und wahrscheinlichen Nutzen ein Ziel, ein Datum und die Teilnehmer aus. Gerade an diesen Informationen war den zuständigen Behörden verständlicherweise viel gelegen, aber obgleich diese Banden von Verrat und Heimtücke lebten, fanden sich nur sehr selten Verräter, die den Behörden das Stellen einer erfolgreichen Falle ermöglichten. Die Loyalität der Lebens- und Überlebensgemeinschaft erwies sich im allgemeinen als stark, zumal ein Verräter praktisch vogelfrei war und weit hätte fliehen müssen, um dem Tod zu entgehen. Entsprechend früh, aber nicht zu lange vor dem Überfall - schließlich wollte man nicht unnötig Zeit in feindlichem Gebiet verbringen, was nur eine vorzeitige Entdeckung provoziert hätte - machte man sich in aller Stille auf den Weg, wählte wenig bekannte und kaum frequentierte Pfade aus und sorgte durch Kundschafter dafür, daß feindliche Truppen oder Vorposten unbemerkt umgangen werden konnten. Waren viele Männer, also mehr als 80 bis 100, beteiligt, ritt man oft verschiedene Wege in kleineren Abteilungen, da diese weniger schnell entdeckt wurden. Je kleiner die Gruppe war, die zum Raub ausgezogen war, desto mehr Vorsicht mußte sie walten lassen, was den positiven Effekt hatte, das solche Kleinverbände schon aufgrund der dauernden Angst um das eigene Leben wachsamer waren. Geschah es trotzdem, daß sie von überlegenen Kräften entdeckt wurden, teilten sie sich auf und jeder versuchte, alleine oder zusammen mit zwei oder drei Gefährten zu fliehen, den Gegner zu verwirren und einen im Voraus abgesprochenen Sammelpunkt zu erreichen. Dort wurde dann entschieden, ob man die Aktion erneut versuchen, sich ein neues Ziel suchen oder abbrechen sollte. Der Erfolg der Banden zeigt aber, daß die Entdeckung nicht der Regelfall war. Trat dieser Regelfall, also das unbemerkte Erreichen des Zieles, ein, so wartete man in angemessener Entfernung so unauffällig wie möglich auf einen wichtigen Verbündeten: die Dunkelheit. Nur Ziele, die als schwach und wehrlos eingeschätzt wurden, fielen einem Tagangriff zum Opfer, der Regelfall war die Attacke in der Dämmerung oder beim fahlen Licht des Mondes. Nach einem vorher abgesprochenem Plan begann der Überfall mit Hilfe eines weiteren überaus wichtigen Verbündeten: der Überraschung. Dunkelheit und Überraschungseffekt sorgten regelmäßig für eine plötzliche verwirrende Streßsituation für die Überfallenen, so daß sie, obgleich häufig zahlenmäßig überlegen, meist panisch flohen, sich versteckten oder zumindest nicht zu organisierter Gegenwehr fanden. Dadurch war es den Angreifenden möglich, auch größere Ansiedlungen erfolgreich niederzukämpfen. Da das Ziel der Aktionen die Beute war, dauerte das Niederkämpfen auch nicht länger als notwendig. Erstarb die Gegenwehr, durchsuchten einige die Behausungen nach Wertgegenständen, einige trieben das Vieh zusammen und andere trugen Nahrungsmittel zusammen. Wertgegenstände waren allerdings nicht nur Bargeld, Schmuck, Silbergeschirre oder gar Goldgetriebenes - diese Dinge waren im nicht reich gesegneten Schottland nicht gerade weit verbreitet - sondern auch einfachere Dinge des täglichen Lebens, die man selber gebrauchen oder verkaufen konnte. Das konnten Schuhe, Stoffe, gegerbte Felle, Decken oder intakte Kleidungsstücke sein, besonders gesucht waren natürlich immer alle Arten von Werkzeugen und Waffen. Gefangene nahm man normalerweise nur dann, wenn es sich um Persönlichkeiten handelte, von deren Familien man anschließend noch Lösegeld erpressen konnte. Bisweilen wurden auch Kinder oder junge Frauen mitgenommen, diese mußten dann entweder für einen größeren Bordererhaushalt arbeiten oder die Kinder wurden kinderlosen Familien übergeben bzw. die Frauen mußten ihren Entführer oder einen anderen Borderer heiraten. Ein regelrechter Menschenhandel ist hingegen nicht dokumentiert. Vorsichtige Anführer setzten darüber hinaus noch einige Wachen ein, die vor unliebsamen Überraschungen, wie einer zufällig vorbeikommenden Nachtpatrouille warnen sollten, aber zumeist war sogar das unnötig. Daß bei diesen Plünderungen auch unnötig gemordet, daß vergewaltigt wurde, daß den zitternden Bewohnern Verstecke durch Folter entlockt wurden, entspricht zweifellos der Wahrheit, und diese Grausamkeiten wurden lediglich durch den Faktor Zeit begrenzt, denn die Angreifer mußten immer den Rückweg im Auge behalten, den sie wenigstens teilweise noch bei Dunkelheit zurücklegen wollten. Je besser ein Capitain, diesen Titel gönnten sich die meisten Anführer der Trupps, bzw. seine Späher das Ziel beschrieben und ausgewählt hatten, desto erfolgreicher und reibungsloser verlief der Überfall. Für die Reputation eines Anführers war nicht nur die Menge der Beute wichtig, sondern ebenso, wie viele Verletzte oder Gefallene zu beklagen waren, wie gut die Zeit kalkuliert war und auch, ob man ihm selbst auf dem Rückweg im dicksten Nebel, bei Sturm und Hagel oder mondloser Finsternis bedenkenlos sein Leben anvertrauen konnte. War die für den Überfall kalkulierte Zeit - meist nur wenige Stunden - verstrichen, wurde die Beute auf die mitgeführten oder erbeuteten Tiere verteilt, dann zogen die Plünderer ab und der Spuk war für die Überlebenden vorbei - bis zum nächsten Mal. Sie konnten nun langsam wieder ihre Verstecke verlassen und sich bei Beginn der Dämmerung anschauen, was von ihrer ohnehin oft kärglichen Existenzgrundlage verblieben war. Das waren zunächst die Hütten, an denen im Normalfall nicht viel zerstört worden war, was unter den gegebenen klimatischen Umständen nicht unwichtig war. Auch hier erwies sich für die Überfallenen das Heimliche der Überfälle als Vorteil, denn selbst, wenn die Plünderer kaum Beute gemacht hatten und daher schlechter Laune waren, verzichteten sie gewöhnlich auf das Niederbrennen der Gebäude, da das Feuer schnell feindliche Verbände aus verschiedenen Richtungen angezogen hätte. Da alles schnell vor sich gegangen war, fanden sich am nächsten Tag häufig noch versprengte Schafe, Ziegen oder Rinder, die im herrschenden Durcheinander panisch geflohen waren. Viele Verstecke, die teilweise in den nahen Hügeln oder Waldbeständen angelegt worden waren, waren nicht gefunden worden, so daß wenigstens einige Nahrungsmittel das Überleben sichern konnten und mit Hilfe verborgener Wertgegenstände der Rest dazugekauft werden konnte. Wenn die Diebe allerdings einmal alles gefunden hatten, war die Situation verzweifelt. Hier konnten nur noch benachbarte Dörfer oder die im patriachalischen Verständnis (vor allem der Schotten) zuständige Adelsfamilie helfen. Mit entsprechend wenig Sympathie hatten Plünderer zu rechnen, wenn sie in die Hände der Überfallenen fielen. Kamen sie trotz des schlagkräftigen Volkszorns zunächst mit dem Leben davon, wurden sie vor Gericht gestellt und zum Tode verurteilt. Zuweilen wurde der Vollstreckung der Strafe noch die Folter vorgeschaltet, um Informationen über Aufenthaltsort, Stärke, Mitgliedernamen und ähnliches zu erhalten. Begnadigungen kamen nur äußerst selten vor, z.B. dann, wenn hoher Schadenersatz gezahlt werden konnte, was nur bei hochrangigen Bandenmitgliedern möglich war.

Im „normalen" Alltagsleben verlangte die sogenannte „Hit-and-Run-Taktik" neben den beiden Komponenten Dunkelheit und Überraschung auch und vor allem als dritten Bestandteil der erfolgreichen Mischung Schnelligkeit. Diese dritte Komponente verlangte von den Grenzreitern, alles zu vermeiden, was unnötig Gewicht verursachte. Auch in höchst ritterlichen Zeiten, in denen selbst in Schottland Plattenpanzer und Kettenhemden modern waren und vom wohlhabenden Adel verwendet wurden, war eine derartige Sicherheitsrüstung für schnell agierende Reitertrupps inakzeptabel. Ihr Gewicht hätte die kleinen Pferde vielleicht nicht gleich in die Knie gezwungen, aber das für die Überfälle notwendige Tempo wäre (wie Teile des Überraschungseffekts durch das kaum zu vermeidende Geklapper) dahin gewesen und auch der Aktionsradius wäre durch die schnellere Ermüdung der Pferde erheblich eingeschränkt worden. Außerdem bestand die Mehrheit der Borderer stets aus armen Männern, die sich einen derart kostspieligen Luxus nie hätten leisten können. Über das 13. und 14. Jahrhundert liegen keine verläßlichen Nachrichten über die Ausrüstung der damals noch seltenen und weniger organisierten Banden des Grenzlandes vor, wohl aber ab dem 15. Jahrhundert, was zugleich auf das zunehmende Bewußtsein gegenüber der Problematik verweist. Ab dem 14. Jahrhundert tauchen allerdings bereits Beschreibungen von den für die Borderregion typischen Wollpanzerjacken auf, die bis ins 16. und 17. Jahrhundert hinein ein zentraler Ausrüstungsgegenstand bleiben sollten. Die sogenannten „Jacks" oder „Jacks of plaite"[79] waren kostengünstig herzustellen und weitaus weniger metallintensiv, was sich positiv auf Gewicht und Materialbeschaffung auswirkte. Sie waren im Normalfall ärmellose, aus zwei bis drei Lagen gesteppter Woll- oder Leinenstoffe bestehende Dämmpanzer, auf deren oberster Lage kleine, sich im Idealfall überlappende Eisenplättchen aufgenäht waren. In der Länge variierten die Jacks, manche reichten nur bis knapp auf die Oberschenkel, andere wurden etwa knielang getragen. Wer mehr für seine passive Sicherheit tun wollte, trug noch eines der wertvollen und handwerklich aufwendigen Kettenhemden darunter. Über den Jacks wurde die funktionelle Oberbekleidung oft durch einen ebenfalls ärmellosen Überwurf oder ein Hemd aus festem und wasserabweisendem Stoff wie Leder oder Segeltuch abgerundet. Dieser Abschluß sollte vor allem das Metall der Jacks vor dem selten trockenen schottischen Klima bewahren. Trotz des mehrschichtigen Kleidungsaufbaus wurde der jeweilige Träger weniger in seiner Handlungsfreiheit und Wendigkeit eingeschränkt, als es in einem Panzer der Fall gewesen wäre. Die Arme blieben beweglich, so daß Schwert, Axt, Lanze oder andere Waffen problemlos geführt werden konnten. Der Reiter konnte schnell absteigen und zu Fuß weiterkämpfen, er konnte auch Fliehenden in unwegsames Gelände oder unübersichtliche Verstekke folgen und ebenso konnte er Beute zusammensammeln und die Pferde beladen. Zur Not konnte er sogar Gewässer durchqueren, die zu tief zum Durchwaten waren, meist, indem er sich an seinem Pferd (das ohnehin besser schwimmen konnte) festhielt und hindurchziehen ließ. Um den Hals- und Nackenbereich, der Verletzungen gegenüber erfahrungsgemäß sehr sensibel reagiert, zu schützen, wickelte man sich Halstücher aus festen Stoffen oder Leder in mehreren Lagen um den Hals und verstärkte diese Konstruktion eventuell mit einer Art Schal aus dem Material von Kettenhemden oder einer Metallkette. Ähnlich wurden die Hände behütet: Stulpenhandschuhe aus schweren Stoffen oder Leder mit oder ohne

Border Reiver des 16. Jahrhunderts (Foto: Archiv des Autors)

Metallverstärkungen sind spätestens seit dem 15. Jahrhundert Bestandteil der Ausrüstung. Erstaunlich wenig Wert scheinen diese Reiter auf den Schutz ihrer Beine gelegt zu haben, nur selten erwähnen Berichterstatter ihn. Hohe Stiefel oder lange Lederreithosen scheinen ihren Ansprüchen zumeist genügt zu haben. Schilde fanden ebenfalls Verwendung, meist sind es kleine Schilde verschiedener Form, die „Buckler" genannt wurden, englische Borderer, die in Irland gedient hatte, brachten den dort üblichen Rundschild mit dem roten St. Georgs Kreuz auf weißem Grund mit zurück und nutzten dieses Kreuz als Erkennungszeichen. Der passive Körperschutz wurde durch den Helm abgerundet. Er hatte die ehrenvolle Aufgabe, die Schaltzentrale des Körpers, die trotz des sprichwörtlich harten Schädels dieses Menschenschlages den Metallwaffen der Zeit wenig entgegenzusetzen hatte, vor dem Schlimmsten zu bewahren. Wie schon beim Rest ihrer Ausrüstung bot sich auch auf den Köpfen der Borderer ein vielfältiges Gemisch an Formen und Materialien. Wer irgend konnte, beschaffte sich natürlich einen Metallhelm, aber wem ein solcher weder durch Kauf, noch durch Raub oder Totschlag zufiel, der mußte sich mit Konstruktionen aus Leder und Holz behelfen, die z.T. wenigstens mit Metallstreifen oder Metallstücken verstärkt waren. An Metallhelmen fand sich alles, was der Markt hergab. Mit der einfachen runden und topfartigen Stahlkappe, „Skull" genannt, die weder Ohren noch Gesicht bedeckte, begann die Mode der Kopfbedeckungen. An diese Kappen wurden, auch in Eigenarbeit, verschiedene Accessoires angeschmiedet, bis man vielleicht einem Feind ein besseres Stück abnehmen konnte. Nasenschutz, Augenschutz, Ohrenbügel, Nackenpanzer - alles mögliche ließ sich bei handwerklichem Geschick an die erwähnte Grundform des Helms anbringen. Auch regelrechte Ritterhelme, die unglücklichen Gefallenen geraubt worden waren, fanden Verwendung, aber diese beinahe vollständig geschlossenen Helme konnten nur eingeschränkt genutzt werden. Bei Dämmerung oder gar nächtlichem Mondlicht waren sie unbrauchbar, da man durch die Sehschlitze kaum jemanden zu erkennen vermochte, was die ohnehin nicht immer einfache Identifizierung von Freund und Feind noch komplizierte. Da kein Uniformzwang, sondern nur die Funktionalität (unter Berücksichtigung der Beschaffungsmöglichkeiten) das Kriterium für die Ausrüstung war, setzten sich solche unpraktischen Helme nicht durch, bevorzugt wurden über die Jahrhunderte immer offene Formen, die dem Gesichtssinn eine gewisse Entfaltung erlaubten. Erhalten sind vor allem Fundstücke aus der Zeit des 16. und 17. Jahrhunderts in der Form des „Burgonets", der „Cabacette" oder des „Morions". Alle drei sind Haubenkonstruktionen, ähnlich den Sturmhauben des Festlandes, und unterscheiden sich nicht dem Prinzip nach, sondern nur in Details. Der Morion, oft als spanischer Morion bezeichnet, der sehr verbreitet war und sich den scherzhaften Spitznamen „Pikemans Pot" einhandelte, ist eine tief auf dem Kopf sitzende relativ spitz zulaufende Eisenhaube mit einem mehrere Zentimeter breiten Rand. Er wurde von Fußtruppen und Reiterverbänden getragen, die Cabacette ist quasi eine etwas elegantere und höhere Weiterentwicklung mit einer charakteristischen kleinen nach hinten weisenden Eisenspitze. Alle Modelle konnten mit oder ohne Ohrenschutzklappen getragen werden.

Neben der für den passiven Schutz zuständigen Ausrüstung achtete der Borderer, wie jeder andere Krieger auch, besonders auf seine Bewaffnung. Normalerweise müßte man heute sehr gut über Art und Menge der Bewaffnung unterrichtet sein, denn jeder Warden hielt wenigstens ein- bis zweimal im Jahr die sogenannten „Muster Days" ab. An diesen Tagen hatte jeder waffenfähige Mann - immerhin waren die meisten Borderer als Wehrbauern angesiedelt worden - mit seiner gesamten Ausrüstung und Bewaffnung zu erscheinen. Angesichts des höchst illegalen Betätigungsfeldes vieler Borderer ist es jedoch äußerst unwahrscheinlich, daß an diesen Tagen die besten Rüstungsgegenstände oder die besten Waffen den offiziellen Inspektoren vorgezeigt wurden. Vielmehr ist anzunehmen, daß nicht nur die zweite, vielleicht schon leicht durch wenig Pflege, Flugrost und Scharten entwertete Kampfgarnitur zum Einsatz kam, sondern auch, daß nicht alle Männer (besonders nicht die steckbrieflich gesuchten) erschienen, um selbst den eigenen March Warden über Stärke und Kampfkraft seiner Reservetruppen im Unklaren zu lassen. Nichtsdestotrotz kann man noch heute anhand der „muster rolls" in etwa die übliche Bewaffnung der Borderer rekonstruieren. Nahezu jeder Reiter verfügte über eine Lanze, die in den englischen Quellen als „lance", „staff" oder „lang spear" erscheint. Diese Waffe prägte das Bild des Grenzlandreiters so stark, daß Reisende jede Person, die mit „lance, steel cap and jak of plaite" ausgerüstet war, als einen solchen Reiter identifizierten - und dann voller Angst hofften, daß er wirklich alleine und nicht in Begleitung weiterer Kumpane war. Die Lanze wurde nur in Ausnahmefällen geworfen, eigentlich diente sie als Stoßwaffe, was durch die üblichen Längen von 2.5 bis 3.5 Meter verdeutlicht wird. Jeder Reiter war im Umgang mit dieser Waffe geübt und konnte sie zu Pferd und zu Fuß wirkungsvoll handhaben. Weit weniger als auf dem europäischen Kontinent oder in England waren zunächst Schwerter verbreitet. Zurecht galt die Border als arme Landschaft und die aus viel Metall bestehenden Schwerter waren hier Kostbarkeiten, die dem Träger geneidet wurden, so daß mit ihrem Besitz stets auch ein gewisses Risiko, überfallen zu werden, verbunden war. Im Laufe der Zeit, vor allem während der zweiten Hälfte des 15. und während des 16. Jahrhunderts nahm die Zahl der Schwerter zu, zumeist nicht durch Kauf, sondern durch Raub, insbesondere die Ausplünderung der Gefallenen während der zahlreichen Scharmützel und Schlachten dieser Zeit. Erhalten sind vor allem Exemplare aus dem 16. Jahrhundert, hierbei handelt es sich vor allem um Korbschwerter mit beidseitig geschliffenen deutschen Klingen. Degen und Rapiers finden sich nur höchst selten, sie waren leichte Stichwaffen, die der Adel führte.

Von Beginn an dürfte den Borderer der „Dirk" begleitet haben, ein langes Messer oder Dolch, der neben seiner Funktion als Kriegsgerät auch als Arbeits- und Speisegerät diente und daher auch von Frauen, Kindern und Geistlichen getragen wurde. Dirks treten in mannigfaltigen Formen und Klingenlängen auf. Es finden sich einfache gerade Messer ohne Handschutz mit schlecht bearbeiteten Holzgriffen bis hin zu feinen Dolchen, die, oft vom Kontinent importiert, mit zur Klinge hin geschwungenen Handschutzstangen oder gar Schutzkörben. Alle Varianten können ein- oder zweiseitig geschärft sein. Auch hier gilt, wie bei den meisten Ausrüstungsgegenständen, daß man bei jeder Gelegenheit nach der Verbesserung der eigenen Ausstattung trachtete und bei jedem Überfall, bei jedem Gefecht und nach jeder Schlacht eifrig mit dieser Verbesserung beschäftigt war. Als Fernwaffe fand bis weit ins 16. Jahrhundert hinein der Bogen Verwendung, wobei auf englischer Seite der typisch englische Langbogen verbreitet war, während die Schotten kürzere Reflexbogen oder Armbrüste verwendeten. Keine der Waffen zählte allerdings zur typischen Ausrüstung des Grenzlandreiters, zumeist waren es wenige Spezialisten, die diese Waffen wirklich beherrschten. Es waren eher die von den Plünderern stets gefürchteten Waffen der im Bordergebiet eingesetzten Truppen der March Wardens. Immerhin unterhielten die Engländer in Newcastle, der ältesten großen Burg in Northumberland (erbaut ab 1080), noch im Jahr 1580 ein Arsenal von 1100 Langbogen nebst Bogensehnen und 4900 Pfeilen, obgleich sich zu dieser Zeit schon die konkurrierenden Feuerwaffen in größeren Mengen im Umlauf befanden.

Insbesondere auf schottischer Seite hielten ab der zweiten Hälfte des 16. Jahrhunderts zwei Typen von Handfeuerwaffen Einzug: schwere einschüssige Radschloßpistolen, die „dagg" genannt wurden und ein vergleichsweise leichtes ebenfalls einschüssiges Radschloßgewehr, sogenannte „calivers". Die meisten dieser Waffen wurden aus Deutschland importiert, wo ihr militärischer Gebrauch noch weniger häufig anzutreffen war, hier fanden sie vor allem als Jagdwaffen Verwendung. Nach wie vor mußten sich die Kämpfenden allerdings auf ihre Speere und ihre anderen Hieb- und Stichwaffen verlassen, denn es stellt selbst für einen geübten Radschloßexperten ein ziemliches Problem dar, die Waffen in einem hin- und herwogenden Kampfgetümmel nachzuladen. Aus diesem Grunde wurden die „daggs" meist paarweise getragen und erst unmittelbar vor oder schon im Nahkampf abgefeuert, also auf Distanz von einem Meter bis etwa fünf Metern. Ein Vorteil dieser Waffen lag auf dem Gebiet der Sicherheit, denn eine Radschloßwaffe kann geladen und dennoch sicher getragen werden, was auch ihre Beliebtheit bei Überfällen, Plünderungszügen oder Hinterhalten erklärt. Außerdem - und das dürfte vielleicht der entscheidende Faktor bei ihrer Verbreitung gewesen sein - war der Zündmechanismus gegen Wettereinflüsse nahezu unempfindlich und somit für die vielen naßkalten Nebeltage bestens geeignet. Pflegen allerdings mußten die Besitzer ihre Waffen regelmäßig, denn das verwendete Metall hatte noch lange nicht die Rostträgheit heutiger High-Tech-Büchsenläufe erreicht. Wer zum Reinigen zu faul war und auch niemanden hatte, der es für ihn tat, konnte beim nächsten Einsatz eine böse Überraschung erleben, denn die Waffe konnte dann - vielleicht noch etwas überladen - in der Hand des Schützen explodieren und dort oder auch im Gesicht des Unglücklichen reichlich Schaden anrichten.

Auf schottischer Seite bleibt noch der Gebrauch von über vier Meter langen Piken und des „Jeddart staff" nachzutragen. Beides waren Infanteriewaffen für mehrfach gestaffelte Fußtruppen, die damit sehr wirkungsvoll auch schwungvolle Kavallerieangriffe zu stoppen wußten. Der „Jeddart staff" ist eine Art Pike, die von den Waffenschmieden Jedburghs kreiert wurde. Entscheidend war die mindestens einen Meter lange schlanke Metallschneide, die fest im Schaftholz verankert wurde und einen enterhakenartigen Dorn aufwies, so daß man mit dieser Waffe stoßen, schlagen und Gegner vom Pferd ziehen konnte. Das ohnehin ausgesuchte Eichenholz für die Staffs wurde zum Schutz vor gegnerischen Schlägen zusätzlich mit langen Metallstreifen versehen und manche Waffen hatten trotz der Länge sogar einen Handschutz. Selbst mit wenig Phantasie begabte Menschen werden in der Lage sein, sich vorstellen zu können, was diese Gerätschaften dem menschlichen Körper für Schäden zufügen konnten, und vielleicht wünschen sich dann nur noch wenige - insbesondere angesichts der damals existierenden medizinischen Möglichkeiten der Behandlung - in dieser „guten alten Zeit" gelebt zu haben.

Raids, Spoils und „Hot Trods"

Sir Cuthbert Collingwood schrieb im August 1587 einen Bericht nieder (man beachte den 28. Juli), der die Plünderungen in der englischen Middle March von Juli bis Mitte August wiedergibt [80].

Am 8. Juli raubten vier Männer vier Pferde aus Alnwick Park.

Am 9. Juli stahlen zwölf Männer in der Umgebung von Ditchburne Vieh.

Am 13. Juli fielen über 30 Männer in die Umgebung von East Lilburne und Waperdon ein, verletzten fünf Anwohner lebensgefährlich und stahlen 24 Rinder und 60 Schafe.

Am 15 Juli stahlen etwa ein Dutzend Männer 120 Schafe von John Horssleys Farm in Strangwood.

Am 16. Juli raubten 40 Männer in Redesdale 40 Rinder.

Am 18. Juli plünderten um die 300 Männer Warton, das nur zwei Meilen von Harbottle entfernt liegt. Sie verletzten drei Anwohner und raubten 30 Rinder und 6 Pferde.

Am gleichen Tag entwendeten sechs Männer 80 Schafe bei Fadon.

Am 20. Juli wurden bei Horseley von etwa 20 Männern 30 Rinder weggetrieben und zwei Männer, die sich gewehrt haben, verletzt.

Am 23. Juli stahlen acht Männer bei Beanly 100 Schafe.

Am St. James Tag überfielen 20 Räuber aus Liddesdale bei Tageslicht das Haus des Gentleman Thomas Erington in Haughton. Sie raubten Haushaltsgegenstände und Kleidung im Wert von 100 Pfund und 30 Rinder.

Am Abend des 28. Juli kamen etwa 20 Männer nach Eslington. Sie raubten drei Wallache aus dem Besitz Sir Cuthbert Collingwoods und verletzten zwei seiner Bediensteten.

Am 7. August brandschatzten 200 Mann unter dem Laird of Buckelugh[81] Woodsyde in Riddlesdale und ermordeten einen John Dunne.

Am 9. August brandschatzten etwa 160 Männer Netherton, das etwa zwei Meilen von Harbottle entfernt liegt, und trieben 80 Stück Vieh fort.

Am 11. August überfielen 400 Männer Old Bewick und machten reiche Beute. Sie raubten 500 Rinder, 600 Schafe, 30 Pferde.

In der gleichen Nacht fielen 40 Männer über eine Farm in Reveley her,
brannten das Haus nieder und raubten 200 Schafe, 30 Rinder und 15 Pferde.

Natürlich ist diese Auflistung nur ein Beispiel aus mehreren hundert Jahren Plünderungsgeschichte, aber es spiegelt doch ungefähr die Situation wieder, mit der die Menschen in den Marches fertigwerden mußten. Keiner konnte zu keiner Tages- und besonders zu keiner Nachtzeit sicher sein. Jeder mußte jederzeit mit der Angst vor dem Verlust von Haus, Hof, Vieh und persönlichem Eigentum leben, keiner konnte wissen, ob seine Gesundheit nicht durch einen Überfall für alle Zeiten verloren gehen würde, wenngleich die Liste zeigt, daß es den Plünderern um Beute ging - nicht ein einziger Toter ist erwähnt.[(82)]

Im Prinzip hatten die friedliebenden Menschen in den Borders nur einen Verbündeten und das war die Jahreszeit. Die Raubzüge waren, verharmlosend ausgedrückt, ein Saisongewerbe. Sie begannen vereinzelt im Hochsommer, kaum vor Mitte Juli. Das Vieh mußte sich erst vom Winter erholen und an Gewicht zulegen, bevor die Raids lohnend wurden. Wirklich lohnend wurden sie ohnehin erst, wenn auch die ersten Ernten eingebracht und verkauft worden waren, denn jetzt war eventuell auch mehr von dem raren und daher besonders begehrten Bargeld zu holen. Die eigentliche „Plünderungshochsaison" begann daher im August und endete etwa ein halbes Jahr später Ende Januar, da die Nächte zu dieser Zeit zunehmend kürzer wurden und damit einer der wesentlichen Verbündeten, die Dunkelheit, nur noch eingeschränkt zur Verfügung stand. Außerdem wurde die Nahrungsbeschaffung für Mensch und Tier immer problematischer und das Vieh nahm an Gewicht und damit an Attraktivität für die Plünderer ab. Zwar wurden einzelne Raubzüge bis in den Februar hinein registriert, doch waren dies eher die Ausnahmen, die die Regel bestätigten. Im folgenden Halbjahr brauchten auch die Grenzreiter Zeit, um ihre Ausrüstung wieder auf Vordermann zu bringen, die notwendigen Reparaturen an ihren Häusern zu erledigen und die eigenen Felder zu bestellen. So mußten beispielsweise die Waffen geprüft und geschärft werden, die Metallteile der Rüstung waren zu fetten, Kleidung zu reparieren, Sättel und Zaumzeug auf Beschädigungen zu untersuchen. Außerdem konnte man in dieser Zeit Aufklärung betreiben und Pläne für die nächste „Saison" schmieden. Anführer kleiner Verbände nutzten die Zeit, um in Verhandlungen mit anderen Capitains zu treten, denn nur durch solche Verhandlungen konnten Großverbände geschaffen werden, die in der Lage waren, mehrtägige Raids durchzuführen oder größere Ortschaften zu bezwingen. Einige winterliche Treffen dürften auch dem großen Zug schottischer Borderer vorausgegangen sein, der aus dem Jahr 1593 überliefert ist. Mehr als 2000 Mann sollen es gewesen sein, die im Sommer dieses Jahres mehrere Tage lang das Tynedale in der englischen Middle March verheerten. Sie überfielen Farmen und kleinere Ortschaften und erbeuteten an die zweitausend Stück Vieh, davon alleine tausend Schafe und Ziegen. Auch Hausrat, Werkzeuge, Wertgegenstände und Waffen wurden mitgenommen, wo immer man sie fand. Die Bevölkerung hatte unter diesem Raid mehr zu leiden als unter vielen kleinen, da die Schotten sich sicher fühlten und mehr Zeit hatten, Verstecke durch Folter herauszupressen. Auch Brandschatzung und Mord waren im Gegensatz zu sonstigen Überfällen überproportional häufig zu verzeichnen, so daß in Einzelfällen sogar von in Stücke geschlagenen Menschen die Rede war. Aber auch kleinere Trupps drangen mitunter sehr tief ins feindliche Land ein, Anfang des 16. Jahrhunderts waren englische Reiter bis in die Dörfer vor Edinburgh eingefallen und schottische Trupps hatten mehrfach die Reste des Hadrianswalls und den Tyne überschritten und das Bistum Durham verwüstet. Selbst in Yorkshire fielen sie vereinzelt ein.

Bei großen Unternehmungen hatten zumeist bekannte Capitains oder mächtige Chiefs ihre Hände mit im Spiel. Einer der bekanntesten und gefürchtetsten von ihnen war der bereits erwähnte schottische Laird Walter Scott of Buccleuch, mit dessen Untaten angeblich kein zweiter Borderer konkurrieren konnte. Selbst Gefolgsleute bescheinigten ihm außerordentliche Aggressivität und Arroganz, aber auch großen persönlichen Mut. In den Balladen der Borders lebt er als „Bold Buccleuch" weiter. Mit seinen gut geplanten und erfolgreichen Raubzügen brachte er nicht nur die Bewohner der englischen und zuweilen auch der schottischen Marches zur Verweiflung, er führte auch die Art von Handstreichaktionen aus, die in Geschichten weitererzählt und dadurch unsterblich werden. So befreite er mit wenigen Getreuen 1596 einen in Gefangenschaft geratenen Borderer namens Kinmont Willie Armstrong aus dem stark befestigten und als nahezu ausbruchsicher geltenden Kerker von Carlisle Castle, was dem amtierenden Warden Lord Scrope erhebliche Kopfschmerzen bereitet und die Wachhabenden ihre Jobs gekostet haben dürfte. Buccleuch rechtfertigte seine Tat sogar recht erfolgreich damit, daß Kinmont Willie anläßlich eines Truce Days verhaftet worden war, was nach den Border Laws nicht erlaubt war. Obgleich ungezählte Untaten mit ihm in Zusammenhang gebracht worden sind, wurde Buccleuch nie verurteilt - vor allem wohl, weil er als Warden der schottischen Middle March und erfolgreicher Anführer von Bordererbanden viel zu mächtig und mit zuviel Informationen versorgt war, um nicht jeden Angriff, sei er juristischer, diplomatischer oder militärischer Natur, frühzeitig erken-

verschiedene Ansichten des „Smailholm Tower" (Fotos: Antje Mismahl)

nen und abwehren zu können und jedem, der ihm zu nahe kommen wollte, das Leben überaus unangenehm werden zu lassen. Zwar führte die Gegenseite über ihn Beschwerde, so wurde er in einer Anklage aus der englischen West March vom November 1588 bezichtigt, mit etwa 120 Reitern die Farm eines Willie Rowtledge überfallen zu haben und 40 Rinder und 20 Pferde nebst anderen transportablen Gütern gestohlen zu haben. Besonders verwerflich sei dabei die Tötung von vier Männern, Mr. Rowden, Mr. Tweddell, Mr. Nartbie und Mr. Stainton, gewesen, die zu allem Überfluß vorher noch zusammengeschlagen worden waren. Natürlich wies der Beschuldigte, dem man die Tat nicht zu beweisen vermochte, alles weit von sich.

Städte und die Burgen waren in Bezug auf mögliche Überfälle der sicherste Aufenthaltsort, denn sie verfügten über eine dauerhafte effektive Verteidigung, im Normalfall eine Stadtmauer, eventuell Gräben und vor allem eine professionelle Wachmannschaft. Nur während der englisch-schottischen Kriege wurden diese Aufenthaltsorte in beiden Ländern beinahe ebenso unsicher, wie jedes gewöhnliche Farmhaus, denn die meisten Burgen und Städte waren nicht auf längere Belagerungen eingerichtet und viele wurden durch den Einsatz moderner Belagerungsmaschinen oder im Handstreich genommen. Sie wurden damit für die Insassen zu einer regelrechten Falle, aus der es ohne Entsatzheer kein Entkommen mehr gab. Aber auch kleinere Gemeinden konnten sich erfolgreich gegen die Raids zur Wehr setzen, wie es auf englischer Seite z.B. Bywell im Tal des Tyne beweist. Hier war eine Reihe von Schmieden ansässig und auch wenn die Siedlung keineswegs als reich gelten konnte, mußte deren Warenpalette Plünderer geradezu magisch anziehen. Nach einer Reihe von Überfällen hatten die Schmiede und ihre Mitbürger, insbesondere die Rinderzüchter, genug. Da die Obrigkeit keinen wirkungsvollen Schutz garantieren konnte, nahmen sie die Sache selbst in die Hand. Während der „Saison" wurde jede Nacht das Vieh in die Straßen getrieben und die Straßenenden entsprechend befestigt. Obgleich diese Befestigungen nicht viel mehr als stabile Zäune gewesen sein können, da der Bau einer Mauer oder regelrechter Stadttore zu viel Geld verschlungen hätte, war so ein Hindernis geschaffen, daß zumindest garantierte, daß die Reiter sich von ihren Pferden zu trennen hatten. Des weiteren wurden Nachtwachen organisiert und Waffen verteilt, mit denen auch geübt wurde. Die Wachen hatten beim Herannahen des Feindes Alarm zu geben, dann sollten alle kampffähigen Bürger auf ihre Posten gehen und ihnen helfen. Vielleicht lag es an den kräftigen Händen der Schmiede, vielleicht am besonderen Zusammenhalt der Bürger von Bywell - in jedem Fall scheint diese Entschlossenheit nicht wirkungslos geblieben zu sein, wenngleich Bywell nicht vollends von Attacken verschont blieb. Trotz dieses positiven Effekts konnten sich offensichtlich nicht alle Dörfer zu ähnlichen Maßnahmen entschließen, so daß den Plünderern genügend andere, leichter zu bekämpfende Ziele verblieben. Dennoch wurden vielerorts die Bemühungen der Wardens durch lokale Wachtrupps unterstützt. Diese freiwilligen Wacheinheiten oder auch bezahlte Soldwachtrupps konzentrierten sich möglichst schon im Vorfeld der bedrohten Siedlungen auf bekannte Einfallswege (die in vielen Fällen bekannt waren und als „thief roads" bezeichnet wurden), Pässe (sog. „ingates") und vor allem Brücken und Furten. Eine dieser oft benutzten Brücken war die bei Haydon über den South Tyne führende Haydon Bridge. Englische wie auch schottische Borderer griffen seit Beginn der Überfälle auf diese schnelle und trockene Möglichkeit zurück und da es vor allem größere Banden waren, griff man zwecks ihrer Sicherung nicht nur auf Wachen zurück, sondern sperrte die Brücke Nachts auch mit Eisenketten und Fässern.

Manchmal waren diese Wachen gerade ein paar Mann stark, an wichtigen Brücken oder Pässen hingegen wurden sie zumeist von regulären Truppen verstärkt oder es trafen sich Einheiten aus mehreren Siedlungen, so daß durchaus mehr als 30 oder 40 Mann zusammenkommen konnten. Aus heutiger Sicht erscheinen die größeren Trupps durchaus sinnvoll, denn der Großteil der Raids wurde auch nur von 20 bis 50 Männern unternommen, aber was wollten vielleicht fünf oder zehn Mann gegen eine mehrfache Überzahl tun, die ihnen zudem an Ausbildung und Ausrüstung überlegen gewesen sein dürfte. Wiederum muß man hier Ziele und Taktik der Plünderer berücksichtigen. Um erfolgreich zu sein, mußten sie sich überraschend und schnell dem Ziel nähern, unter Zeitdruck Beute machen und ebenso schnell wieder verschwinden. Daher konnte ein noch so kleines, aber zumeist unüberhörbares Geplänkel im Vorfeld des Überfalls bereits dessen Ende bedeuten, denn nun wären die Opfer gewarnt, hätten Zeit Gegenmaßnahmen zu ergreifen und Truppen des Wardens durch Wachfeuer zu alarmieren. Nicht weniger bedenklich war ein entschlossener kleiner Trupp von Wachen auf dem Rückweg. Selbst fünf Mann konnten an geographisch günstigem Ort, wie einem Paß oder einer Brücke ein enormes Sicherheitsrisiko darstellen, wenn sie mit ihren meterlangen Speeren die Reiter zum Absteigen und zum Nahkampf zwangen. Das geraubte Vieh, das unruhig war und Lärm machte, mußte zusammengehalten werden und möglicherweise folgten den Plünderern schon reguläre Verbände oder der Tag nahte bereits. Weitere Pässe, die rettende Furt oder Brücke konnten von Truppen gesperrt werden, bevor man sie erreichte - in jedem Fall war es für die Fliehenden ein unangenehme Situation. Aus diesen Gründen wichen die Reiter im Zweifelsfall selbst unscheinbaren kleinen Kontingenten aus, wenn es irgend möglich war. Waren ihnen die Verfolger bereits dicht auf den Fersen, warfen sie oft vor deren Augen einen Teil der Beute fort - in der nicht unberechtigten Hoffnung, die Verfolger würden sich lieber erst einmal selber bereichern, als einen Kampf mit ungewissem Ausgang anzustreben. Hatten die Reiter allerdings sichere Kunde, daß ihnen genug Zeit verblieb, standen die kleinen Wachtrupps auf verlorenem Posten, mit viel Glück kamen sie eventuell mit dem Leben davon, wenn sie die Waffen streckten und schnellstens das Weite suchten. Jedes Zusammentreffen war von der beschriebenen Unsicherheit geprägt und - wer weiß - gegebenenfalls erkaufte sich der eine oder andere Capitain auch eine Passage gegen ein angemessenes Passiergeld, denn wenn auch der Geist der Wachen willig war, wurde das Fleisch vielleicht bei der Aussicht auf leichtverdientes Geld (und nicht zu vergessen: ein unverletztes Weiterleben) doch schwach.

Waren die Plünderer auf die eine oder andere Weise entkommen, gab es noch ein weiteres Mittel, um sich der geraubten Beute wieder zu bemächtigen: die Sitte des „Hot Trod". Sie besagte, daß Überfallene innerhalb von sechs Tagen das Recht hatten, die Grenze zu überqueren und höchstselbst mit den Räubern abzurechnen. Alle Nachbarn im Alter zwischen 16 und 60 waren verpflichtet, dem Aufruf zum „Hot Trod" zu folgen. Natürlich kamen die Nachbarn lieber, wenn ihnen eine Belohnung zugesichert wurde, aber auch sonst war es in einer Gemeinschaft, in der jeder schneller auf Nachbarschaftshilfe angewiesen sein konnte, als ihm lieb war, gefährlich, sich ohne schwerwiegenden Grund zu verweigern. Gerne gesehen waren die Besitzer von fährtensicheren Hunden, deren feine Nasen insbesondere nach schweren Regenfällen oder auf steinigem Terrain den Weg der Verfolgten schneller weisen konnten, als der beste Fährtenleser es vermochte. Mit einem brennenden Stück Torf auf der Speerspitze des ersten Reiters, was die Legalität des Raids anzeigte, ritt man los und versuchte, die Übeltäter zu finden und zu stellen. Gelang es, holte man sich, was einem gehörte (und vielleicht noch etwas mehr) und knüpfte etwaige Gefangene entweder gleich zur Abschreckung auf oder brachte sie zurück über die Grenze. Bei nächster Gelegenheit wurden sie dann am heimischen Galgen aufgehängt. Gelang es den Bestohlenen nicht, die Schuldigen zu finden, mußten sie unverrichteter Dinge wieder nach Hause ziehen und konnten hier auf ihre allerletzte Chance hoffen - den nächsten Truce Day. Natürlich ist es nicht auszuschließen, daß die Bestohlenen sich ihr Gut einfach anderswo wiederholten, womit sie wiederum bei diesen Menschen ein Rachebedürfnis weckten, was, wie leicht vorstellbar ist, zu einem Teufelskreis ohne Ende führte.

Tower Houses und Bastles

D ie tagtägliche Bedrohungssituation in den Marches führte nicht nur zu einem bestimmten Typus von Menschen in den Bordergegenden, sondern auch zu einer bestimmten Architektur. Verständlicherweise hatten die Architekten nicht auf Bequemlichkeit, Attraktivität und geometrische Schönheit Rücksicht zu nehmen, sie durften sich vielmehr auf ein einziges Ziel konzentrieren: Sicherheit. Der Zwang, ein Optimum an Sicherheit bei einem möglichst geringen Einsatz an Geld und Baustoffen zu erreichen, brachte im wesentlichen zwei Typen von Gebäuden hervor: die Tower Houses und die Bastles. Eine große Zahl beider Typen wurde in den Borders erbaut - und oft genug zerstört und wiedererbaut. Das Tower House war die sicherere, aber auch teurere Alternative, die sich zumeist nur die begüterten Familien der Border Lords leisten konnten, während das Bastle die immer noch sicherste Unterkunft für den wohlhabenden Farmer und andere Gentlemen darstellte. Beide Gebäudetypen finden sich auf englischer wie auf schottischer Seite - der weitaus größte Teil innerhalb von 20 Meilen auf beiden Seiten der Borderline[83]. Der Ursprung der Anlagen liegt in einfachen turmartigen Holz-Erd-Bauten, die von Erd- oder Torfwällen umgeben waren. Viele einfache Leute behielten mangels finanzieller Mittel diese Bauweise bis ins 16. Jahrhundert bei. Über mannigfaltige Zwischenstufen gelangten die auf Sicherheit bedachten Bauherren und ihre Architekten (so sie sich solche leisteten) schließlich zum Tower House. In beiden Arten sicherer oder halbwegs sicherer Bauwerke erzählten die Familien sich nach des Tages Freud und Leid trotz (oder wegen?) der ohnehin bereits im Alltag bedrohlichen Lebenssituation nicht lieber als Kriegs-, Geister- und Monstergeschichten - und das schon lange vor der von Sir Walter Scott (1771-1832) für alte Sagen und Volkserzählungen ausgelösten Begeisterung. Unzählige meist unfreundliche, blutgierige Gespenster, Kobolde, Drachen, Untote, Trolle, Hexen, Zwerge, sowie die für Schottland typischen Boggarts, Brownies und Fomorians[84] und andere Fabelwesen trieben in den Erzählungen ihr Unwesen. Auch riesige Seeungeheuer waren gefragt, was nicht nur das weiter im Norden angesiedelte bekannte Monster vom Loch Ness belegt, sondern beispielsweise auch der Laidley oder Loathsome Worm von Budle Bay, der die Bewohner von Bamburgh so gerne terrorisiert haben soll.

D as wesentliche Material des Tower Houses ist Stein. Schon die Mauer rund um das Haus, „barmkin" genannt, war in vielen Fällen aus Steinen, ansonsten behalf man sich mit einer Holz- oder Erd-Holz-Palisade. Zwar gab es auch niedrige Mauern, aber da diese Umfassungsmauer ein echtes Hindernis darstellen und das wertvolle Vieh schützen sollte, war sie bis zu fünf oder sechs Metern hoch und gut einen Meter dick. Bisweilen umschloß sie sogar einige der Häuser von Gefolgsleuten des Lords und die Kapelle, womit sie die Funktion einer Stadtmauer bekam. Außerdem war es psychologisch sicher besser, wenn der Gefolgsmann auf der Mauer sein eigenes Zuhause mitverteidigte, statt ihn zusehen zu lassen, wie selbiges vor seinen Augen geplündert und zerstört wurde, während er das Haus des Lords beschützte. Der Tower selber war gewöhnlich von rechteckigem oder quadratischem Grundriß in Größenordnungen von bis zu 130 Quadratmetern. Über den massiven Ecksteinen und den dicken Grundmauern von 1.5 bis 3 Meter Stärke erhob der Turm sich wenigstens 10 und bis zu 20 Meter in die Höhe[85]. Das Erdgeschoß war ein im Normalfall leerstehendes, mit Luftdurchlässen versehenes starkes gemauertes Tonnengewölbe auf dem die Turmkonstruktion ruhte. In dieses Gewölbe unterschiedlicher Höhe konnte ein Teil des Viehs (insbesondere die Pferde und alle Tiere, die Milch gaben) hineingetrieben werden, wenn die Außenmauer zu fallen drohte. Einige dieser Gewölbe blieben bis heute erhalten und werden teilweise noch genutzt, so z.B. das Gewölbe des ehemahligen Beadnell Towers, das als Bierkeller eines Gasthauses dient[86]. Der Zugang zu diesem Gewölbe war durch zwei hintereinander liegende Türen gegeben. Die erste Tür bestand aus Holzbalken, die zweite, als „yett" bezeichnete Tür, bestand zumeist aus gekreuzten Eisenstäben (ähnlich den Fallgattern an Burgen), manchmal handelte es sich allerdings nur um eine mit Eisenbeschlägen oder einer Schicht aus Eisenblech verstärkte zweite Holztür. Darüber erhoben sich, mit jeweils dünneren Mauern, zwei oder sogar drei Wohngeschosse und ein „Dachboden", der von einem meist mit Steinplatten gedeckten Dach abgeschlossen wurde. Um den Dachboden herum lief häufig eine Brustwehr, von der aus Angreifer außerhalb des Turms bekämpft werden konnten. Zusätzlich war eine Bekämpfung dieser Angreifer auch durch die „Fenster" möglich, die man ihrer Größe und Funktion wegen besser als Schieß- und Lüftungsscharten bezeichnen sollte. Zu Abwehrzwecken wurden auf dem Dachboden entsprechende Objekte gesammelt, die zum Herabwerfen geeignet waren, aber auch andere Funktionen erfüllen konnten, z.B. Steine zum Ausbessern der Mauern, Feuerholz, Torf (das bisweilen angebrannt wurde und mit Holz oder Kohle vermischt eine feurige Überraschung für Angreifer ergab) oder auch defekte Haushaltsgeräte wie Pfannen, Krüge und Töpfe. Auch Erde und Wasser wurden dort gelagert - mit beidem konnte Feuer gelöscht werden, daß Belagerer nur allzu gerne als Überredungsmittel zur schnellen Übergabe nutzten.

Vom Erdgeschoß aus gelangte man nur über eine Leiter durch eine in den Boden aus schweren Holzbalken (vorzugsweise Eiche) eingelassene Falltür in den ersten Stock. Im Verteidigungsfall oder des Nachts wurde diese Leiter hinaufgezogen und die Falltür wurde verriegelt, eventuell sogar mit Gewichten beschwert. Im ersten Stock lagen der Hauptwohnraum, eventuell noch Schlafräume und die Küche. Da es nur einen offenen Kamin gab, befand sich die Kochstelle zumeist im Hauptwohnraum, der damit der Mittelpunkt der im Tower House lebenden Menschen war. Hier, im durch Kerzen- oder Talglicht erhellten Raum, spielte sich alles ab, was zwischen der Arbeit vor dem Turm und dem Schlafengehen stattfand - Kochen, Backen, Erzählen, Handarbeiten, Ausruhen, Vorräte anlegen, Essen, Feiern, Kartenspielen und wahrscheinlich die Planung so manchen Raids ins benachbarte Land. Besonders heimelig und hell darf man sich selbst diesen am besten beleuchteten Raum nicht vorstellen, denn die wenigen schmalen Fenster, die schon im geöffneten Zustand wenig Licht einließen, mußten aufgrund des rauhen und kalten Borderwetters allzuoft mit Hilfe der massiven Holzfensterläden verschlossen werden. Um eine geruchliche Verbesserung gegenüber der Mischung aus Schweiß, Vieharoma, Leder und täglich neuen Essensdüften zu erreichen, die die meisten Menschen umgeben haben dürfte (durchaus auch den weitaus größten Teil des Adels), wurden die Räume wenn möglich mit einer Mischung aus Gras und Kräutern, vorzugsweise Tymian und Rosmarin bestreut, die alle paar Tage erneuert wurde. Auch das Feuer des Kamins wurde durch das Verbrennen aromatischer Hölzer entsprechend genutzt. Die wenigen Möbel, die für gewöhnlich vorhanden waren (auf schottischer Seite meist weniger als auf englischer) waren robuste Kisten, Truhen oder Schränke, in denen der Hausrat gelagert wurde. Ein oder zwei große Tische mit Bänken oder in vornehmen Haushalten auch mit Stühlen versehen dienten als Sitzgelegenheiten, während man auf die heutigen bequemen Polstermöbel verzichteten mußte - wer liegen wollte, mußte eben ins Bett abwandern oder mit dem Fußboden vorlieb nehmen (was wohl die noch heute nicht unbekannte Alternative für diejenigen gewesen sein dürfte, die dem Whiskey zu sehr zugesprochen hatten).

Den zweiten Stock erreichte man über eine schmale Wendeltreppe. Hier lagen Schlafräume, eventuell eine Kammer für eine Hausmagd, Lagerräume und die Toilette. Im Dachgeschoß, das schon durch die Schrägen der Dachkonstruktionen etwas weniger wohnlich war, lagerten neben den bereits erwähnten Verteidigungsmitteln auch andere Güter und hier gab es häufig Verstecke für Wertsachen.

Ein in unserer Zeit noch gut erhaltenes Tower House ist der Smailholm Tower. Das vierstöckige Gebäude steht auf einer Anhöhe und ist von Mauer und Graben umgeben. Seine Mauern sind im ersten Stock drei Meter stark und er erhebt sich über 18 Meter in die Höhe. Die frühen Baustadien aus dem Ende des 15. oder dem Beginn des 16. Jahrhunderts lassen sich nicht mehr genau rekonstruieren, da der heute sichtbare Bestand weitgehend aus dem 17. Jahrhundert stammt. Zu dieser Zeit erwarb Sir William Scott of Harden den Turm, dessen ursprüngliche Erbauer die Pringles, Vasallen der Earls of Douglas, gewesen waren. Aus der Familie dieses Käufers stammt auch Sir Walter Scott, der seine Jugend zu Füßen des Smailholm Tower in der Sandyknowe Farm verbrachte. Dort und bei seinen Tanten im Smailholm Tower wurden ihm auch die vielen Geschichten erzählt, die ihn später zu seinem literarischen Werk anregten. Auch im wirklichen Leben nahm der Dichter seine Pflichten durchaus ernst - manchmal ein wenig zu ernst. So hielt er es 1797 für seine patriotische Pflicht, etwas gegen eine befürchtete Invasion Napoleons zu tun. Er gründete mit ein paar ebenso enthusiastischen Freunden die „Edinburgh Light Horse", um die Stadt verteidigen zu können. Zwar kam es nicht zu diesem Szenario, aber eingesetzt wurden die „Light Horse" zu Beginn des 19. Jahrhunderts bei gewalttätigen Arbeiterprotesten - Sir Walter persönlich drohte einmal streikenden Mühlenarbeitern bei Moredum Mill, sie niederzusäbeln.

Wurde ein solches Tower House attackiert, strebten die Verteidiger nach Möglichkeit danach, zunächst die Außenmauer gegen die Angreifer zu halten. War das nicht oder nicht mehr möglich, zogen sich die übriggebliebenen Verteidiger in den Turm zurück. Dies mußte schnell geschehen, denn natürlich war das Bestreben der Unruhestifter, ihnen auf dem Fuße zu folgen, um nicht die schwer aufzubrechenden Türen vor der Nase zugeschlagen zu bekommen. Hatten die Verteidiger dies dennoch erreicht, hatten sie damit oft genug die Sache bereits für sich entschieden, denn ohne Belagerungsgerät und Artillerie war ein derartiger Turm nicht ohne einen gewissen Zeitaufwand einzunehmen. Waren die Angreifer also auf schnellen Erfolg und Rückzug angewiesen, mußten sie sich mit dem begnügen, was sich außerhalb der Mauern fand und abziehen. Verblieben jedoch noch Stunden oder gar eine ganze Nacht, konnte eine Belagerung versucht werden. Natürlich mußten die Plünderer agieren, denn ein reines Abwarten begünstigte die Eingeschlossenen. Ein Mittel, die Verteidiger zur Übergabe zu veranlassen, war das Entzünden eines Feuers an der Basis des Turms, dessen Rauch die Qualität der Atemluft innerhalb des Gebäudes stark beeinträchtigen konnte. Allerdings konnte

Spähpanzer „Scorpion" der „Dracoon Guards" aus dem Golfkrieg 1991. Ausgestellt ist er auf
Edinburgh Castle, dem Hauptquartier der „Scottish Division" (Foto: Hagen Seehase)

ein solches Feuer mit Steinen und Erde oder Wasser aus dem Turm heraus gelöscht werden und außerdem befanden sich die Zündelnden die ganze Zeit über in Wurf- und Pfeilreichweite. Zum Unterminieren einer derart starken Konstruktion fehlten den Angreifern zumeist die Zeit und die Gerätschaften, erfolgversprechender war der Einsatz von Schwarzpulver, das allerdings auch selten in den benötigten Mengen vorhanden war. Wesentlich einfacher gestaltete sich eine Einnahme, wenn die unteren Türen nicht mehr hatten geschlossen werden können bzw. wenn es den Angreifern gelungen war, diese aufzubrechen. Nun konnte das Vieh hinausgetrieben und ein Feuer entzündet werden, das wesentlich effektiver wirkte als ein von außen an die Mauern gelegtes, da der Rauch durch jede noch so kleine Ritze nach oben dringen und das Feuer direkt bis an die Falltür herangebracht werden konnte. War die Falltür weggebrannt oder aufgebrochen worden, konnten die Angreifer mit Hilfe einer gefundenen oder selbstgefertigten Leiter einen Sturm versuchen, was angesichts der schmalen Öffnung nicht einfach und vor allem nicht ungefährlich war, zumal der Rauch jetzt beide Parteien behinderte. Konnten die Angreifer den ersten Stock erreichen, war dennoch weiterhin eine effektive Verteidigung möglich, denn nun zogen sich die Verteidiger in den zweiten Stock zurück. Die Eindringlinge mußten spätestens jetzt auf den weiteren Einsatz von Feuer verzichten und standen vor dem Problem, das enge Treppenhaus der Wendeltreppe stürmen zu müssen. Wie es auch in den Burganlagen des europäischen Festlandes üblich war, mußte man diese Treppenhäuser im Uhrzeigersinn hochsteigen, was den Schwertarm des Rechtshänders beim Kampf nach oben hin benachteiligte. Linkshänder waren daher bei einem solchen Treppenhauskampf wirklich gefragte Leute. Ein weiteres Hindernis war häufig die sogenannte „trip step", eine Stolperstufe, die höher war, als die anderen und dadurch während des Kampfes im diffusen Halbdunkel auch einen geübten Kämpfer zu Fall bringen konnte, was dann oft das letzte war, was er in seinem Leben tat. Allerdings mußten auch die Verteidiger an diese Falle denken, denn sonst konnte sich der Effekt allzu leicht ins Gegenteil verkehren. Desweiteren konnte ein solches Treppenhaus durch Möbelstücke blockiert werden, wodurch zumindest die Kampfzeit sich verlängerte - was wiederum entscheidend zur Rettung des Turmes durch Entsatztruppen beitragen konnte. Da zwei Wendeltreppen genommen werden mußten, wenn die Räuber den Turm vollständig erobern wollten, konnte schon die Eroberung der beiden letzten Stockwerke, zumindest wenn genügend entschlossene Verteidiger vorhanden waren, eine langwierige Angelegenheit darstellen.

Das schließt keinesfalls aus, daß Türme und auch Bastles immer wieder erfolgreich durch Überraschungsangriffe in kürzester Zeit genommen werden konnten. Ein Beispiel ist die Eroberung des Lochwood Towers der Johnstones in der Nähe von Moffat im Jahr 1547. Etwa drei Dutzend Angreifer näherten sich leise kurz vor Morgengrauen. Die meisten blieben außerhalb der Außenmauer, nur etwa ein Dutzend sickerte langsam ins Innere ein. Diese Männer überwältigten lautlos die in den äußeren Häusern schlafenden Diener und ihre Familien. Nach Sonnenaufgang hielt ein Mann im Turm Ausschau von der Brustwehr aus. Als er nicht Ungewöhnliches sah, befahl er einer Magd im Inneren des Turms, die Türen zu öffnen, was diese auch tat. Zwar sah sie noch die etwas früh aus ihren Verstecken hervorbrechenden Plünderer, aber sie konnte die Türen nicht mehr richtig schließen, so daß der Turm im Handstreich genommen werden konnte. Wem das unwahrscheinlich vorkommt, der muß sich nur vor Augen halten, daß selbst regelrechte Burgen mit Hilfe des Überraschungsmoments und ideenreicher Kriegslisten genommen werden konnten. Die Burg von Linlithgow z.B. war eine wichtige englische Befestigungsanlage auf dem Weg von Edinburgh nach Stirling und wurde entsprechend stark bewacht. 1313 gedachte Robert the Bruce, diesen Stützpunkt in schottische Hand zu bringen. Da er nicht oder doch fast nicht über Belagerungsgerätschaften verfügte, setzte er auf Ideenreichtum. Einen in der Gegend bekannten - und damit nicht als potentielle Gefahr erkennbaren - Bauern mit dem Namen Matthew Binnock blockierte das Tor von Linlithgow Castle mit seinem Heuwagen. Im Heuwaren acht schottische Soldaten verborgen, die das Tor solange verteidigten, bis die Verstärkung heran war. Die Burg wurde erobert, die Besatzung wurde getötet und die für die Schotten ärgerliche Zwingburg zerstört.

James Douglas eroberte am 19. Februar 1314 Roxburgh ebenfalls mit einer Kriegslist. Er und seine Leute nutzten die Tatsache, daß nachts (in den Zeiten vor dem Einsatz von Nachtsichtgeräten) bekanntlich alle Katzen grau erschienen. Sie kleideten sich in dunkle Kleidung und näherten sich in der Dunkelheit der Burg - und zwar auf allen vier Extremitäten! Tatsächlich hielten die Wachen die eigenartigen Erscheinungen für Vieh und schenkten diesem keine weitere Beachtung. So übersahen sie, daß das Vieh sich in einem beispiellos schnellen Evolutionsprozeß auf zwei Beine erhob und eine Sturmleiter an die Mauer lehnte. Ein Wachsoldat, der nachsehen wollte, wurde lautlos mit dem Dolch getötet. Der Rest der Garnison feierte in der Bankethalle, als der Kriegsruf „Douglas" das Fest jäh unterbrach und zu einem für die Feiernden unerfreulichen Ende brachte. Der Kommandeur der Burg, der Gascogner William de Fiennes, konnte sich noch im Bergfried verschanzen. Dann traf ihn ein Pfeil im Gesicht. Die Burg wurde erobert und zerstört.

Sogar eine Stadt, die letztlich eine ähnliche militärische Herausforderung darstellt wie eine Burg, kann so erobert werden. Den Sturm auf Edinburgh Castle im Schottischen Unabhängigkeitskrieg befehligte einer von Robert the Bruces Unterführern, Thomas Randolph de Moray. Der hatte in seiner Truppe einen Mann namens Willaim Francis, den Sohn eines früheren Kastellans. Als Junge hatte dieser, was keineswegs ungewöhnlich ist, eine tiefe Neigung zu einem Mädchen in der Stadt verspürt. Da die Dunkelheit den Liebenden gehört, die Burgtore aber nachts immer verschlossen wurden, hatte er für nächtliche Ausflüge einen gangbaren Abstieg in die Stadt erkundet. Der führte über die steile Nordwand des Felsrückens, auf dem sich Edinburgh Castle erhebt. Dort rechnete niemand mit einem Angriff, zumal die Garnison durch einen Scheinangriff auf das Osttor abgelenkt wurde. Francis, Randolph und 30 weitere Soldaten kletterten den steilen Pfad hinauf und erklommen die Mauern mit Enterhaken und Strickleitern. Dann sicherten sie ein Burgtor und ließen die Verstärkung hinein.

Ein weiteres Mal, am 16. April 1341 sollte Edinburgh Castle fallen, diesmal durch ein Täuschungsmanöver. Wie 1313 bei der Eroberung von Linlithgow nutzten die Schotten einen Wagen. Der Kommandeur hatte die Tore öffnen lassen, um einen Kaufmann mit Versorgungsgütern einzulassen, die in befestigten Plätzen immer willkommen waren. Bei diesem Kaufmann handelte es sich allerdings um zwölf verkleidete schottische Soldaten unter William Bullock. Sie schnitten dem Torwächter die Kehle durch, blockierten das Fallgatter und gaben ein Trompetensignal. Daraufhin griff die von William Douglas kommandierte Truppe an und nahm die Burg. Deren Eroberung war ein höchst willkommenes Geschenk für den nach Schottland zurückkehrenden David II., der am 2. Juni 1341 in seiner Heimat landete.

Auch der Einsatz extrem hoher Sturmleitern, mit deren Hilfe die Angreifer direkt bis auf das Dach der Towers oder Bastles gelangten, ist überliefert. In solchen Fällen konnten sie bisweilen ins Dachgeschoß eindringen, bevor ein Verteidiger dort Stellung bezogen hatte und nun selber die Vorteile des Kämpfens von oben nach unten auf der Wendeltreppe nutzen. Wußten die Besitzer des Turmes frühzeitig von einer großen Übermacht, die sich ihrem Turm näherte, nutzen sie in aussichtsloser Lage eine auf den ersten Blick vielleicht verwundernde, aber auf den zweiten Blick intelligente Methode. Die wertvollsten Besitztümer wurden aus dem

Turm entfernt und anschließend wurde der Turm an verschiedenen Stellen mit schwelendem Torf gefüllt. Zum einen machte das den Aufenthalt im Inneren nicht eben angenehm, vor allem aber bewahrte das Torf einige Türme vor der Zerstörung, denn das Hantieren mit Schießpulver war in der Umgebung solchen Torfs eine lebensgefährliche Angelegenheit, so daß die Angreifer sich zumeist auf die Plünderung des leerstehenden Turmes und der Häuser beschränkten. Waren die Marodeure abgezogen, konnten die Besitzer den unzerstörten Turm wieder reinigen und nutzen, was einen wesentlich geringeren Aufwand darstellte, als einen selbst nur teilzerstörten Turm wieder aufzubauen.

Das Bastle oder Bastell House leitet sich vom französischen „bastille" her, was einen befestigten Platz bezeichnet. Bastle ist in den Borders ein massives Steinhaus, das recht gut zu verteidigen ist. Es handelt sich meist um zweistöckige Farmhäuser mit Mauern, die im Erdgeschoß über einen Meter Stärke haben können. Auch die Dächer der Bastles waren mit Steinplatten gedeckt, um nicht feuergefährdet zu sein. Der rechteckige Grundriß unterschied sich kaum von dem der Tower Houses, Längenwerte von 10 bis 13 und Breitenwerte von 6 bis 8 Metern sind die Durchschnittswerte. Das Erdgeschoß stützte den ersten Stock entweder als Tonnengewölbe oder als Konstruktion dicker Eichenbalken. Die Innenarchitektur entsprach ebenfalls der von Erdgeschoß und erstem Stock eines Tower Houses, alles war hier ein wenig karger, kleiner und einfacher als dort. Zumeist gab es zwei Eingänge, einer durch eine Falltür zwischen den Stockwerken und eine Außentür im ersten Stock, die ebenfalls über eine Leiter zu erreichen war. Als die Zeiten ruhiger und sicherer wurden, also spätestens im 18. Jahrhundert, wurde zwecks größerer Bequemlichkeit oft eine Außentreppe zu diesem Eingang hochgemauert. Da ein solches Haus alleine dennoch für einen Plünderertrupp kein ernsthaftes Hindernis darstellte, bauten Farmer ihre Häuser in kleinen Haufensiedlungen von 4 bis 20 Stück. Die schottische Siedlung Lessudden etwa umfaßte 16 Bastles, die so angeordnet waren, daß mit Hilfe von Bogen und Feuerwaffen ein mörderisches Kreuzfeuer auf mögliche Angreifer eröffnet werden konnte.

Schlachten

Die bereits beschriebene „Hit-and-run-Taktik" der Borderreiter machte sie auch für offizielle Stellen bisweilen attraktiv. In Kriegszeiten, die wie gesagt nicht zu den seltensten Zeiten im Grenzland gehörten, dienten Borderer beider Seiten ihrem Land (oder auch dem anderen Land) als Kundschafter und Führer. Niemand kann mehr genau rekonstruieren, wie viele Borderer zu welcher Zeit in welchen Schlachten welche Ereignisse bewirkten, so daß ihre Rolle nicht einfach zu identifizieren ist. Ihre Tätigkeiten im Vorfeld von Kriegen und Schlachten, die sich auf Informationsbeschaffung, Erkundung und Spionagetätigkeiten bezogen, sind bekannt, aber nicht mehr belegbar. Lediglich in einigen wenigen Schlachten, von denen hier einige Beispiele vorgestellt werden sollen, gelingt es einigermaßen, die Grenzlandreiter auf ihren kleinen zähen Pferden aufzustöbern und für kurze Momente das Licht der historischen Ereignisse auf ihnen ruhen zu lassen

Die Engländer bezeichneten die Einheiten der Männer aus den Borders als „Bands of Northern Horsemen" oder „Border Horsemen", von denen die königliche Armee im Jahr 1546 immerhin 2500 Mann unter Waffen hatte. Sie waren in Kompanien von etwa 100 Mann geteilt und wurden von einem Capitain General befehligt. Jeder dieser Hundertschaften stand ein Capitain vor, der zu seiner Unterstützung einen Petty-Capitain zur Verfügung hatte. Außerdem konnten auch der Standartenträger oder der Trompeter mit Führungsaufgaben betraut werden. Ihre Ortskenntnis machte sie für Überraschungsangriffe, die Auswahl zweckmäßiger Lagerplätze, das erfolgreiche Auffinden von Furten und Gebirgsübergängen und ähnliches nahezu unersetzlich. In Verbänden eingesetzt verbreiteten sie im feindlichen Territorium mit ihren normalen, diesmal allerdings durch offizielle Order sanktionierten und gelenkten Plünderungsangriffen Schrecken und Verwirrung, banden mit etwas Glück größere Feindverbände oder lockten überlegene Truppen in einen Hinterhalt. Aufklärung tief im Feindesland war ebenfalls eine ihrer Aufgaben, die sie wie keine andere Truppe zu erfüllen verstanden. Sie wurden beauftragt, die feindlichen Nachschublinien zu stören, Lebensmittel- oder Pulvervorräte aufzuspüren und dann entweder dem eigenen Heer zuzuführen oder zu vernichten und feindliche Patrouillen aufzureiben oder gefangenzunehmen. Auch auf dem Schlachtfeld konnte die militärische Führung immer eine Abteilung leichter Reiterei gebrauchen, die überall da zum Einsatz kam, wo Schnelligkeit entscheidend war. Sie führten entlastende Flankenangriffe, Umgehungsmanöver, Täuschungsangriffe und Verfolgungen fliehender Feindverbände durch, Aktionen, die zwar weniger von strategischer, dafür aber oft von taktisch nicht unwichtiger Bedeutung waren. Auf beiden Seiten galten sie als eine der besten leichten Kavallerieeinheiten und die in einigen englischen Feldzügen auf dem Kontinent kämpfenden Borderer zeigten sich auch in unbekannter Umgebung den heimischen Kavalleristen durchaus gewachsen. Weder auf schottischer noch auf englischer Seite scheint es eine einheitliche Uniform gegeben zu haben, sie gingen in die Schlacht, wie sie auf einen Raid auszogen. Bekannt war allerdings die Methode, die eigenen Männer mit bestimmten Armbinden in den Kampf zu führen. Erwartet wurde in jedem Fall, daß sie über ein Schwert verfügten, aber in der Realität gaben sich die Kommandeure auch mit Kurzschwertern oder langen Dirks zufrieden. Die Besoldung war für die Reiter von der Grenze ein Anreiz für die Teilnahme an regelrechten Feldzügen und Schlachten. Zu Beginn des 16. Jahrhunderts betrug der Tagessold für einen Infanteristen sechs Pence, acht für einen Kavalleristen, zwei Shilling für einen Petty-Capitain und vier für einen Capitain. Die meisten Offiziere rekrutierten sich ebenfalls direkt aus den Bordergegenden, es gab allerdings auch solche, die von außen kamen. Den anderen Anreiz, sich so ganz gegen die Gewohnheit offiziellen militärischen Verbänden anzuschließen waren die Plünderungen des Gegners, bei denen mancher Soldat den nicht gerade üppigen und nicht immer pünktlich gezahlten Sold erheblich aufbessern konnte. Ein typisches Bild vermitteln die Aktivitäten der königlich englischen Borderreiter während eines Feldzuges im Jahr 1544. Eine ansehnliche englische Streitmacht unter dem Kommando des Earl of Hereford, die von einer Versorgungsflotte unterstützt wurde, fiel entlang der Ostküste in Schottland ein und verwüstete die Städte Leith und Dunbar. Anschließend gelang sogar die Einnahme von Edinburgh. Schon bevor die Stadt fiel und auch nachdem sie gefallen war, bekamen 400 Mann der Borderer den Auftrag, die Umgegend der Stadt auszuplündern. Das war ein Auftrag ganz nach ihrem Geschmack und sie erfüllten ihn mit Hochgenuß - im Umkreis von sieben Meilen soll schon nach wenigen Tagen kein intaktes Haus mehr gestanden, kein Geldstück sich mehr befunden haben, kein Stück Vieh mehr in schottischer Hand gewesen und kein einziges Getreidekorn mehr vorhanden gewesen sein. Besonders betroffen waren einige reiche Bürger Edinburghs, die extra einen Gutteil ihres Besitzes aus der wegen häufiger Diebstähle unsicheren Stadt ins Umland hatten auslagern lassen. Einige Angehörige dieser Bordertruppen ließen sich als Söldner auch im Ausland verpflichten, z.B. nach Holland, Flandern und Frankreich. Für seine Feldzüge in Frankreich ordnete Henry VIII. die Verpflichtung zusätzlicher Borderkompanien an, allerdings wollte er nur Kavalleristen.

Zwei Kompanien kamen zusammen, sie wurden nach Montreuil zum Rest der Armee unter dem Duke of Norfolk verlegt und bewährten sich hervorragend gegen französische Aufklärer. Ihre überraschenden Attacken gegen kleine Detachements und Nachschublieferungen, ihre Erfolge bei der Gefangennahme von Franzosen und dem Beschaffen von Informationen hoben die englische und senkten die französische Moral. Mitunter hatten sie gegen schottische Borderer anzutreten, die auf französischer Seite kämpften. Die Schotten blieben als Söldner letztlich sogar länger auf französischem Boden: sie durften (was ihnen eine besondere Genugtuung gewesen sein dürfte) 1568 die besiegten Engländer in Calais zu den Schiffen eskortieren, mit denen sie Frankreich verlassen mußten.

Ebenso taten Bordereinheiten Dienst in Irland, inbesondere zu Zeiten der Rebellionen von O'Neill und O'Donnell.[87] Hier erlebten sie in Gestalt der leichten irischen Kavallerie, die ganz ähnlich zu kämpfen pflegte, einen mindestens ebenbürtigen Gegner, denn die Iren konnten hier ihren Heimvorteil ausspielen. Im direkten Vergleich auf dem Schlachtfeld konnten die Borderer allerdings Vorteile für sich verbuchen, da die irischen Kavalleristen immer noch ohne Steigbügel agierten. Da sie zudem flachere Sättel nutzten, waren sie leichter vom Pferd zu stoßen, als die Borderer, die regelrechte Kriegssättel verwendeten, die den Rücken stützten und so weniger leicht von ihrem Reittier zu trennen waren. Die Engländer und mit ihnen die oft nur unzureichend unterstützten Borderertruppen mußten dennoch viele Rückschläge hinnehmen und da sich die irischen Kriege durch besondere Härte und Grausamkeit auf beiden Seiten auszeichneten, galt der Dienst in Irland als eine Art Strafe. Viele englische Soldaten und auch viele Borderer, die immer noch als eine der effektivsten Truppengattungen in Irland zählten[88], kehrten von dort nicht mehr heim.

Trotz ihrer Effektivität taten die Kommandeure größerer Verbände gut daran, den Borderertruppen nie vollständig zu trauen. Ihre Loyalität bezog sich zuerst auf ihre persönliche Bereicherung und ihren Capitain und erst danach auf die Befehle des Oberkommandos (allerdings gilt das bisweilen auch für andere reguläre Einheiten). In den Borderkompanien wurden zudem mehr Fälle von Insubordination, Diebstahl, Mord und Desertion verzeichnet als in anderen Einheiten. Insbesondere im Einsatz in den Borders oder auf Feldzügen in deren Nähe gab es auf englischer und schottischer Seite Mißtrauen gegen sie, da man sich der Existenz von „cross-border-alliances" bewußt war und nie wußte, ob dann nicht Kollaboration oder Verrat ins Spiel kamen. Schon die Tatsache, daß Borderer zusätzlich zu den offiziellen Landesfarben (wenn sie die überhaupt in ihre Kleidung inte-

Melrose Abbey (Foto: Hagen Seehase)

griert hatten) am Arm befestigte Tücher trugen, wurde ungern gesehen, da die Kommandeure vermuteten, daß die Borderer der anderen Seite und sie sich gegenseitig erkennen und nicht oder zumindest nicht engagiert genug gegeneinander kämpfen würden.

Derartige Verleumdungen wurden beispielsweise nach der Schlacht von Flodden 1513 laut, als der englische Bischof von Durham den eigenen Bordererverbänden vorwarf, sie hätten den eigenen Truppen mehr Schaden zugefügt als die Schotten. So hätten sie angeblich nach dem Beginn der Schlacht die Befehle ihrer Vorgesetzten nicht erfüllt, sondern sich mit Raub und Plünderung englischer und (immerhin auch) schottischer Versorgungsgüter beschäftigt. Auch Pferde und Vieh seine von ihnen weggetrieben worden, wodurch die Kampfkraft der Verbände zusätzlich geschwächt worden sei. Besonders verwerflich sei es gewesen, daß sie eigene Leute gefangengenommen und anschließend gegen Geld den Schotten überlassen hätten. Inzwischen würden ihre eigenen Truppen sie ebenso sehr fürchten, wie den Feind, so daß niemand in ihrer Nähe kämpfen wolle. Interessant ist, daß der offensichtlich kriegskundige Bischof sich nach seinen überaus negativen Äußerungen wünscht, Henry VIII. hätte sie mit nach Frankreich nehmen sollen, da sie dort Erstaunliches geleistet hätten, während sie hier in ihrer Heimat nur Verderben über die eigenen Truppen brächten. Anscheinend war die Loyalitätsfrage im Ausland so klar definiert und die Bindung an die eigene Armee dermaßen wichtig und lebensnotwendig, daß ähnliche Ereignisse dort nicht oder doch nur selten und in stark abgeschwächter Form vorkamen.

Nichtsdestotrotz hatten die Engländer die Schlacht von Flodden für sich entscheiden können und wie der Verlauf der Schlacht zeigt, waren die Klagen des Bischofs allenfalls zu einem Teil gerechtfertigt. In der Nähe Edinburghs hatte das verhängnisvolle Unternehmen begonnen. Der junge und charismatische König James IV., dem als Herrscher der ebenso tatkräftige Henry VIII. auf englischer Seite Paroli bot, hatte ein schottisches Heer von etwa 35.000 Mann, das aus Highlandern, Lowlandern, Orkadiern, Borderern und Leuten von den Hebriden bestand, aufbieten können. Henry VIII. hatte zuvor ein Bündnis mit dem Reich, das unter Kaiser Maximilian eine französisch-päpstliche Koalition bekämpfte, geschlossen. Henry hatte 1513 in die Auseinandersetzung eingegriffen und versuchte, den englischen Besitz um Calais auf Kosten des französischen Königreiches zu vergrößern. Der französische König Louis XII. wandte sich in dieser Situation an James IV. um Unterstützung, und der versuchte nun seinerseits die Abwesenheit des englischen Monarchen zu seinen Gunsten zu nutzen. Ausserdem gab es eine alte Ehrenschuld abzutragen: James' Ehefrau war Margaret Tudor, die Schwester von Henry VIII. Beider Vater, König Henry VII., hatte Margaret kostbare Juwelen vermacht, die jedoch der unter permanentem Geldmangel leidende Henry VIII. nicht hatte herausgeben wollen (die Ehe zwischen James IV. und Margaret Tudor begründete den Anspruch der Stuarts auf den englischen Thron). Eine wertvolle Hilfe waren ihm auch die etwa 5000 französischen Berufssoldaten und die fünf großen Kanonen unter dem Comte d'Aussi. Allerdings waren weder die französischen Instrukteure noch die französischen Piken ein Allheilmittel. Zum richtigen offensiven Einsatz der Pike (analog den deutschen Landsknechten) fehlte den meisten schottischen Soldaten die Ausbildung und das Training und vor allem fehlten fast allen ihren Kommandeuren die taktischen Fähigkeiten.

Am 22. August 1513 überschritt diese Armee den Tweed. Allerdings war die englische Seite trotz der Abwesenheit des Herrschers keineswegs unvorbereitet. Der siebzigjährige Earl of Surrey, Befehlshaber der englischen Nordprovinzen und Veteran vieler Schlachten des Bürgerkrieges, hatte ebenfalls ein Heer gesammelt. Zwar verfügte er nur über etwa 26.000 Mann, übernahm aber am 8. September 1513 trotz der numerischen Unterlegenheit die Initiative. James wartete mit seiner auf dem Flodden Hill strategisch an sich nicht schlecht positionierten Armee auf den Angriff Surreys. Der tat ihm den Gefallen jedoch nicht, sondern marschierte in den Rücken der schottischen Stellung. Surrey und seine beiden Söhne übernahmen das Kommando über die drei wichtigsten Heeresgruppen der englischen Armee, am äußersten linken Flügel stand noch eine kleine Streitmacht unter Lord Stanley und 3000 Mann (zumeist Reiter) unter Lord Dacre bildeten die Reserve. Das Artillerieduell, das wie üblich die Schlacht eröffnete, ging klar zugunsten der Engländer aus. Zunächst schalteten ihre 18 Feldkanonen die schottische Artillerie aus, dann begannen sie, die wehrlos im gezielten Feuer stehende schottische Infanterie zu dezimieren. Nach einer Stunde unter schwerem Beschuß widersetzten sich zwei schottische Befehlshaber dem Befehl ihres Königs, einen englischen Angriff abzuwarten, und ließen ihre Divisionen hügelabwärts attackieren. Der in der Art deutscher Landsknechte in geschlossenen Formationen vorgetragene Angriff der Borderer und der Gordons[89] hatte tatsächlich Erfolg und drängte den rechten englischen Flügel unter Edmund Howard zurück. Drei schwere Angriffe hatte der Flügel in Unterzahl auszuhalten, bevor das Eingreifen der berittenen Reserve Lord Dacres, darunter auch etwa 1500 englische Borderreiter (die der Bischof später so unrühmlich beschimpfen sollte), ihn vor der völligen Auflösung - viele Soldaten hatten bereits die Flucht ergriffen

- und der schon absehbaren Vernichtung bewahrte. Offensichtlich hatten diese Borderer keine Probleme damit, ihre Pflicht auf dem Schlachtfeld zu erfüllen - wenn man einen derart gefährlichen Entlastungsangriff, der leicht auch mit der Vernichtung der Einheit hätte enden können, überhaupt als bloße Pflichterfüllung bezeichnen kann. Mittlerweile hatte König James selbst den Befehl zum Angriff gegeben. Allerdings fehlte dem schottischen Hauptangriff die Durchschlagskraft: das letzte Wegstück mußte bergan attackiert werden, die schottischen Infanteristen waren im Umgang mit der 15 Fuß langen französischen Pike nicht geübt und auf dem vom Regen aufgeweichten Boden verlor die Attacke an Tempo. Trotzdem hatte der Angriff unter der persönlichen Führung des Königs heftige englische Verluste zur Folge. König James sah den Zeitpunkt für das Eingreifen der schottischen Reserve, die noch auf dem Hügel stand, für gekommen. Die Stewarts of Appin, Campbells, Mackenzies, MacDonalds und MacLeans orientierten sich gerade vorwärts, als sie ein Flankenstoß der englischen Flügelbrigade unter Lord Stanley unvorbereitet traf. Die mit Langbogen und Hellebarden vorzüglich ausgerüsteten Engländer warfen die Hochländer zurück und beherrschten nun den Höhenzug im Rücken der schottischen Hauptstreitmacht, die unter der persönlichen Führung von König James verzweifelt um ihr Überleben kämpfte. Mit Sonnenuntergang griff Stanley das schottische Zentrum an, zugleich erfolgte noch eine Kavallerieattacke Lord Dacres, zu der wiederum die Borderer ihren Teil beitrugen. König James hatte sich mit seinen Leuten zur Rundumverteidigung eingerichtet, was ihm allerdings nicht mehr viel nützen sollte. Im Endkampf wurde kein Pardon gegeben und auf Gefangene legten die Engländer keinen großen Wert. Am Ende hatten die Engländer „nur" 4000 Tote zu beklagen, auf schottischer Seite fielen dagegen mehr als 9000 Mann, darunter der König, sein unehelicher Sohn (der Bischof von St. Andrews), der Bischof von Caithness, der Gouverneur von Edinburgh, ein Dutzend Earls, diverse Häuptlinge von Highland-Clans, die Blüte des schottischen Adels und der Kern der schottischen Armee. Von ihrem vorzeitigen Ende kündet das Klagelied „The Flowers o' the Forest are wede away", das von Sir Walter Scott übernommen und von Theodor Fontane ins Deutsche übertragen wurde[(90)].

Der Tod ihres Mannes James IV. (und vieler anderer) sowie die schwere Niederlage ihres Landes hinderten die Königinwitwe, Margaret Tudor, nicht daran, recht schnell wieder an ihre eigenen Bedürfnisse und ihr weiteres Wohlergehen zu denken und Archibald Douglas, den 6. Earl of Angus, zu freien. Im Jahr 1515 schenkte sie auf Harbottle Castle einer Tochter das Leben, die ebenfalls den Namen Margaret erhielt. Diese wurde - am Tag ihrer Geburt natürlich nichts um ihr großes Schicksal wissend - die Großmutter des Königs James VI. Dieser vereinigte, exakt 100 Jahre, nachdem seine Urgroßmutter zur Königin Schottlands gekrönt worden war, als James I. von England Herrscher beide Länder unter einer Krone. Dem Ort der Niederkunft seiner Urgroßmutter brachte das allerdings keine Vorteile, denn im Jahr 1604 heißt es vom ehemaligen Hauptquartier der Wardens der Middle March, es sei äußerst verfallen. Ein Teil seiner Steine wurde aufgrund dieses Verfalls zum Bau von Gebäuden in der Stadt Harbottle genutzt.

Ihre größte Stunde war den englischen Borderern in der Schlacht von Solway Moss 1542 beschieden, wenngleich sie im Vorfeld der Schlacht keine glänzende Rolle spielten. Im August dieses Jahres waren die Borderverbände beider Seiten von ihren jeweiligen Oberkommandos angewiesen worden, die Ländereien des Gegners mit Raub und Zerstörung zu überziehen. Echte Borderer, die sie waren, fingen sie nicht an, einen solchen Befehl zu hinterfragen, sondern taten ihr möglichstes, ihn mustergültig zu erfüllen - und sich ganz nebenbei die eigenen Taschen zu füllen. Die Schotten hatten den Reigen der Überfälle in der englischen West March eröffnet und der Warden der betroffenen March, Robert Bowes, antwortete mit einem großen Raid nach Teviotdale. Die Hauptmacht seiner Streitkräfte hinterließ überall verbrannte Erde, während kleinere Trupps (natürlich vorzugsweise die leichte Kavallerie der Borderer) die Umgebung plünderten und die Versorgung sicherstellten. Die lokalen schottischen Befehlshaber mußten dem Treiben mehr oder weniger ohnmächtig zusehen, allenfalls konnten sie die kleinen Trupps, wenn sie weit genug abseits des Hauptverbandes agierten, hin und wieder attackieren. Die Engländer fühlten sich daher relativ sicher und waren offensichtlich überrascht, als ihnen der Rückweg plötzlich von einer kleinen schottischen Armee unter dem Earl of Huntly verlegt wurde. Bei Haddon Rig trafen die beiden Verbände aufeinander. Die beutebeladenen Engländer waren zahlenmäßig unterlegen und durch den Feldzug erschöpft, während die schottischen Verbände ausgeruht, motiviert und rachedurstig waren. Die englischen Borderer aus dem Tynedale und Redesdale, die zugleich die beweglichste englische Einheit waren, machten in dieser Situation deutlich, warum man ihnen als Kommandeur immer mißtrauen sollte. Ihre Offiziere erfaßten die Situation schnell und entschieden sich für Geld und Gesundheit statt für Ruhm und Vaterland. Ihren Teil der Beute hatten sie ohnehin bei sich und so verschwanden sie, nicht ohne einen Teil des Viehs vor sich herzutreiben, in den umliegenden Hügeln. Die zurückbleibenden Engländer standen damit vollends auf verlorenem Posten. Bereits der erste schottische Angriff warf ihre hastig formierten Linien, die Front brach zusammen und wer noch konnte, gab Fersengeld. Für Henry VIII. war dies der Tropfen, der das Faß zum Überlaufen brachte, er entschloß sich jetzt zu einem regelrechten Feldzug. Im Oktober 1542 überschritt eine Armee von gut 20.000 Mann unter dem Duke of Norfolk die schottische Grenze. Wiederum nahm das Heer den Weg durch die arg gebeutelte schottische Middle March. Kelso und Roxburgh wurden wieder einmal ausgeraubt (erstaunlich ist, daß dort immer noch etwas zu holen war) und zudem niedergebrannt und auch das Teviotdale wurde wieder einmal verheert. Vielleicht hätten die Engländer sich lieber für einen anderen Weg entscheiden sollen, denn ihre Versorgung funktionierte nicht einwandfrei und eine Versorgung aus dem verarmten Landstrich war nicht mehr möglich. Nach einer Woche täglichen Zerstörungswerkes mußte die Armee sich daher zurückziehen und in Berwick-upon-Tweed lagern, wo sie von See aus beliefert werden konnte.

Eigentlich hatte James V. auf schottischer Seite den Kampf aufnehmen wollen und ebenfalls eine Armee gesammelt, aber als die schottische Nobilität von dem englischen Rückzug Kenntnis bekam, weigerte sie sich, weiter vorzurücken, da sie nicht das größte Vertrauen in die militärischen Fähigkeiten ihres Herrschers setzten. Alle Überredungskunst des Königs fruchtete nicht, die Armee löste sich teilweise auf. James warb also neue Verbände an und hatte schließlich wieder zwischen 15.000 und 18.000 Mann beisammen. Während er in Lochmaben aufgrund einer Krankheit Station bezog, marschierte die Armee in Richtung der englischen West March. Allerdings hatte er vergessen, einen stellvertretenden Oberbefehlshaber für die Zeit seiner Abwesenheit einzusetzen und so ernannte sich Sir James Sinclair of Pitcairns, der einer der Höflinge war, die das Vertrauen König James V. genossen selber dazu. Diese eigenwillige Personalentscheidung sorgte für böses Blut im schottischen Lager und es war abzusehen, daß nicht alle Kommandeure sich seinen Entscheidungen unterordnen würden, was im Falle einer Schlacht zu furchtbaren Konsequenzen führen konnte - und in diesem Fall auch sollte. Thomas Wharton, Stellvertreter des englischen March Wardens, zog der fünffachen schottischen Übermacht mit nur 3000 Mann, seine gesamten verfügbaren March-Borderer, von Carlisle aus entgegen. Beide Armeen trafen bei Solway Moss am Morgen des 24. November 1542 zusammen. Eigentlich hatte Wharton lediglich vorgehabt, die Schotten so lange wie möglich aufzuhalten und ihnen einigen Schaden zuzufügen. Als die Schotten das Flüßchen Esk durchquerten, erkannte Wharton, daß jetzt oder nie die Chance für einen halbwegs erfolgreichen Angriff bestand. Der Fluß behinderte alle Truppengattungen und weder die Infanterie, noch die Kavallerie konnte sich entfalten, da das umgebende Marschland, bekannt als Solway Moss, tükkisch war. Von etwa 800 Reitern ließ er die rechte schottische Flanke angreifen. Dieser Angriff stiftete viel Verwirrung und löste Diskussionen unter den schottischen Kommandeuren aus, die allerdings den Worten keine Taten folgen ließen. Sicher war nur, daß keiner sich dem Oberbefehlshaber fügen wollte, so daß die Artillerie noch ein wenig auf die Engländer (oder besser: ziemlich ungenau in deren Rchtung) schoß und sich dann mit großen Teilen der übrigen Armee zurückzog. Keiner kümmerte sich mehr um den anderen und so war der Untergang der schottischen Armee gegen die lächerlich kleine Bordererarmee vorprogrammiert. Die Geschütze blieben im schlammigen Untergrund der Marches stecken, die Soldaten begannen zu fliehen und trampelten dabei etliche ihrer Kameraden tot. Der Rest von Whartons Truppe, der jetzt nachsetzte, hatte keinerlei Schwierigkeiten, 200 schottische Adlige (darunter auch den glücklosen selbsternannten Oberbefehlshaber) und 800 Infanteristen gefangenzunehmen, 24 Geschütze zu erbeuten und die Schotten in völliger Auflösung aus England hinauszujagen. Auf dem Fluchtweg der Armee wurden viele Soldaten zu allem Überfluß noch von den (englischen und schottischen) Borderern des Debatable Land und denen aus Liddesdale ausgeplündert. König James V. starb rund zwei Wochen später in Falkirk.

Auch an der Schlacht von Ancrum Moore im Jahre 1545 waren Bordererverbände beider Seiten beteiligt. Nachdem die Schotten die Verlobung der Thronfolgerin Mary mit Edward, dem Sohn Heinrichs VIII. für nichtig erklärt hatten, erklärte Henry VIII., das nicht hinnehmen zu wollen und anschließend Schottland den Krieg. Diese gewalttätige Besuchsandrohung machte erklärlicherweise keinen besonders günstigen Eindruck im Lande der Braut und noch weniger günstig war der Eindruck von den ersten Besuchern. Das waren nämlich Erkundungs- und Plünderungstrupps, bei denen wie so häufig viele Borderer dienten. Sie zerstörten, brandschatzten, raubten und mordeten auf königlichen Befehl hin, was ihnen unter die Hände kam. Am 27. Februar 1545 kehrte ein solcher englischer Verheerungstrupp, der überaus negativ dadurch aufgefallen war, daß er die Gräber der Douglasses entweiht und geschändet hatte, gerade von einem Raid zurück. Die Truppe unter Sir Ralph Evers und Sir Brian Latoun hatte Beute gemacht und malte sich bereits aus, wie er es sich in Jedburgh, der Basis der englischen Operationen damit gutgehen lassen würde. Schon bei beginnender Dämmerung stießen sie auf einen äußerst rachewütigen Gegner: Archibald Douglas, Earl of Angus, hatte sich mit seinen Truppen in einen Hinterhalt gelegt. Die Engländer ahnten offensichtlich nichts, denn sie bewegten sich, sträflicherweise ohne Vorhut, entlang der alten Römerstraße (der „Line of Dere Street"), die nordöstlich der modernen A 68 verläuft. Da Archibald Douglas zwar rachebedürftig, aber nicht blind war, sah er, daß mit seiner Truppe, die nur eine Vorhut war, keine offene Schlacht annehmen konnte. So zeigte er seine Anwesenheit und zog sich auf den Gipfel des Hügels Gersit Law[91] zurück. Die Engländer dachten, sich diese Chance nicht entgehen lassen zu dürfen, und attackierten den Hügel. Als ihr Angriff durch die Steigung an Schwung verloren hatte und ihnen zudem die tiefe Abendsonne in die Augen stach, nutzten die Schotten die Gunst der Stunde und griffen ihrerseits an. Der klassische Frontalangriff drängte die Engländer zurück in Richtung auf das im Osten gelegene Ancrum Moore. Vermutlich hätten die beiden englischen Kommandeure ihre Truppe dennoch reorganisieren und die Schotten besiegen können, wenn nicht 700 englische Borderreiter, die zum Teil mit Gewalt in den englischen Dienst gezwungen worden waren, die Seiten gewechselt hätten. Die völlig überraschten Nachbareinheiten brachen ein und jedermann suchte sein persönliches Heil in der Flucht. Die Schotten und ihre so plötzlich gewonnenen Verbündeten konnten neben dem Großteil der Beute über 1000 Gefangene machen, 800 Engländer einschließlich der beiden Kommandeure blieben auf der Wallstatt, während die schottischen Verluste unbedeutend waren[92].

Auch der ungleiche Streit zwischen der aus Schottland verjagten Königin ohne Land, Maria Stuart, und Elisabeth I. zeigte Auswirkungen auf die Borders, wenngleich es nicht zu regelrechten Schlachten kam. In der Zeit nach Maria Stuarts Gefangennahme im Mai 1568 erschütterten immer wieder Katholikenaufstände zugunsten der gefangenen Königin, die den englischen Katholiken als mögliche Gegenkönigin galt, den englischen Norden und damit auch Teile der Borders, ohne ihr letztendlich den schweren Gang zum Richtblock im Februar 1587 ersparen zu können. So entschlossen sich am 13. November 1569 einige katholische Lords und Gentlemen im Haus des Lords Westmoreland, Raby Castle, zu einem Aufstand für die inzwischen durch Elisabeth I. inhaftierte Maria Stuart. Die Herren, die in der Barons Hall des Castles versammelt waren, waren sich allerdings recht uneins, was Ort, Zeit und Art der Handlung anging, und überlegten schon, das Vorhaben gänzlich ad acta zu legen, als die Frau des Hausherrn, die Countess of Westmoreland, die Versammelten unter Tränen dazu bewegte, weiter für die Königin Schottlands einzutreten. Die Herren ließen sich erweichen und taten ihr den Gefallen. Nach Anfangserfolgen - Barnard Castle konnte genommen werden - brach der Aufstand zusammen. Lord Westmoreland mußte fliehen und beendete sein Leben 1601 im Exil. Raby Castle fiel an die Krone.

Das Ende der „Border Reivers"

Gegen Ende der Regierungszeit von Elisabeth I. hatten die Aktivitäten der Bordererbanden ein Maß erreicht, das ein auch nur ansatzweise geregeltes Leben in vielen Gegenden der Borders unmöglich machte. Aus Verzweiflung arbeitete die englische Seite gar Pläne aus, eine Art modernen Hadrianswall zu errichten. Man dachte an einen Wall, der in Sichtabstand mit Türmen bewehrt sein sollte, dessen Wachen jeden Grenzübertritt sofort hätten weiterleiten können. Mit Garnisonen im dahinter gelegenen Raum wäre ein Instrument entstanden, daß den englischen Borders nicht nur ein hohes Maß an passiver Sicherheit gewährt, sondern auch die Möglichkeit zu jederzeitigem aktiven Intervenieren gegeben hätte. Da die englische Regierung sich aber finanziell nicht in der Lage sah, die mindestens 30.000 Pfund Baukosten und die jährlichen Unterhaltskosten zu übernehmen, blieb das Projekt Makulatur. Nichtsdestotrotz zeigen die Überlegungen dazu, wie verzweifelt insbesondere die englischen Regierungsstellen waren und wie wenig sie selbst in Friedenszeiten imstande waren, dem mit dem Wort „Problem" nur unzureichend beschriebenen Sachverhalt beizukommen.

Eine der unsäglichen (inoffiziellen) Traditionen, die im Lauf der Jahrhunderte in den Borders entstanden, besagte, daß in der Zeit zwischen dem Tod eines und der Inthronisation des neuen Herrschers Recht und Ordnung ausgesetzt seien. Vergegenwärtigt man sich die ohnehin unhaltbaren Zustände in den Borders, vermag man sich vorzustellen, was nach dem Tod der englischen Königin geschah. Obwohl es nur einige Tage waren, die dieser Zeitraum umfaßte, gingen diese als „Ill Week" in die Geschichte ein. Ein unglaublicher Ausbruch gesetzloser Aktivitäten wurde verzeichnet und die Sicherheitskräfte, die schon im Alltag überfordert waren, bekamen während dieser Woche eine reine Statistenrolle zugewiesen. Große schottische Bordererfamilien, wie die Armstrongs, Grahams und Elliots, taten sich spontan zu einem Raid zusammen. Mit all ihren Leuten, deren Zahl nicht bekannt ist - sicherlich waren es mindestens mehrere hundert Mann - fielen sie in England ein und verwüsteten tagelang das Land. Nahezu 5000 Stück Vieh - in den Borders ein unendlicher Reichtum - und diverses andere Raubgut schleppten die erfolgreichen und von niemandem ernsthaft behinderten Räuber nach Schottland zurück. Zu diesem Zeitpunkt war den im Überfluß schlemmenden Borderern allerdings noch nicht klar, daß sie das gerade noch ertragbare Maß an Unglück und Unsicherheit überschritten hatten.

Auf dem Thron saß nun nach der fünfundvierzigjährigen Regierungszeit Elisabeths I. ein Schotte, James I. von England (nach schottischer Zählung James VI.) aus dem Hause Stuart. Dieser König war entschlossen, die beiden Kronen zusammenwachsen zu lassen, um ein geeintes Reich zu schaffen. Daher hatte der innere Friede höchste Priorität und diejenigen, die den inneren Frieden massiv gefährdeten, einen entsprechend schweren Stand. Die größte Gefährdung ging von den Bordererbanden aus, die plötzlich an einer Grenze lebten und plünderten, die keine Grenze mehr war. Hatten sie bisher zumindest zeitweise mit der Rückendeckung durch die schottische Regierung oder zumindest mit ein bis zwei zugedrückten Augen rechnen können, mußten sie die neueste Proklamation vom April 1603 lesen (oder sich vorlesen lassen). In dieser Proklamation stellte James heraus, daß die ehemaligen Marches nunmehr das Herz eines vereinigten Landes und entsprechend zu schützen seien. Jeder Rebell und jede „disorderly person" (ein recht dehnbarer Begriff) sei umgehend zu melden, niemand dürfe solchen Personen und ihren Familien Hilfe erweisen und jeder habe dafür zu sorgen, daß sie mit Feuer und Schwert bestraft würden. Eine letzte Chance eröffnete James I. diesem Personenkreis immerhin, denn in einer weiteren Proklamation, die er auf dem Weg nach London erließ, gab er ihnen bis zum 20. Juni des Jahres Gelegenheit sich seiner Gnade zu unterwerfen - wer diese Chance nicht nutzte, sollte auf ewig von dieser Gnade ausgeschlossen sein, was einen quasi vogelfreien Status bedeutete. Um das Problem auch rein sprachlich auszumerzen, wurde der Name Borders per Dekret verboten, die Marches wurden aufgelöst und das Amt des Wardens abgeschafft. Stattdessen sollte die Gegend jetzt „Middle Shires" heißen. Viele der wehrhaften Tower Houses mußten geschleift werden und ihren Bewohnern wurde angeraten, sich in Zukunft eine friedliche und Arbeit zu suchen. In Carlisle wurde eine Kommission von fünf Schotten und fünf Engländern eingesetzt, die die Befriedung der neuen „Middle Shires" überwachen und vorantreiben sollte. Zu diesem Zweck verfügten sie im klassischen Lande der Gewaltenteilung über jede exekutive und judikative Gewalt, die sie wollten und zur Not griff der König selber der Kommission auch mit legislativen Mitteln unter die Arme. Eine dieser Unterstützungsaktionen, die nach der Abschaffung der ohnehin in die Bedeutungslosigkeit abgerutschten „Border Laws" in Kraft traten, war das Gesetz über Diebstahl. Kurz, knapp, klar und überaus erbarmungslos verkündete es, daß jeder Engländer, der in Schottland und jeder Schotte, der in England etwas im Wert von über zwölf Pence stehle, mit dem Tode bestraft werde. Außerdem war der Besitz von Pferden genau zu registrieren (und konnte bestimmten Personen auch verboten werden) und das Tragen von Waffen (ein Dirk zählte jedoch nach wie vor nicht als Waffe) untersagt. Da der Kommission ausreichend Finanzen und Machtmittel (hätten die Wardens je diese Möglichkeiten gehabt, hätten sie wohl auch mehr ausgerichtet) zur Verfügung gestellt wurden, ließ der Erfolg nicht lange auf sich warten. Sich auf Humanität und Milde zu berufen, hatte nach dem 20. Juni tatsächlich keine Wirkung mehr. Die Schnelljustiz dieser Zeit ging als „Jeddart Justice" in die Geschichte ein, was praktisch bedeutete, daß jeder auf frischer Tat ertappte Verbrecher ohne Verhandlung exekutiert werden konnte und oft genug wurde. Sir George Home, dem der König die Exekutivgewalt für diesen „Befriedungskreuzzug" übergeben hatte, ließ zwecks besserer Abschreckung allein 140 bekannte Diebe öffentlich hängen, darunter auch prominente Gesichter. Nie war gegen die „Reivers" in ähnlich effizienter Weise vorgegangen worden, zumal viele ihrer heimlichen Förderer sich angesichts der königlichen Energie der alten und lebensspendenden Tradition des Überlaufens erinnerten. Der bereits einschlägig erwähnte Sir Walter Scott of Buccleuch beispielsweise erkannte schnell die Zeichen der neuen Zeit und nutzte sein Wissen jetzt, um seine ehemaligen Kumpane aufzuspüren und an den Galgen zu bringen oder sie (Warum nicht Nutzen aus derart begabten Menschen ziehen?) der englischen Armee zu vermitteln, die auf dem Kontinent kämpfte.

Kampflos gab der harte Kern der „Border Reivers" sein „Gewerbe" allerdings nicht auf. Geradezu Mißachtung gegenüber den gegen sie aufgefahrenen Kräften zeigten die Reiter aus dem Liddesdale, in der Mehrzahl Anhänger der Armstrongs und Elliots, die einen besonders gewalttätigen Raid in das Redesdale hinein durchführten. Scheinbar ging es ihnen nicht nur um Beute, sondern auch um ihr Renommee als gefürchtete und mächtige Lokalautoritäten. Männer und Frauen, die nur den Anschein einer Gegenwehr zeigten, wurden getötet oder durch Kugeln und Pfeile schwerverletzt, wenn sie Glück hatten, auch „nur" zusammengeschlagen. Dieses gegen die neuen Ordnungsmächte gerichtete Verhalten stieß bei den Betroffenen und bei den derart provozierten Regierungsstellen naturgemäß nicht auf allzuviel Gegenliebe. Mit allen zur Verfügung stehenden Mitteln wurde an den Armstrongs[93], Elliots und auch an den Grahams ein besonderes Exempel statuiert. Einige wurden einfach verhaftet und gehängt, aber die Mehrzahl wurde entweder nach Irland exiliert oder in die englische Armee gepreßt, die nach wie vor großen Bedarf an leichter Kavallerie hatte. 150 Grahams beispielsweise mußten in englischen Garnisonen Dienst tun, andere Borderer wurden in Irland oder auf dem Kontinent eingesetzt. Allen gemeinsam war dagegen die strenge Bestimmung ihren Aufenthaltsort betreffend: keiner der Verurteilten durfte bei Androhung der Todesstrafe jemals wieder seine Heimat betreten. Andererseits wären echte Borderer nicht echte Borderer, wenn sie nicht wenigstens teilweise Möglichkeiten gefunden hätten, diese Vertreibung zu umgehen und dennoch nicht der angedrohten Strafe anheimzufallen. Stellvertretend für viele andere mag John Hall aus Elsdon in Northumberland hier erwähnt werden. Besser bekannt unter dem Namen Long Parcies Joke war er ein gefürchteter Borderreiter gewesen, der jedes nur denkbare Verbrechen begangen haben soll, das in dieser Zeit geschehen konnte. Vor die Wahl zwischen Todesstrafe und Irlandeinsatz ohne Wiederkehr gestellt, wählte er die zweite Alternative, überlebte die dortigen Gefechte und kehrte nach einigen Jahren in seine alte Heimat zurück. Dort gelang es ihm sogar, sein gewohntes Gewerbe fallenzulassen; er übernahm eine Kneipe, ein „Alehouse", und soll, abgesehen von einigen Raufereien, nicht weiter auffällig geworden sein, weshalb ihn vielleicht auch die Ordnungskräfte in Ruhe ließen.

Nicht alle Borderer orientierten sich in Richtung friedlicher Berufe um, aber auch sie mußten die Wahrheit des Zitats: „Wer zu spät kommt, den bestraft das Leben" erfahren. So wurden diejenigen, die die Tradition des „Reiving" aufrecht erhalten wollten gnadenlos gejagt, so daß sie schnell weniger wurden und nicht mehr annähernd das Gefahrenpotential der vergangenen zwei Jahrhunderte darstellten. Immerhin waren sie aber noch so gefährlich, daß noch in der ersten Hälfte des 17. Jahrhunderts wieder im Norden des Tynedale ein „Country Keeper" eingesetzt wurde, der speziell dieses Restproblem aus der Welt schaffen sollte. Dieser sah sich jetzt zwar einer kleineren Anzahl von Banden gegenüber, mußte aber erfahren, daß diese aufgrund der äußeren Bedrohung besser organisiert und um so vorsichtiger waren. Außerdem wechselten sie öfter den Standort und besannen sich auf die alte und immer noch wirkungsvolle Tradition der Bestechung. Obwohl die Farmer und Bürger der Borders (jetzt „Middle Shires") eine Sondergebühr für ihn zahlen mußten, soll es weiterhin eine latente Zusammenarbeit mit einigen Banden gegeben haben. Der Bürgerkrieg in England erleichterte den Banden ihr Geschäft aufs Neue, da die Staatsmacht nun anderweitig beschäftigt war. Insofern verwundert es den Kenner der Materie nicht erheblich, wenn im Jahr 1648 gemeldet wird, daß etwa 70 Reiter und weitere Männer zu Fuß mit Sturmleitern vor Carlisle erschienen, in die Festung eindrangen, das Tor öffneten und die Gefangenen, unter denen viele Borderreiter waren, befreiten. Danach ist allerdings von derart spektakulären Aktionen nichts mehr zu hören, die zweite Hälfte des 17. Jahrhunderts sieht die letzten dieser verspäteten „Border Reivers", die jetzt „Moss Troopers" genannt wurden, auf ihren flinken Pferden zum nächtlichem Beutezug ausreiten.

Raby Castle, County Durham (Foto: English Life Publications)

Abbotsford House (Foto: Hagen Seehase)

Buergerkrieg und Jakobitenaufstaende

Der englische Bürgerkrieg

Die Atempausen für die Menschen in den Borders waren, bis die plündernden Reiter ab der zweiten Hälfte des 17. Jahrhunderts weitgehend aus ihrem Alltag verschwanden, immer recht selten gewesen. Obwohl der englische Bürgerkrieg, in dem die Engländer Krieg gegen sich selber führten, eine solche Möglichkeit gewesen wäre, wurde diese nicht genutzt. Nicht zum ersten und nicht zum letzten Mal in der Geschichte der sich für so überlegen haltenden Gattung Mensch war es der Glaube, der Ursache des Blutvergießens war. Europa war im 16. und 17. Jahrhundert insgesamt Schauplatz dieser innerchristlichen Glaubenskriege, die sich nach der Reformation zwischen Katholiken und Protestanten entzündet hatten und zu reinen Machtverteilungskämpfen auf dem Kontinent ausuferten. Der dreißig Jahre währende Selbstverstümmelungskampf der Europäer, ausgetragen auf dem Boden der deutschen Staaten, erbrachte 1648 nicht mehr, als einen Erschöpfungsfrieden, einen Kompromiß der Mächte, mit dem alle Beteiligten einigermaßen leben konnten.

England hatte in religiöser Hinsicht einen Sonderweg eingeschlagen. Nicht ein Reformator, wie Luther in Deutschland, hatte Volk und Fürsten aufgerüttelt, sondern ein König war die Ursache gewesen. Dieser König wünschte, eine Ehefrau gegen eine andere einzutauschen. Henry VIII. hatte Papst Klemens VII. um Scheidung von seiner Frau Katharina von Aragonien ersucht, war aber auf Ungnade gestoßen. So schnell war der willensstarke Henry VIII. aber nicht von seinem Begehren abzubringen und so erwuchs aus diesem Konflikt des englischen Königs, der noch 1521 von der Kurie für seine Schriften gegen Luther den Titel „Defensor fidei" (Verteidiger des Glaubens) erhalten hatte, mit dem Papst die anglikanische Kirche, deren geistliches Oberhaupt seit 1531 der König selber war. Nur drei Jahr später bestätigte das Parlament die neue Kirche. Angesichts des weiteren Lebenslaufs von Henry VIII. ist es unwahrscheinlich, daß der Papst viel gewonnen hätte, wenn er die erste Ehescheidung akzeptiert hätte, denn immerhin schloß der englische Herrscher sechs Ehen. Dennoch blieb die anglikanische Kirche im wesentlichen katholisch geprägt - schließlich hatte den König nur der Papst gestört - was sich allerdings im Verlauf des 16. Jahrhunderts zugunsten protestantischer Einflüsse änderte. Bis zum Ende der Herrschaft von Elisabeth I. war das kein Problem, aber nun gelangten die Stuartkönige James I. und nach ihm Charles I. auf den Thron. James I. war calvinistsch erzogen worden und wurde mit der Thronbesteigung 1603 Anglikaner. Mit seinen kirchenpolitischen Aktivitäten (z.B. Wiedereinführung der Bischöfe in Schottland, neue liturgische Vorschriften) machten er und sein Nachfolger sich im Norden der Insel extrem unbeliebt und so dauerte es lediglich bis 1637, bis ein Aufstand gegen die Eingriffe in Glaubensfragen begann, der 1638 im Covenant gipfelte, der die Verpflichtung beinhaltete, die schottische Kirk gegen alle Eingriffe zu verteidigen. Man setzte mit Unterstützung des Parlaments in Edinburgh die Bischöfe ab, schaffte die Weihe für Bischöfe gleich prinzipiell ab und sprach sich für einen Krieg gegen Charles I. aus. Charles, der noch stärker als sein Vater zu absolutistischen Vorgehensweisen neigte, hatte sich in seiner Auseinandersetzung mit dem Parlament und in der parlamentslosen Regierungszeit von 1629 bis 1640, in der er einen vergeblichen Versuch zur Institutionalisierung des Absolutismus in England unternommen hatte, viele Feinde gemacht. Seine religiösen Feinde warfen ihm seine religiösen Neigungen zum Katholizismus oder doch mindestens einem katholisch geprägten Anglikanismus vor, sie, die Puritaner, Calvinisten und Independenten, wollten eine gereinigte Kirche mit asketischen Grundprinzipien. Besonders prekär war die Lage für den englischen König deshalb, weil diese religiösen Feinde mit den politischen nahezu dekkungsgleich waren, da das House of Commons, das Unterhaus, protestantisch geprägt war. Daher wunderte es niemanden, daß das Parlament, das Charles im April 1640 einberief, und das, weil es nach drei Wochen wieder aufgelöst wurde, als das Kurze Parlament in die Geschichtsschreibung einging, dem König kein Geld für Gegenmaßnahmen zur Verfügung stellte. Die Schotten, die diese Probleme nicht hatten, überschritten derweil die Grenze und hielten sich an englischem Eigentum schadlos. Charles mußte verhandeln und er tat das relativ erfolgreich, denn die Schotten erklärten sich bereit, gegen Zusage einiger religiöser Freiheiten und gegen Zahlung einer Art Kriegskostenentschädigung wieder nach Norden zu entschwinden. Ersteres kostete den König nur ein wenig Überwindung, aber der zweite Punkt war ausgesprochen heikel, da er nun, um an Geld zu gelangen, wieder ein Parlament einberufen mußte. Es sollte im Gegensatz zum Aprilparlament als sogenanntes Langes Parlament bekannt werden und trat im November 1640 zusammen.

Dieses Parlament sollte das letzte sein, das Charles einberief, und es sollte sein schlimmster Alptraum werden. Seine Mitglieder hatten nicht vor, über die Gelder zu debattieren, die dem König am Herz lagen, sondern es wollte die Rechte des englischen Königs massiv beschneiden. So erkannte es dem Herrscher das Recht ab, Parlamente auflösen zu dürfen, machte sich selbst zum obersten Staatsgerichtshof und nahm diese Funktion gleich wahr: Es verurteilte den antiparlamentarisch eingestellten Ersten Minister des Königs, den Earl of Strafford, und den Erzbischof von Canterbury, William Laud, der den König in seinem absolutistischen Denken bestärkt hatte, zum Tode. Da der König auch auf andere Rechte verzichten sollte, war eine Auseinandersetzung vorprogrammiert. Akut wurde die Frage königlicher Rechte noch während der Beratungen, denn in Irland hatte ein Aufstand begonnen, den das Parlament niederzuschlagen gedachte. Das hätte bedeutet, dem König den Oberbefehl zuzugestehen, wozu die Puritaner und andere Abgeordnete, eine Parlamentsmehrheit immerhin, nicht bereit waren. Die gemäßigten Abgeordneten gingen daraufhin zum König über und der Bürgerkrieg zwischen Kavalieren und Roundheads hatte begonnen. An dieser Stelle kommen die Schotten, die immer noch auf ihr Geld warteten, wieder ins Spiel - als Helfer der Parlamentsfraktion (natürlich nicht alle Schotten, denn viele wollten sich nicht gegen die Monarchie einsetzen lassen). Dafür mußte ihnen das Parlament eine Kirchenreform auf calvinistischer Basis und Geld zugestehen. In seiner bedrängten Lage - zunächst hatte die königliche Partei militärisch die Oberhand - akzeptierte das Parlament diese Forderungen, die es allerdings dank der Entwicklungen im Krieg niemals einhalten mußte.

Ganz maßgeblich für diese Entwicklungen verantwortlich war der Landedelmann und erfolgreiche Reitergeneral Oliver Cromwell. Mit seinen bekannten Ironsides, der zur damligen Zeit besten Kavallerie auf englischem Boden trug er zum militärischen Sieg des Parlaments in den entscheidenden Schlachten von Marston Moor (1644), Naseby (1645) und Oxford (1646) wesentlich bei. Auch die Borders waren von diesen Konflikten betroffen, eine prominente Rolle spielte in diesen Kämpfen der Marquis von Montrose[94], der 1644 eine Armee royalistischer Schotten und Iren um sich versammelt hatte, um für die Sache von König Charles I. zu streiten. Montrose, eigentlich ein Covenanter und Unterzeichner der Urkunde, die für die Freiheit der schottischen presbyterianischen Kirche und gegen jeden Rekatholisierungsversuch eintrat, zeigte sich bald von der religiösen Intoleranz der Covenanter enttäuscht und zum Wehsel auf die Seite der Royalisten veranlaßt. Seine Truppe bestand hauptsächlich aus irischen und schottischen Veteranen des 30jährigen Krieges. Die ersten Highlander, die zu Montrose stießen, waren Robertsons und Stewarts, es dauerte allerdings nicht sehr lange, bis sich Aufgebote der MacLeans, der Gordons und der MacDonalds anschlossen. Immerhin hatte Montrose durch seine Familie, die Grahams, eine waschechte Borderfamilie, genügend Bordererblut in den Adern, um mit (fast) jeder bedrohlichen Situation fertig zu werden. So hatte er eine Truppe von englischen und schottischen Borderern zusammengebracht. Montrose gewann mit seinen Borderern Territorium nördlich des Tyne für die Royalisten zurück. Er eroberte Morpeth Castle, Stockton Castle, South Shields Fort, Stockton und Hartlepool. Dummerweise folgte eine Armee der Covenanter unter dem Earl of Callander Montrose und nahm die verlorenen Stützpunkte wieder ein, so daß die Erfolge keine durchschlagende Wirkung entwickeln konnten.

Nach Erfolgen Montroses 1644 und 1645 in Schottland gab es dort keinen Gegner mehr und er mußte, wollte er militärisch aktiv bleiben, nach Süden ziehen und den König, um den es gar nicht gut stand, direkt in England unterstützen. Viele seiner Highlander waren allerdings nicht bereit, ihm dorthin zu folgen und so waren es nurmehr etwa 600 Mann, die er ins Feld zu führen vermochte. Dennoch zog er der Armee General Leslies entgegen, einer etwa zehnfachen Übermacht. Bei Philiphaugh , in der Nähe von Selkirk, ließ er am Abend des 12. September seine Männer an einem Wasserlauf lagern. Vielleicht fühlte er sich noch zu sicher, vielleicht taten die Wachen ihre Pflicht nicht wie sie sollten oder vielleicht war es der Nebel, der am nächsten Morgen die Gegend beherrschte, in jedem Fall konnten die Parlamentstruppen von General David Leslie unbemerkt bis in die Nähe des Lagers gelangen. Als der Angriff begann, hatte man zwar auf der Seite Montroses bereits erste Gegenmaßnahmen eingeleitet, angesichts der Übermacht und der Unmöglichkeit, die Truppen noch zu organisieren, waren diese allerdings sinnlos. Die Männer Montroses wurden besiegt, er selbst kehrte nach Norden zurück und führte noch bis 1646 Unternehmen gegen die Parlamentsanhänger. Im Juli diesen Jahres gab der König Montrose den Befehl, seine Truppen zu entlassen und Schottland den Rücken zu kehren. Erwähnt werden müssen an dieser Stelle noch die traurigen Ereignisse in der Folge der Niederlage von Philiphaugh im September 1645. Nachdem die Truppen von Montrose geschlagen worden waren, ließen die glaubenseifrigen Geistlichen der Covenanter 300 Frauen und Kinder, die den irischen Soldaten im Troß gefolgt waren, ermorden. Doch damit nicht genug, tagelang durchstreiften Stoßtrupps die Umgebung, um Flüchtlinge aufzustöbern und ebenfalls hinzumorden. Dabei sollen die Soldaten völlig freie Hand gehabt haben, denn immerhin töteten sie in Gottes Namen. Manche der Unglücklichen, die sie dort aufgriffen, mußten - offensichtlich ebenso im Namen Gottes - makabre Wasserspiele erdulden. Sie wurden mit Piken in den Tweed getrieben und mit deren Hilfe mal unter Wasser gehalten, mal an die Oberfläche gelassen, bis die „gottesfürchtigen" Folterknechte der Sache müde wurden und ihre Opfer endgültig ertränkten. Der Covenant zeigte sich bei derartigen Aktionen von seiner entsetzlichsten Seite. Der Führer der Covenanter, General Leslie, ist häufig für sein Verhalten kritisiert worden, das antreibende Element der furchtbaren Übergriffe waren jedoch seine scheinheiligen blutgierigen Feldgeistlichen.

Nach diesem militärischen Sieg der Parlamentspartei auf der ganzen Linie vermochte Cromwell die Spannungen zwischen Parlament und Armee, die aus der Frage resultierten, ob die Monarchie abzuschaffen und ob ein einheitliches presbyterianisches Kirchensystem zu installieren sei, zu seinen Gunsten zu nutzen. Dieser Zwiespalt führte zu einer Fortsetzung des Bürgerkriegs mit neuen Fronten, denn nun rückten die Schotten (natürlich wieder nur ein Teil, da einige auch auf der anderen Seite oder zwischen den Fronten ihr persönliches Wohlergehen suchten), der geschlagene König und seine Anhänger und große Teile des Parlaments zusammen. Während sie die Monarchie erhalten und eine presbyterianische Kirche wollten, verlangten ihre Gegner, die Armee und ein kleiner Teil des Parlaments, eine Republik und religiöse Freiheit (was immer das bei dem aggressiven missionarischen Eifer vieler dieser Gruppen bedeuten sollte). Cromwell konnte ein allzu schnelles Zusammenrücken seiner Gegner, die sich durchaus mißtrauten, allerdings hinauszögern, bis er die ersten fast unschädlich gemacht hatte. Auch die Schotten hatten (wie jeder, der sich Cromwell in den Weg stellte) unter ihrer Erklärung für die Monarchie zu leiden, denn Cromwell rückte sogleich an, machte für kurze Zeit in Barnard Castle in den Borders Halt, und vernichtete das schottische Aufgebot in der Schlacht von Preston im August 1648 derart gründlich, daß damit der Bürgerkrieg als beendet galt, wenngleich sich die Kämpfe bis ins Jahr 1650 erstreckten.

Auch die Stuarts of Traqair, bzw. Lord Linton, der gerade Traquair House von seinem Vater geerbt hatte, waren zwar tapfere, aber auch vorsichtige Menschen. So stattete der Lord sein Erbstück mit Geheimgängen aus, da er gerade zum Katholizismus konvertiert war. Das schien ihm notwendig zu sein, denn die meisten Bewohner der Borders galten zu dieser Zeit als radikal protestantisch. So hielt auch nach der Hinrichtung Charles I. am 30. Januar 1649 vor Whitehall in London beispielsweise Neidpath Castle bei Peebles mit seiner Garnison unter Lord Yester aus dem Clan Hay lange gegen englische Soldaten unter Cromwell aus. Erst nach langem Beschuß ergab sich diese mutige Garnison im Dezember 1650 als letzte größere Festung südlich des Forth. Nun konnte, nach den verfehlten Experimente der beiden Stuartkönige, mit dem Absolutismus des Lord-Protektors Cromwell

Barnard Castle (Foto: Hagen Seehase)

Neidpath Castle (Foto: Antje Mismahl)

(ab 1653) ein nicht minder verfehltes Experiment einer bereits in sich widersprüchlichen tyrannisch-religiösen Staatlichkeit ohne Verfassung seinen Lauf nehmen, das sich offiziell Republik schimpfte. Zwar waren viele Maßnahmen, die Cromwell durchsetzte, sinnvoll und gut, aber er tat es mit Hilfe der Armee, die zu ihm stand, während er mit den wenigen Parlamenten, die einberufen wurden, nicht viel besser zurecht kam (und sie auch nicht besser behandelte) als seine königlichen Vorgänger. Nach seinem Tod 1658 zeigte sich sein Sohn Richard, der zunächst den Titel Lord-Protektor vom Vater übernahm, unfähig, das Erbe zu erhalten - und die übergroße Mehrheit der Engländer zeigte sich unwillig, diese Regierungsform weiter fortzusetzten.

Daß auch zu Cromwells Zeiten die Borders noch nicht vollständig befriedet waren, zeigen beispielhaft die Geschichten, die sich um Augustine den Moss Trooper ranken. Die Banden, die man später „Moss Troopers" oder „Mossers" nennen sollte, trieben sich in den gebirgigen und moorigen Winkeln des Landes herum und machten besonders die Gegend am Hadrianswall unsicher. Urkundlich erwähnt wurde der Begriff „Moss Trooper", der zum Synonym für alle möglichen Räuber und Partisanen wurde, zum ersten Male 1646. Zwei Jahre später griffen einige königstreue englische Borderer im Bündnis mit zwielichtigen schottischen Herrschaften Carlisle Castle an. 70 Reiter und einige Fußkrieger erstiegen die Mauern, brachen das Burgtor auf, befreiten die in der Burg Eingekerkerten, verwundeten den Torwächter und ritten gen Schottland davon.

Nach der Niederlage von Dunbar erinnerten sich viele Schotten ihrer ruhmreichen Vergangenheit und gingen als irreguläre Kavallerie in die Borders. Sie machten der englischen Besatzungstruppe einige Schwierigkeiten. Einer ihrer Anführer wurde der legendäre Augustine. Captain Augustine war ein Reiterführer mit militärischer Vergangenheit. Man weiß von ihm, daß er ein Deutscher war, der Schottland liebte. Mit hoher Wahrscheinlichkeit ist er mit dem Captain Augustin Hoffman identisch, der bei Marston Moor in David Leslies Regiment kämpfte. In der Nacht des 13. Dezember 1650 überquerte er, aus den Highlands kommend, den Firth of Forth bei Blackness mit 120 Mann. Die Stadt Edinburgh war in englischen Händen, die Burg nicht. Augustin drang durch das Canongate mit einer List in die Stadt ein, ritt die High Street hinauf bis zur Burg. Dort ließ er den Belagerten Pulver und andere lebenswichtige Dinge zurück und brach eine halbe Stunde später erneut durch die englischen Linien. Er verlor nicht nur keinen einzigen Mann, sondern machte sogar noch fünf Gefangene. Dafür beförderte man ihn zum Colonel. Bei Inverkeithing kommandierte er ein Regiment, entkam dem Desaster und machte auf eigene Rechnung zusammen mit einem anderen Reiterführer, Captain Patrick Gordon, genannt „Steilhand the Mosser", die Grampians unsicher. 1652 mußte er nach Norwegen fliehen. Schon 1660 wurde die Monarchie restituiert und Charles II. konnte völlig unblutig den Thron wieder in Besitz nehmen, aber das grundsätzliche Problem der Machtverteilung zwischen Monarch und Parlament war nach wie vor ungeklärt und der am Hof des Sonnenkönigs Ludwig XIV. erzogene Charles II. zeigte ebenfalls manche der absolutistischen und religiösen Anwandlungen, die seinen Vorgänger den Kopf gekostet hatten und die letztlich 1688 zur Glorious Revolution führten. Die religiösen Überzeugungen, die nach Meinung des Monarchen all seine Untertanen mit ihm zu teilen hatten, waren streng episkopal. Das konnte im protestantischen Umfeld der Borders kaum zu Begeisterungsstürmen der Untertanen führen, die sich denn ihr Seelenheil weiterhin, trotz des Verbotes von „unauthorized religious services" und den harten Strafen für Nonkonformisten, bei Predigern ihrer Wahl bestätigen ließen. Einer von ihnen war Alexander Padon, ein schottischer Presbyterianer, der während dieser Zeit den später nach ihm benannten Padon Hill als Ort der religiösen Widerstandspredigt nutzte. Auf dem 378 Meter hohen Hügel findet man einen merkwürdig großen Steinhaufen, der daher rührt, daß jeder Zuhörer zu jedem Gottesdienst einen Stein als Zeichen seines Glaubens und seiner Herausforderung der offiziellen religiösen Unterdrückung dem Hügel hinzufügen sollte.

Oliver Cromwell
(25.04. 1599 bis 03.09. 1658)
englischer Staatsmann u. Heerführer,
strenger Puritaner, 1640 Mitglied des
„Kurzen" und „Langen Parlaments",
Haupt der Independenten im Bürgerkrieg
gegen Charles I., den er 1649 hinrichten
ließ. Schaffte mit Hilfe des „Rumpfparlaments" das Königtum ab, erhielt 1653 in
der Republik (Common Wealth and Free
State of England) als Lordprotektor auf
Lebenszeit eine monarchische Stellung.
Er stärkte durch die Navigationsakte
von 1651 auch die englische Seemacht.
(aus: Witte, Berufsschullexikon 1959)

Die Jakobitenaufstände

Mit dieser Glorious Revolution, die Wilhelm von Oranien an die Macht brachte, änderte die Lage in England sich in Bezug auf die Feindbilder der Regierung. Nicht mehr die protestantischen Sekten wurden nunmehr geheimpolizeilich überwacht, sondern die Anhänger der Stuarts galten als prinzipiell verdächtig. Daß diese Einstellung durchaus nicht Jahre benötigte, um langsam Schottland zu infiltrieren, zeigt die Tatsache, daß die Stadtpolizisten Edinburghs die königstreuen Soldaten vertrieben. Daß diese Einstellung sich mit der vieler Schotten nicht auf Dauer vertragen würde, war frühzeitig abzusehen, wurde aber auch von Königin Anne, die als zweite Tochter James II. nach Wilhelm von Oraniens Tod 1702 auf den Thron gehoben wurde, nicht genügend berücksichtigt. Innerhalb Englands schaffte sie mit dem United Kingdom von 1707 den Grundstein für Frieden in den Borders, außerhalb Englands führte sie dagegen auf dem europäischen Kontinent ausgedehnte Kriege. Als die Frau ohne großen politischen Weitblick 1714 ihre Augen zur letzten Ruhe schloß, hinterließ sie ihren Landsleuten jedenfalls eine Nachfolgeregelung, die nicht nur in Schottland für Aufruhr sorgte. Obwohl sie vielleicht daran gedacht haben mochte, den (angeblich untergeschobenen) Sohn James II., den späteren Old Pretender[95] zu ihrem Erben zu machen, hatte sie sich letztlich für weit entfernte hannoversche Verwandte entschieden. Kurfürstin Sophie (1630-1714), die Anne nur kurze Zeit überleben sollte, nahm das Erbe für ihren Sohn Georg an, der als George I. den englischen Thron bestieg.

Das konnten die Schotten (und auch viele Engländer) nicht akzeptieren, da sie immer noch ihr Heil mit den Geschicken der Familie Stuart verbunden sahen. So kam es, wie es kommen mußte: Schottland probte den Aufstand und das gleich dreimal. Im Jahre 1715 erhoben sie sich das erste Mal und auch die Borders waren beteiligt. Der Earl of Derwentwater und der Tory-Abgeordnete für Northumberland, Thomas Foster, unterstützen in den englischen Borders die geplante Landung des Old Pretender. Sie bekamen Hilfe von Brigadier William Macintosh of Borlum, der mit seinen Hochländern auf Befehl des Führers der Rebellion, des Earl of Mar, zu ihnen stieß und sich bei Kelso mit ihnen vereinigte. Die etwa 600 Reiter und 1400 Infanteristen überschritten in Überschätzung ihrer Kräfte tatsächlich die (inzwischen eigentlich nicht mehr existente) Grenze zu England und hielten in der Schlacht bei Preston zunächst aus, bis sie vor den weiter verstärkten englischen Regierungstruppen am 14. November kapitulierten.

Soldaten der Coldstream Guards, 18. Jahrhundert

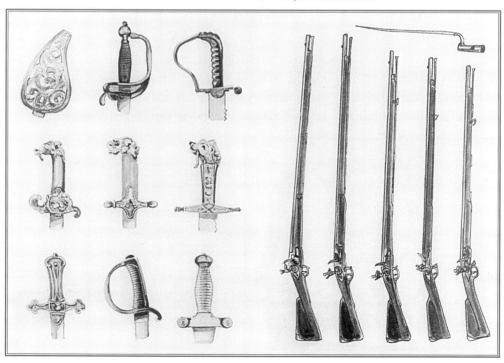

Britische Stich- und Schußwaffen

Eine weniger blutige, dafür um so amüsantere Begebenheit ereignete sich auf Lindisfarne. Dem Kloster, das die Wikinger als Auftakt ihres Raubens in England gewählt hatten, war inzwischen ein Castle an die Seite gestellt worden. Zwar hatte dieses Castle seit der Vereinigung der beiden Kronen stark an Bedeutung verloren und war nurmehr mit einer winzigen Garnison von sieben Mann und Kommandeuren, die man anderswo nicht mehr recht einsetzen mochte, belegt, aber es handelte sich immer noch um eine englische Festung. In einer Nacht des Aufstandes wurde diese Festung von zwei Soldaten bewacht und zwei Jakobiten gelang es, diese zu überwältigen und das Castle zu erobern. Was sich die beiden Jakobiten, gedacht hatten, ob und welche Pläne sie verfolgten, wird wohl auf immer ein Rätsel bleiben, denn nachdem sie die Eroberung eine Nacht gehalten hatten, gaben sie auf und verschwanden unerkannt im Dunkel der Geschichte. Der 2. Aufstand des Jahres 1719 erfolgte dann ohne signifikante Beteiligung der Borders.

Erst der dritte, große Aufstand der Jahre 1745/46 für den Young Pretender ergriff große Teile Schottlands und auch wieder die Borders. Nachdem die regelrechte Landung einer französischen Invasionsarmee unter dem Marschall Moritz von Sachsen an den Unbillen des Wetters gescheitert war, hatte Bonnie Prince Charlie selber zwei Schiffe aufgetrieben, diese mit Waffen beladen und sich mit wenigen Getreuen auf den Weg gemacht. Diesmal waren es die wachsamen Augen der britischen Flotte, die beinahe wieder die Landung verhindert hätten. Zwar entkam der Prinz, aber das größere seiner beiden Schiffe mußte schwer beschädigt wieder nach Frankreich zurücksegeln. So war seine Ankunft nicht eben glanzvoll und selbst der bekannte schlagfertige Wortwechsel[96] mit Macdonald of

Alte Karte von Farne Island

Boisdale trug nur kurzfristig etwas zur Besserung der Situation bei. Bevor der Aufstand in der Schlacht bei Culloden sein blutiges Ende nahm, konnten kleine Erfolge, wie das gewonnene Nachtgefecht in den Borders bei Clifton Moor am 18. Dezember 1745, das allerdings die Engländer nicht mehr als zwei Dutzend Tote gekostet hatte, zu Möglichkeiten stilisiert werden, die letztlich nicht gegeben waren, auch wenn die Schotten mit den vorhandenen Kräften sicher mehr hätten erreichen können.

Immerhin gebührt den Borders die Ehre, die letzte größere militärische Aktion zu Lande auf englischem Boden gesehen zu haben. Wie so oft in seiner Geschichte wurde Carlisle Castle Ende Dezember von den Engländern unter dem Duke of Cumberland belagert, während Colonel Townly und das Mancester Regiment der Jakobiten sich dort verschanzt hielten. Nach wenigen Tagen, am 30. Dezember 1745, mußten sie sich wegen des dauernden Artilleriebeschusses allerdings ergeben, was sie nicht hätten tun sollen, denn im Zuge der nach Culloden sich erst voll entfaltenden harten Strafpraxis gegen alles, was auch nur im entferntesten an Schottland erinnerte, wurden 400 Männer, die meisten der Verteidiger, exekutiert.

❧ ❧ ❧

Beadnell Tower - erst „Peel", dann Wirtshaus

Schon ein Epilog: Die Border-Regimenter

Nach dem offiziellen Ende der Borders kam es in der Tradition der bekannten militärischen Erfolge früherer Borderereinheiten zur Aufstellung sogenannter Border-Regimenter, von denen die meisten, zumindest dem Namen nach, im ehemals englischen Teil beheimatet waren. So wurden mit deutlichem Bezug zur schottischen Seite hin 1689 die King's Own Scottish Borderers und, eigentlich als Lowland-Regiment, die Cameronians aufgestellt, deren Personal allerdings nicht selten aus dem ehemaligen Borderterritorium stammte. Nach Süden orientiert waren die anderen Border- oder bordernahen Regimenter: das King's Own Border Regiment (1702), die Northumbrian Fusiliers (altes Regiment, Nr. 5 in der Senioritätsliste), die Durham Light Infantry (1758) und, als nur kurzfristiges Zwischenspiel im Ersten Weltkrieg, die nicht mehr reitenden, dafür aber radfahrenden zwei Bataillone der Northern Cyclists. Diese Border-Regimenter sind in doppelter Hinsicht als Epilog anzusehen. Zum einen existierten während ihrer Aufstellung die Borders kaum oder gar nicht mehr und zum anderen bestanden sie bald nicht mehr nur aus Bewohnern der Borders, wie es zuvor, von Offiziersrängen einmal abgesehen, üblicherweise gewesen war.

In Erscheinung traten die Regimenter vor allem in den Weltkriegen, denn in Friedenszeiten neigt die britische Armee zu massivem Personalabbau zugunsten von Marine und Luftwaffe. Im Kriegsfall werden diese Minimalbesatzungen dann schnell mit Personal aufgestockt, und die Herkunft dieses Personals muß sich eben nicht immer mit den Regionen decken, aus denen der Regimentsname stammt. Selbst im Vorfeld des Ersten Weltkriegs, als die Kontinentalmächte längst zur Einberufung der wehrfähigen Jahrgänge übergegangen waren, wurde die Wehrpflicht in Großbritannien als unpopulär verworfen. Stattdessen griff man auf das alte Freiwilligensystem zurück, was sich zunächst auch als ausreichend erwies. Auch vor dem Ersten Weltkrieg wurden die Border-Regimenter von der englischen Heeresleitung genutzt, so z.B. die Durham Light Infantry in der napoleonischen Zeit in Spanien, im Krimkrieg und bei Maori-Aufständen in Neuseeland und das King's Own Border Regiment während der Jakobitenaufstände, im Amerikanischen Unabhängigkeitskrieg, ebenfalls im Spanienfeldzug und auch in mehreren asiatischen Stützpunkten.

Der Einsatz britischer Truppen im Ersten Weltkrieg erfolgte vor allem in Frankreich. So wurden alle genannten Regimenter, allen voran die mit 51 Bataillonen das stärkste Regiment der britischen Armee stellenden

King´s Own Scottisch Borderers wurde 1689 als „Earl of Leven´s Regiment" aufgestellt. Im August 1759 zeichneten sie sich bei der Schlacht von Minden besonders aus. Den heutigen Namen erhielten sie 1805. Eine ihrer größten Stunden hatten die Borderers in Korea. Am 3.10.1951 nahmen sie den Hügel 355. Ihre Stellungen wurden von den Rotchinesen ständig angegriffen. Am Abend des 4. November trat eine chinesische Division von 6000 Mann zum Großangriff an. Nach drei Stunden Beschuß wurden einige Abschnitte vom Feind über- rannt. Die Überlebenden zogen sich zurück. Private William Speakman, ein Engländer aus Cheshire, Soldat bei der Black Watch und zu den Borderers abkommandiert, stopfte sich Handgranaten in die Taschen und zog los, den „Bloody Chinks" eine zu verpassen. Anfänglich führte er eine Art Privatkrieg, dann schlossen sich ihm andere Borderer an. Nach heftigen Nahkämpfen war bei Morgengrauen der Hügel wieder in britischer Hand. Die Borderer beklagten 138 Gefallene, Vermißte und Verwundete. Die Chinesen verloren über 1000 Mann. Speakman erhielt mit dem Viktoria-Kreuz die höchste Tapferkeitsauszeichnung britischer Truppen. (Fotos: Archiv des Autors)

Northumberland Fusiliers, dort eingesetzt. Besonders bemerkenswert ist die Verwendung der King's Own Scottish Borderers, deren 12 Bataillone verschiedenen Divisionen zugewiesen wurden und die daher exemplarisch dargestellt werden soll. So waren das 4. und 5. Bataillon zusammen mit zwei Bataillonen der Royal Scots Fusiliers in der 155. Infanteriebrigade der 52. (Lowland) Division vereinigt. Sie waren am extrem harten und (vor allem auf Grund zu knapper Personal- und Versorgungsdecke) gescheiterten Versuch der Briten beteiligt, auf der Halbinsel Gallipoli eine Front in der Türkei aufzubauen. Insbesondere in den schweren Abwehrkämpfen im Rahmen der türkischen Gegenoffensiven ab Juli 1915 verloren die Border-Regimenter einen Großteil ihrer Stammsoldaten. Um nur ein Beispiel zu nennen: das 4. Bataillon der King's Own Scottish Borderers verlor am 12. Juli 550 von 700 Mann[97], d.h. es hatte praktisch aufgehört zu existieren. Am Ende hatte die 52. Division 70% ihrer Offiziere und Unteroffiziere und gut 50% ihrer Mannschaften eingebüßt. Die abgekämpften Reste wurden nach Ägypten verschifft und dort vollständig neu ausgerüstet und nach und nach aufgestockt. Dann wurden sie zum Schutz des Suez-Kanals abkommandiert, woraus sich bald ein Vorrücken auf Gaza entwickelte. Bei den Kämpfen um Gaza erhielt der 2nd Lt. J.M. Craig des 5. Bataillons das Victoria Cross für die Rettung von Kameraden unter feindlichem Feuer. Die Division verblieb bis März 1918 im Mittleren Osten und war an allen wesentlichen Kampfhandlungen beteiligt, dann wurde sie an die Westfront verlegt, wo sie ein vergleichsweise leichtes Schicksal erwartete und wo sie nach Kriegsende zum größten Teil demobilisiert wurde.

Das 6. Bataillon der King's Own Scottish Borderers wurde Teil der 27. Infanteriebrigade der 9. (Scottish) Division, zusammen mit Royal Scotts und Cameronians, und war, wie die 11 Regimenter des King's Own Border Regiments, an vielen schweren Kämpfen an der Westfront beteiligt. Der 15. (Scottish) Division waren in der 46. Infanteriebrigade das 7. und 8. Bataillon der King's Own Scottish Borderers zugeteilt worden, die dort zusammen mit dem 10. Bataillon der Cameronians und dem 12. Bataillon der Highland Light Infantry dienten. Nachdem sie im Juli 1915 nach Frankreich verlegt worden waren, nahmen sie an der Schlacht von Loos teil. Am 25. November sollte auf breiter Front ein Angriff vorgetragen werden, bei dem zuerst Gas und Rauch eingesetzt wurden, denen die Truppen dann zu den deutschen Stellungen folgen sollten. Auch das 7. Bataillon der King's Own Scottish Borderers sollte vorrücken, doch hatten der ungewohnte Kampflärm - für viele war es der erste Schlachteinsatz - und leckende Gaszylinder bei den oft nur ein knappes Jahr ausgebildeten jungen Soldaten für Angst und Verwirrung gesorgt, so daß die Gefahr bestand, daß die Truppe ihren Zeitplan nicht würde halten können. Nervös und laut schreiend versuchten Offiziere und Unteroffiziere, wieder Ordnung in das Durcheinander zu bringen. In dieser angespannten Situation war es der Piper D. Laidlaw, der trotz des inzwischen recht heftigen gegnerischen Abwehrfeuers aus dem Graben kletterte und auf- und abmarschierend „Scotland the brave" auf seinem Dudelsack intonierte. Dieser beispielhafte Mut zeigte sofort durchschlagende Wirkung: die Soldaten ordneten sich und marschierten zusammen mit ihrem Piper los, der weiterspielte, bis er mehrfach verwundet war. Für diesen Einsatz erhielt Piper Laidlaw das Victoria Cross und ging in die Regimentsgeschichte als "the piper of Loos" ein. Nach zwei Tagen dieser Schlacht waren die ersten Angriffseinheiten so weit abgekämpft und hatten so hohe Verluste erlitten, daß sie zurückgezogen werden mußten, und aus heutiger Sicht scheint der damals so schwer errungene Sieg unnötig blutig erkämpft, da man mit besserer Artillerievorbereitung und erfahreneren Einheiten wahrscheinlich die Verluste niedriger hätte halten können. So blieb der gesamten 15. Division nach einigen kleineren Einsätzen zunächst nur eine Warteposition in der Reserve, wo neue Soldaten aus ganz England die schwer dezimierten Reihen wieder zu Kampfstärke auffüllten. Auch diese Reihen wurden in den Jahren 1917 und 1918 noch einmal stark bei den Kämpfen in der Nähe von Langemark und Arras dezimiert, bevor sie an die Marne verlegt wurde. Bereits im Dezember 1918 begann die Demobilisation und Ende Juni 1919 war die Division nur noch Geschichte, eine Geschichte zwar von Tapferkeit und Sieg, aber auch von über 45.000 Toten, Vermißten und Verwundeten.

Auch noch im Zweiten Weltkrieg bestanden die King's Own Scottish Borderers und wieder wurden das 4. und 5. Bataillon der 155. Infanteriebrigade der 52. (Lowland) Infanteriedivision zugeordnet. Nachdem die Division erst Vorbereitungen für eine Landung in Norwegen und den Gebirgskampf absolviert hatte, wurde sie zur 1st Allied Airborne Army verlegt und durfte nun trainieren, wie man als Luftlandeeinheit operiert. Die Ironie an all diesen Spezialtrainings war, daß sie alle nicht genutzt wurden, denn als die Division ins aktive Kampfgeschehen eingriff, tat sie es als Standardinfanterieeinheit einige Monate nach der erfolgreichen alliierten Landung in der Normandie. Im Oktober rückte sie von Gent aus in Richtung Antwerpen vor, aber dazu mußte erst die Halbinsel Walcheren und Beveland genommen werden. Dazu sollte die 52. Division maßgeblich beitragen, was sie in den folgenden Gefechten auch so erfolgreich tat, daß der alliierte Vormarsch auf Antwerpen von Norden aus nicht mehr bedroht werden konnte. Allerdings war ein Großteil des zu erobernden Territoriums durch die vorausgegangene Bombardierung der Deiche überflutet worden, so daß die Angreifer sich allesamt nicht nur nasse Füße holten. Das wiederum führte zu dem zunächst divisionsinternen Scherz, die Division habe nun jahrelang den Kampf in den Bergen und die Invasion aus der Luft eingeübt, um nun im Krieg unter dem Meeresspiegel kämpfen zu müssen.

Am weiteren Vormarsch in Holland war die Division wieder beteiligt, einige Bataillone bekamen sogar die Ausläufer der Ardennenoffensive zu spüren, und war beim Rheinübergang und bei der Schlacht um Bremen dabei. Nach dem Krieg wurde die 52. Division mit der 51. verschmolzen und auch diese verschwand bei der Reorganisation der Territorialarmee 1966. Das 6. Bataillon der King's Own Scottish Borderers versah seinen Dienst in der 44. Infanteriebrigade der 15. (Scottish) Division. Diese Division war zunächst zur Landesverteidigung eingeteilt und griff erst spät ins Kampfgeschehen ein. Am 24. Juni, also nach der Sicherung des Brückenkopfes in der Normandie, ging sie in Frankrich an Land und griff zwei Tage später in die Kämpfe der Operation „Epsom" ein, wobei die 44. Brigade den Angriff mit einleitete. Die Verluste waren hoch und diese Kämpfe sollten insgesamt als die schwersten der 15. Division im gesamten Krieg eingehen. Nach einer Reihe kleinerer Aktionen wurde der Division im Februar 1945 die Aufgabe zugewiesen, die deutsche Siegfried-Linie zu durchbrechen und Ende März setzten sie über den Rhein. Anschließend zog die Division mit wechselnden Flankenkräften durch ganz Norddeutschland bis über die Elbe und an die Ostsee. Bis 1946 erfüllte sie dann die Aufgaben einer Besatzungstruppe und wurde im April dieses Jahres aufgelöst. Heute kann man die Zeugnisse ihres Tuns im The Border Regiment and King's Own Border Regiment Museum in Carlisle Castle besichtigen, wobei auch Dioramen und Videosequenzen gezeigt werden.

&ebra; &ebra; &ebra;

Die Coldstream Guards gehören zu den ältesten Regimentern der britischen Armee. 1650 wurden sie als „Monck´s Regiment of Foot" innerhalb von Cromwells New Model Army aufgestellt. Sie erhielten ihren heutigen Namen von ihrer Garnison Coldstream in den schottischen
Borders, jenseits des Tweed. 1660 brach General Monck von hier aus nach London auf, die Thronbesteigung von Charles II. militärisch zu
sichern. 13 Victoria-Kreuze wurden dem Regiment seither verliehen. Zu den Aufgaben der Coldstream Guards gehört nicht nur die
Bewachung der königlichen Familie, sondern auch der Kampfeinsatz. Im Golfkrieg 1991 wurde das erste Bataillon des Regiments damit
betraut, hinter den amerikanischen und britischen Panzerspitzen das Schlachtfeld nach versprengten Irakis abzusuchen und Gefangene in
das Lager Maryhill Camp zu bringen. Diese wichtige Aufgabe erfüllten die Coldstream Guards mit großer Professionalität. Zur Zeit bilden die Coldstream Guards mit ihren Warrior-Schützenpanzern ein kampfstarkes Panzergrenadier-Bataillon. (Fotos: Archiv des Autors)

Tourenvorschlaege

Jeder Fuß-, Fahrrad- oder Autotourist (natürlich geht es auch zu Pferd), der sich Schottland von Süden her nähert, hat die Wahl der „Einfallsroute": Im Osten an der Küste, im Westen an der Küste oder (nach Reiverart) durch das Landesinnere. Unsere drei Tourenvorschläge orientieren sich an diesen Möglichkeiten, wobei unbedingt festgehalten werden sollte, daß Schottland nicht erst in Edinburgh beginnt und England nicht mit den Yorkshire-Dales aufhört. Gerade die Borders bieten dem kulturhistorisch Interessierten viele Sehenswürdigkeiten. Außerdem haben diese Regionen den Vorteil der (relativen) Vernachlässigung durch den Massentourismus.

Tourenvorschlag I

Diese Tour beginnt in Northumberland, genauer gesagt in **Alnwick**. Die Hauptsehenwürdigkeit des Ortes besteht in **Alnwick Castle**, einer herrlich an einer Flußaue gelegenen Burg, die einst den Percys gehörte. Im 18. Jahrhundert wurden die Ruinen der Burg zu einem herrschaftlichen Schloß umgestaltet, zwischen 1854 und 1863 wurden erneut bauliche Maßnahmen durchgeführt. Das Innere beherbergt antike Gemälde und wertvolles Mobiliar, im Rüstsaal finden sich mittelalterliche Waffen. Den besten Blick auf die Burg hat man vom anderen Flußufer. Von Alnwick lassen sich schöne Ausflüge unternehmen, z.B. ostwärts zur Küste bei **Amble** on Sea. Hier findet man ganz in der Nähe **Warkworth Castle**, das historisch (englischer Bürgerkrieg) und besonders architektonisch (Ähnlichkeit zu Trim Castle in Irland) interessant ist. Die Lage der Burg über dem River Coquet ist malerisch. Schön ist auch die Befestigung der alten Brücke im Ort. Ein anderer Ausflug könnte nach **Rothbury** führen. Hierfür sollte man sich aber Zeit nehmen. Allein die Anfahrt über schmale „Sträßchen" hat seinen besonderen Reiz. Rothbury ist ein etwas verträumtes Städtchen, dem man seine bewegte Vergangenheit nicht ansieht. Beim Aufstand von 1715 war Rothbury Hochburg der englischen Jakobiten. Im Süden der Stadt beginnt eine hochmoorähnliche Region, die von einer pittoresken Burgruine gekrönt wird. Im Westen von Rothbury erreicht man nach einigen Kilometern **Harbottle Castle**, das sehr ruinös ist, aber erstens schön gelegen ist und zweitens eine bewegte Historie aufweisen kann. Nördlich von Rothbury findet sich eine Landschaft von erlesener Schönheit. Hier erbaute sich der Industrielle

William Armstrong im 19. Jahrhundert das prächtige **Cragside House**. Das Landhaus ist von außen und innen prachtvoll und exzentrisch. Es ist von einem wundervollen Park umgeben. Etwas im Nordwesten von Alnwick liegt das **Yeavering Bell Hillfort** (nahe Akeld). Dieser Stützpunkt des Stammes der Votadini war der Sage nach die Residenz des berühmten König Artus. Die Verteidigungsanlage ist eindrucksvoll und eisenzeitlichen Ursprungs.

Von Alnwick fährt man auf der breit ausgebauten A 1 nach Norden. Ein Abstecher führt zum alten **Dunstanburgh Castle**, direkt an der Küste beim Örtchen **Craster**. Diese Burg ist die flächenmäßig größte in Großbritannien. Ihre bewegte Geschichte reicht von dem Bürgerkrieg zwischen ihrem Besitzer, dem Earl of Lancaster, und König Edward II. bis zur Stationierung englischer Panzertruppen dort im Zweiten Weltkrieg (zur Abwehr möglicher deutscher Invasionen). Einen Geist soll es hier auch geben. Noch beeindruckender ist **Bamburgh Castle**, daß inmitten von Dünen liegt (von Alnwick über die A 1 und die B 1341 zu erreichen). Von hier hat man einen schönen Blick auf die vorgelagerten **Farne Islands**. Die Burg vermittelt einen hervorragenden Eindruck von der mittelalterlichen Wehrarchitektur und ist imposant gelegen. Schon um das Jahr 547 hatten die Angeln von Northumbria hier ihre Hauptstadt. Später spielte die Burg ihre Rolle im Unabhängigkeitskrieg und im Rosenkrieg. Der schon erwähnte William Armstrong, Erfinder und Industrieller mit schier unermesslichem Privatvermögen, kaufte die Burg und ließ sie restaurieren. So beherbergt die Burg auch das Armstrong-Museum. Zurück auf der A 1 kommt man nach einigen Kilometern zu einer Kreuzung, man sollte den Abstecher seewärts zum **Holy Island** unbedingt unternehmen. Holy Island ist nur bei Flut eine Insel. Bei Ebbe hat der Besucher sieben Stunden Zeit, den kleine Ort über einen Damm zu erreichen. Die Hauptattraktion ist das **Lindisfarne Castle**, auf einem steilen Felsen gelegen und 1549 zum Schutz des Hafens erbaut. 1903 wurde die Burg vom Architekten Lutyens renoviert. In der südwestlichen Ecke der Insel stehen die Ruinen von **Lindisfarne Priory**, die Relikte des im 11. Jahrhundert neugegründeten Klosters. Der Vorgänger, die alte Abtei von St. Cuthbert, hatte das zweifelhafte Privileg, 793 das erste urkundlich erwähnte Ziel der Raubfahrten der Wikinger zu sein. Von Holy Island sind es nur rund 12 Kilometer bis Berwick. Es gibt aber einige gute Gründe, die Fahrt zu verlangsamen und Abstecher zu unternehmen. Zweigt man von der A 1 auf die B6353 westwärts ab, so erreicht man nach rund 10 Kilometern **Ford Castle**. Ein paar Kilometer nördlich liegt **Etal Castle**, ein typischer Borders-Wohnturm. Das Gebäude beherbergt eine Ausstellung über die Geschichte der Burg, das Leben in den Borders und die Schlacht von Flodden.

Alnwick Castle (Foto: English Life Publikations)

Bamburgh Castle (Foto: Hadrian´s Wall Tourism Partnership)

Das Schlachtfeld liegt nur drei Kilometer südwestlich von **Etal Castle**. Bei **Branxton** erinnert das Monument auf dem **Piper's Hill** an die Ereignisse. Über die A 697 und A 698 kommt man zum **Norham Castle**, der wichtigsten Burg des Schottischen Unabhängigkeitskrieges. Die Ruine liegt spektakulär über dem Grenzfluß Tweed. Der mächtige Wohnturm war das Werk von Hugh du Puiset, Fürstbischof von Durham um 1160. Später wurde die Burg wiederholt Ziel schottischer Attacken, dann Motiv für den englischen Maler Turner. Auf den Etal & Ford Estates am Fluß Till befindet sich eine Kornmühle aus dem 19. Jahrhundert, die **Heatherslaw Corn Mill**. Die Mühle ist noch in Betrieb. Es gibt Führungen, einen Souvenierladen und ein Café. **Berwick** selbst wird von der A 1 umgangen, ist aber einen Besuch wert. Von der mittelalterlichen Burg ist nur noch wenig erhalten. Streckenweise steht aber noch die alte Stadtmauer, auch Teile der elisabethanischen Befestigungsanlagen sind erhalten. Hauptsehenswürdigkeit ist aber neben dem alten Eisenbahnviadukt aus dem Jahre 1850 die **alte Kaserne**, eine der ältesten Kasernen ganz Großbritanniens. Sie wurde 1717 errichtet und zeigt heute neben dem Borough Museum and Art Gallery die Ausstellung „By Beat of Drum" über das Soldatenleben zu früheren Zeiten. Außerdem befindet sich das **Regimentsmuseum der King's Own Scottish Borderers** hier. Nördlich von Berwick überquert man die (imaginäre) Grenze zu Schottland.

Erste Station ist **Dunbar**, dessen mittelalterliche Burg 1488 geschleift und 1496 bis 1501 für James IV. wiederaufgebaut wurde. Die Lage direkt an der Nordsee ist höchst sehenswert, die Burg selbst ist sehr zerstört. Allerdings bietet sie einen hervorragenden Nistplatz für viele Seevögel. Vor einigen Jahren stand in der Nähe eine Batterie kampferprobter 25-Pfünder, die aus städtebaulichen Gründen wegtransportiert wurden. Die Anlage wurde dadurch empfindlich gestört. In der Nähe von Dunbar liegt der **John Muir Country Park**, ein Naturschutzgebiet für die einzigartige Küstenlandschaft. Eine Viertelstunde Fahrtweg westlich von Dunbar liegt auf dem **East Fortune Airfield** das Museum of Flight. Von hier starteten im I. Weltkrieg englische Luftschiffe. Das Museum zeigt unter anderem eine Spitfire, eine MIG, eine Lightning und einen Vulcan-Bomber. Als reizvoller Umweg bietet sich an die A 1 Richtung North Berwick zu verlassen, um bei **Auldhame** auf das beeindrukkende **Tantallon Castle** zu stoßen, eine Burg der Familie Douglas. Die Burg wurde erst nach dem Schottischen Unabhängigkeitskrieg errichtet, spielte aber in der schottischen Geschichte eine prominente Rolle. Die Architektur ist interessant, Ein massives schildmauerartiges Gebäude bildet die Front mit einigen kleineren Gebäuderesten zur Seeseite. Von dort grüßt der Bass Rock, ebenfalls mit Überresten einer Burg, er ist fast völlig von Seevogelkolonien überzogen. Landeinwärts dominiert der 187 Meter hohe **Berwick Law** die Szenerie, eine der schönsten in ganz Schottland.

Westlich von North Berwick liegt **Dirleton**. Im Park befinden sich die imposanten Ruinen von **Dirleton Castle**. Diese Burg spielte eine hervorragende Rolle im Unabhängigkeitskrieg und bei den Kämpfen gegen Cromwell. Ihre Lage inmitten der Grünanlagen ist reizvoll. Für Spaziergänger und Wanderer bietet sich Dirleton als Ausgangspunkt geradezu an. Direkt neben der Burg zweigt eine kleine Straße nach **Yellowcraigs** ab, wo eine herrliche Küstenlandschaft ihresgleichen sucht. Robert Louis Stevenson hat der Gegend in seinen Erzählungen ein literarisches Denkmal gesetzt. Über **Gullane** kommt man auf der Küstenstraße wieder auf die A 1 und erreicht schließlich **Edinburgh**. Man kann auch auf der A 1 bleiben. Bei **Haddington** liegen die Ruinen von **Hailes Castle**, dem Stammsitz der Hepburn, deren berühmtesten Vertreter Bothwell wir alle aus „Maria Stuart" kennen. Die Burg spielte eine wichtige historische Rolle. Gleich hinter der Burg erhebt sich der Hügel von **Traprain Law**, auch diese eisenzeitliche Befestigungsanlage wird mit König Artus in Verbindung gebracht. Immerhin fand man dort bei Ausgrabungen größere Mengen römischer Münzen und wertvollen Geschmeides. Bei der kriegerischen Veranlagung der früheren Bewohner von Traprain Law ist nicht davon auszugehen, daß derartige Wertgegenstände von allein an den späteren Fundort kamen. Etwa 4 Kilometer nordöstlich befindet sich die **Preston Mill**. Eine „schrullig" anmutende Gebäudegruppe aus dem 16. Jahrhundert steht um die Wassermühle, deren Räder sich zu touristischen Zwecken drehen. Man kann nun auf der A 1 weiter nach **Edinburgh** fahren oder (gerade bei gutem Wetter) einen Abstecher in die Heidelandschaft der **Lammermuir Hills** machen. Über **Stenton** und **Garvald** gelangt man zum eisenzeitlichen **White Castle Hillfort** mit seinen drei Umwallungen.

Dieser Tourenvorschlag ist der „englischste", er ist verkehrstechnisch relativ einfach und bietet unter anderem auch mehr Küste und See als unsere weiteren Vorschläge.

Öffnungszeiten der beschriebenen Sehenswürdigkeiten:

Alnwick Castle: von Ostern bis Mitte Oktober
von 11.00 bis 17.00 Uhr geöffnet.

Warkworth Castle: von April bis Oktober: 10.00 bis 18.00 Uhr,
von November bis März: 10.00 bis 13.00 Uhr
und 14.00 Uhr bis 16.00 Uhr geöffnet,
English Heritage.

**Cragside House and
Country Park:** von April bis Oktober: täglich
13.00 Uhr bis 17.30 Uhr (außer Montags)
Park: von 10.00 bis 19.00 Uhr geöffnet.

Bamburgh Castle: geöffnet von Ostern bis Oktober
täglich von 11.00 Uhr bis 17 Uhr.

Dunstanburgh Castle: von April bis September
täglich 10.00 bis 18.00 Uhr,
Oktober von 10.00 bis 16.00 Uhr,
November bis März: Mittwoch bis Sonntag
von 10.00 Uhr bis 16.00 Uhr.

Lindisfarne Castle: von April bis Oktober täglich
von 13.00 Uhr bis 17.30 Uhr (außer Freitags).

Lindisfarne Priory: von April bis September täglich
von 10.00 Uhr bis 18 Uhr,
von Oktober bis März
10.00 Uhr bis 16.00 Uhr, English Heritage.

Etal Castle: geöffnet von April bis Oktober
10.00 Uhr bis 18.00 Uhr, English Heritage.

Norham Castle: geöffnet von April bis Oktober
10.00 Uhr bis 18.00 Uhr, English Heritage.

Heatherslaw Corn Mill: geöffnet vom 1. April bis zum 1. November
von 10.00 Uhr bis 18.00 Uhr.

The Barracks, Berwick:	April bis Oktober 10.00 bis 18.00 Uhr, November bis März: Mittwoch bis Sonntag 10.00 bis 13.00 und 14.00 bis 16.00 Uhr, English Heritage.
East Fortune Airfield:	April bis September täglich; Oktober, November, Februar Montag bis Freitag.
Tantallon Castle:	täglich geöffnet außer: Sonntag nachmittag, Oktober bis März Donnerstag nachmittag sowie an Freitagen, Historic Scotland.
Dirleton Castle:	täglich geöffnet, Historic Scotland.
Hailes Castle:	Standardöffnungszeiten.
Preston Mill:	geöffnet: April bis September Montag bis Samstag 11.00 bis 13.00 Uhr und 14.00 bis 17.00 Uhr, Sonntag 14.00 bis 17.00 Uhr, Oktober: Samstag 11.00 bis 13.00 Uhr und 14.00 bis 16.30 Uhr sowie Sonntag 14.00 bis 16.00 Uhr

Dunstanburgh Castle, Northumberland, Nordengland (Illustration von G.M.W. Turner 1830)

THE SCOTTISH LOWLAND REGIMENTS
(incl. Cameronians - Scottish Rifles)

v.l.: Colour-Sergeant - Royal Scots Fusiliers;
Officer - The Royal Scots (Lothian Regiment);
Officer - The Cameronians (Scottish Rifles);
Regimental Sergeant-Major - King´s Own Scottish Borderers

Tourenvorschlag II

Diese Tour beginnt in **Carlisle**, das in den kriegerischen Auseinandersetzungen zwischen England und Schottland stets eine besondere Rolle gespielt hat. Carlisle war schon eine römische Garnison. Gegen Ende des 11. Jahrhunderts wurde die Burg, **Carlisle Castle**, erbaut, die in ihrer wechselvollen Geschichte viele Kämpfe gesehen hat. Die letzten Kampfhandlungen fanden während des letzten Jakobitenaufstandes statt, am 30. Dezember 1745 fiel es, nachdem der Duke of Cumberland es hatte mit Artillerie beschießen lassen. Eine Ausstellung in der Burg erinnert an diese Ereignisse. Im **Queen Mary's Tower** der Burg befindet sich das Regimentsmuseum des King's Own Border Regiments. Die Castle Street beherbergt im **Tullie House** ein Museum, das die Geschichte der westlichen Borders in interessanter Weise darstellt. Auf dem Zivilflughafen von Carlisle (früher ein Stützpunkt der Royal Air Force) befindet sich das **Solway Aviation Museum** mit einer kleinen Sammlung ziviler und militärischer Flugzeuge. Von Carlisle geht es auf der A 7 über **Longtown** und **Canonbie** in Richtung **Langholm**. Der erste interessante Punkt befindet sich gerade südlich von **Longtown**. Es ist das alte Schlachtfeld von **Solway Moss** in den Marschen des Flusses Esk. Ganz in der Nähe lag das berühmt-berüchtigte Debatable Land, Reste des **Scots Dyke**, durch den dieser Landstrich schließlich geteilt wurde, sind noch sichtbar. Einige Kilometer nördlich von Canonbie befindet sich der **Hollows Tower** oder **Gilchonie Tower**. Es ist ein typischer steinerner Wohnturm der Borderregion. Zurück nach Canonbie und auf einer kleinen, dafür umso schöneren Landstraße ins **Liddesdale**. Ließ allein schon der Name dieser chronisch gesetzlosen Gegend dereinst dem Reisenden das Blut in den Adern gefrieren, so bezaubert heute die Einsamkeit und landschaftliche Schönheit der Route den Touristen. Über **Newcastleton** kommte man ans düstere **Hermitage Castle**, das seine Rolle in den Tagen der Border Reivers spielte. Die Burg liegt sehr schön inmitten kahler Hügel an einem Bach. Hier residierte einst Mary Stuarts Bothwell als Lieutenant of the Marches. Über **Hawick** geht es nach **Selkirk**. Hier findet man das Gerichtsgebäude, wo Sir Walter Scott als Richter fungierte. Ein interessanter Ausflug könnte zum **Abbotsford House** führen, dem Wohnsitz des Dichters. Neben der schönen Gartenanlage und den Erinnerungstücken an Scott ist vor allem die Waffensammlung, die der große Barde selbst zusammengetragen hat, interessant. Man findet hier die Pistole von Rob Roy , die Schlüssel von Loch Leven Castle. Sir Walter Scott scheint das Haus gerade erst verlassen zu haben. Einige Kilometer westlich von Selkirk liegt in einer

Flußniederung das Schlachtfeld von **Philiphaugh**. Ganz in der Nähe liegt das hübsche georgianische **Bowhill House**, das neben wertvollen Antiquitäten auch Memorabilia an Sir Walter Scott und an den Duke of Monmouth zeigt. Nur wenige Kilometer entfernt liegt am Yarrow der **Newark Tower**. Dieser Ruine sieht man ihre blutige Vergangenheit kaum an. Hier wurden nach der Niederlage von Philiphaugh 100 Gefangene massakriert. Bei **Gordon Arms** die Abzweigung nordwärts nehmen (oder zunächst etwas trinken), und man gelangt nach einigen Kilometern zum **Traquair House**, das ursprünglich ein typischer Border-Wohnturm war, dann zum Schloß umgebaut wurde. Es steht in enger Verbindung mit Maria Stuart und Bonnie Prince Charlie. Bis wieder ein Stuart auf dem Thron Großbritanniens sitzt, bleibt sein Bärentor verschlossen. Von hier aus sind es nur einige Minuten nach **Peebles**, einem kleinen Marktstädchen am Tweed. Einen Kilometer westlich der Stadt liegt das sehenswerte **Neidpath Castle**. Man kann bequem am Südufer des Flusses bis in die Nähe der Burg spazieren, von dort hat man eine gute Fotoperspektive. Der Zugang ist aber nur von der Straßenseite möglich (es sei denn, sie wollen den Tweed durchwaten). Von Peebles erreicht man schnell **Edinburgh**. Man sollte aber nicht weiterfahren, ehe man die wundervolle **Rosslyn Chapel** besichtigt hat. Diese Kapelle hätte eigentlich eine Kreuzkirche werden sollen, dann starb aber der Stifter. Die Inneneinrichtung ist beeindruckend. Alles ist mit Abbildungen biblischer Szenen überzogen. Für die Prentice Pillar soll der Meister seinen Lehrling aus Künstlerneid erschlagen haben.

Kathedrale in Carlisle
(Foto: Hadrian´s Wall
Tourism Partnership)

Öffnungszeiten der beschriebenen Sehenswürdigkeiten:

Carlisle Castle:	April bis September: 10.00 bis 18.00 Uhr, Oktober bis März: 10.00 bis 16.00 Uhr, täglich
Tullie House:	geöffnet von Montag bis Samstag von 10.00 Uhr bis 17.00 Uhr, am Sonntag von 12.00 Uhr bis 17.00 Uhr.
Hollows Tower:	geöffnet nach Vereinbarung.
Hermitage Castle:	geöffnet von April bis September von Montag bis Samstag von 9.30 Uhr bis 18.30 Uhr, am Sonntag von 14.00 Uhr bis 18.30 Uhr, von Oktober bis März nur an Wochenenden geöffnet, Historic Scotland.
Abbotsford House:	geöffnet täglich von Mitte März bis Oktober.
Bowhill House:	1. bis 31. Juli: 13.00 bis 16.30Uhr, der Park auch im Mai, Juni und August
Newark Tower:	Privatbesitz, nur von außen zu besichtigen
Traquair House:	an Ostern und Mai, Juni und September täglich von 13.30 Uhr bis 17.30 Uhr, im Juli und August täglich von 10.30 Uhr bis 17.30 Uhr geöffnet
Neidpath Castle:	geöffnet von Ostern bis September von Montag bis Samstag von 11.00 Uhr bis 17.00 Uhr, an Sonntagen von 13.00 Uhr bis 17.00 Uhr im Oktober nur am Dienstag von 11.00 Uhr bis 16.00 Uhr geöffnet.
Rosslyn Chapel:	von April bis Oktober: montags bis samstags von 11.00 Uhr bis 17.00 Uhr, an Sonntagen von 12.00 Uhr bis 16.45 Uhr.

High Force (Foto: Antje Mismahl)

Tourenvorschlag III

Man wähle die dritte, nach unserem Dafürhalten landschaftlich reizvollste Möglichkeit, vom südlichen in den nördlichen Teil des Vereinigten Königreiches zu gelangen. Sie ist navigatorisch und verkehrstechnisch die schwierigste und, falls sie schwere Artillerie dabeihaben, nur extrem problematisch zu realisieren. Für die gegenseitigen Überfälle der jeweiligen Streifkorps war aber die Route durch das Landesinnere eine vielgenutzte Möglichkeit. Tourenvorschlag Nr. 3 wäre sozusagen „Reiver's Choice". Sie verlassen die Fernstraße nach Newcastle bei **Scotch Corner** und halten sich westwärts. Nach einigen Kilometern zweigt eine kleine Straße nach Norden ab, die den Reisenden nach **Barnard Castle** führt. Der Ort hat seinen Namen von der Burg **Barnard Castle**, die sich über dem Fluß Tees erhebt und noch heute einen Eindruck ihrer einstigen Wehrhaftigkeit vermittelt. An Stadtrand liegt das **Bowes Museum**, das von seiner Architektur einem französischen Chateau ähnelt. Der Industrielle John Bowes ließ es um 1892 erbauen, und zwar von Anfang an mit der Intention, es als Museum zu benutzen. Die Kunstsammlungen sind neben den Artefakten zur Regionalgeschichte auf jeden Fall sehenswert. Wenn man von Barnard Castle in Richtung **Bishop Auckland** weiterfährt, gelangt man nach wenigen Kilometern zum **Raby Castle**. Raby Castle spielte im 16. und 17. Jahrhundert seine große Rolle in den Borders und beherbergt heute eine umfangreiche Waffen- und Antiquitätensammlung, vom mittelalterlichen Innenleben ist nur die Küche übriggeblieben, viele Veränderungen wurden während der viktorianischen Epoche durchgeführt. Als in Deutschland die Mittelalterszene noch in den Kinderschuhen steckte, veranstaltete man auf Raby Castle schon Transsylvanische Nächte. Man kann von Barnard Castle auch den Weg entlang des Tees nehmen. Das **Teesdale** ist das nördlichste der weltberühmten **Yorkshire-Dales** und vielleicht das schönste. Das **Upper Teesdale** bietet tundraähnliches Torfmoor und weites Grasland. Hier findet man den Wasserfall von **High Force**, der nach kräftigen Regengüssen zu zerstörerischer Wucht anschwellen kann. Die Strecke über **Alsdon** nach **Haydon Bridge** ist lang, aber nie langweilig. Besonders Alsdon, das an dem Hauptkamm der Pennines liegt, ist ein typische Border-Städchen. Haydon Bridge liegt zwischen **Haltwhistle** und **Hexham** und damit dicht an dem am Besten erhaltenen Mauerabschnitt des Hadrianswalles. Die Nebenstraße B 6318 führt an der Mauer entlang, die sich achterbahnähnlich über Hügel und Täler windet. Beachtenswert sind die **Forts Birdoswald, Vindolana, Housesteads** und **Chesters**. Bei **Greenhead** gibt es das **Roman Army Museum**. In der Nähe von Vindolana (das eine Rekonstruktion des Walles in Stein und in Erde umfaßt, sowie etliche Grabungsfunde) liegt der wohl beeindruckendste und wohl auch berühmteste Abschnitt des Walles: das **Sykamore Gap** bei **Steel Rig** (aus „Robin Hood" mit K. Kostner bekannt). In **Hexham** steht das **Border History Museum**, das die Geschichte der Border Reivers veranschaulicht und nähere Informationen über die Rebellion von 1715 ermöglicht. Von Hexham geht es ostwärts nach **Corbridge**, dann auf der A 68 bis nach **Otterburn**. Bei Corbridge (ungefähr zwei Kilometer nordöstlich) steht das **Aydon Castle**. Diese alte Burg wurde im 17. Jahrhundert in ein Farmhaus umgewandelt. Bei Otterburn steht das in die Schlacht von 1388 erinnernde Denkmal. Dem Liebhaber moderner Militärtechnik bietet Otterburn auch einiges, hier liegt ein großes Übungs- und Schießgelände der britischen Armee. Von Otterburn kann man Ausflüge in den **Kielder Forest Park** unternehmen oder auch das **Black Midden's Bastle House** besuchen. Es liegt beim Weiler **Gatehouse** südwestlich von Otterburn. Von Otterburn geht es nach **Carter Bar**, letzteres schon auf der schottischen Seite der Grenze. Von hier nordwärts nach **Jedburgh**. Die weltberühmte **Jedburgh Abbey** zählt zu den wundervollen schottischen Grenzabteien. Sie wurde von englischen Truppen während des 16. Jahrhunderts zerstört, Das Visitor Centre vermittelt einen guten Eindruck vom klösterlichen Leben in den Borders. In Jedburgh liegt auch das **Mary Queen of Scots' House**, ein altes Bastle, heute ein Museum. Von Jedburgh ist es nicht weit zu zwei weiteren berühmten Ab-

Der Ort Haydon Bridge nahe dem Hadrians Wall (Foto: Hadrian´s Wall Tourism Partnership)

teien, **Dryburgh Abbey** und **Melrose Abbey**. In der letzteren liegt das Herz des großen schottischen Heroen, König Robert the Bruce, begraben. Einige Fahrkilometer nach Osten und man erreicht den absoluten Höhepunkt dieser Tour: **Smailholm Tower**. Der Wohnturm liegt spektakulär in einer einsamen Höhenlage. In seinem Inneren zeigt eine Puppenausstellung Szenen aus Walter Scotts Geschichten. Der Smailholm Tower ist eines der am besten erhaltenen Beispiele für die einzigartige Wehrarchitektur der Borders. Von hier ist es nicht weit nach **Kelso**, wo die Ruinen der 1545 zerstörten **Kelso Abbey** die Hauptattraktion bilden. Diese Grenzabtei wurde von den Truppen des Earls of Hertford zerstört, wobei 112 Klosterbewohner getötet wurden. Gerade gegenüber liegt das Heimatmuseum. Südwestlich von Kelso liegen die Ruinen von **Roxburgh Castle**. Diese Burg war während der englisch-schottischen Kriege die am heftigsten umkämpfte. Oft wurde sie belagert, beschossen, gestürmt. Hier kam James II. ums Leben, er wurde Opfer seiner Vorliebe für Artillerie und Pyrotechnik. Eine Kanone explodierte neben ihm, die eigentlich Roxburgh Castle sturmreif schießen sollte.

Nur ein paar Kilometer westlich von Kelso liegt **Floors Castle**, das größte noch bewohnte Schloß in Schottland. Es beherbergt antikes französisches Mobiliar, Porzellan, Gemälde im Überfluß. Außerdem ist es von umfangreichen Parkanlagen umgeben. In der Mitte des 19. Jahrhunderts wurde dem Schloß ein Stile des Historismus ein verändertes Aussehen mit Türmchen und Zinnen gegeben. Etwas nordwestlich liegt **Mellerstain House**, ein sehr sehenswertes Landschloß. Bei dem Umbau kam es zwischen Bauherr George Baillie und Architekt Robert Adam zu künstlerischen Differenzen, die sich aber für das Gesamtensemble sehr positiv auswirkten. Noch weiter nordwestlich liegt bei **Lauder** das **Thirlestane Castle**. Dieser Hauptsitz der Familie Maitland, der Grafen von Lauderdale, ist ein Sandsteinbau mit T-förmigem Grundriß irgendwo zwischen repräsentativem Schloß und trutziger Burg. In den vergangenen Jahrzehnten wurden umfangreiche Restaurierungsarbeiten durchgeführt. Weiter auf der A 68 in Richtung **Edinburgh** bis **Pathhead** in Sichtweite kommt. Nur wenige Kilometer vor dem Ortseingang zweigt eine Straße nach links von der A 68 ab, sie führt zum sehenswerten **Crichton Castle**. Es steht in Verbindung mit Maria Stuart und zeigt eine Innenfassade im italienischen Stil. Das letzte Highlight dieser Tour ist **Borthwick Castle**. Es liegt wie ein Riesenklotz in der Landschaft, es ist das größte Tower-House in Schottland. Bei genauem Hinsehen kann man noch die Beschußspuren erkennen, die von einer Belagerung durch Cromwell stammen. Öffnungszeiten müssen bei diesem Bauwerk nicht angegeben werden, da es heutzutage, in für die Borders friedlichen Zeiten, als Hotel genutzt wird.

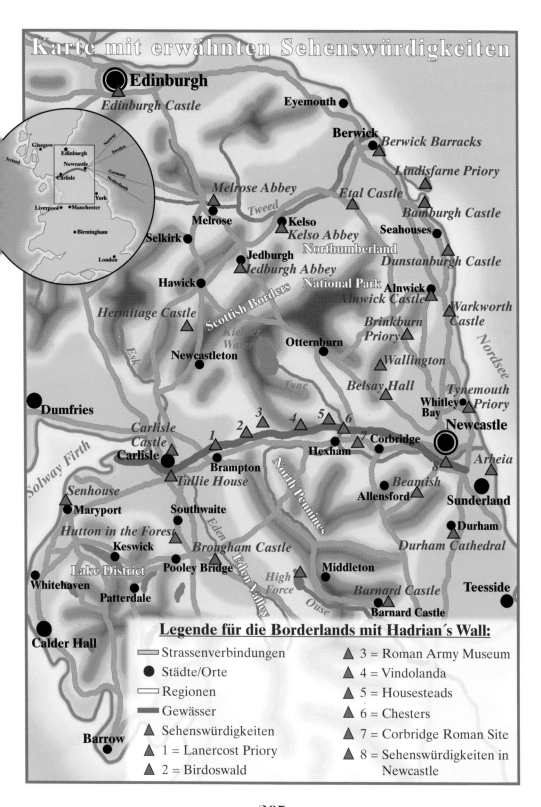

Karte mit erwähnten Sehenswürdigkeiten

Edinburgh
Edinburgh Castle

Glasgow
Edinburgh
Newcastle
Carlisle
Ireland
Norway
Sweden
Germany
Netherlands
York
Liverpool Manchester
Birmingham
London

Eyemouth

Berwick
Berwick Barracks

Lindisfarne Priory

Melrose Abbey
Etal Castle
Tweed
Bamburgh Castle
Melrose
Kelso
Seahouses
Kelso Abbey
Selkirk
Northumberland
Jedburgh
Dunstanburgh Castle
Jedburgh Abbey
Hawick
National Park
Alnwick
Alnwick Castle
Warkworth Castle
Hermitage Castle
Scottish Borders
Brinkburn Priory
Kielder Water
Newcastleton
Otternburn
Wallington
Nordsee
Esk
Tyne
Belsay Hall
Tynemouth Priory
Dumfries
Whitley Bay
Newcastle
Carlisle Castle
3
2 4 5 6
1 7 **Corbridge**
Carlisle
Hexham
Arbeia
Brampton
8
Tullie House
North Pennines
Beamish
Senhouse
Allensford
Sunderland
Maryport
Southwaite
Hutton in the Forest
Eden
Durham
Keswick
Brougham Castle
Durham Cathedral
Lake District
Pooley Bridge
Eden Valley
Middleton
Whitehaven
High Force
Teesside
Patterdale
Barnard Castle
Ouse
Barnard Castle
Solway Firth

Legende für die Borderlands mit Hadrian´s Wall:

Strassenverbindungen   ▲ 3 = Roman Army Museum
● Städte/Orte   ▲ 4 = Vindolanda
Regionen   ▲ 5 = Housesteads
Gewässer   ▲ 6 = Chesters
▲ Sehenswürdigkeiten   ▲ 7 = Corbridge Roman Site
▲ 1 = Lanercost Priory   ▲ 8 = Sehenswürdigkeiten in
▲ 2 = Birdoswald   Newcastle

Calder Hall

Barrow

Öffnungszeiten der erwähnten Sehenswürdigkeiten:

Barnard Castle: April bis September: 10.00 bis 18.00 Uhr,
Oktober: 10.00 bis 16.00 Uhr täglich
November-März: Mi-So 10.00 bis 16.00 Uhr

Bowes Museum: Montag bis Samstag 10.00 bis 17.30 Uhr,
an Sonntagen von 14.00 Uhr bis 17.00 Uhr

Raby Castle: Ostern sowie Mai/Juni: Mittwoch u. Sonntag,
Juli bis September täglich außer samstags

Roman Army Museum: von März bis Oktober täglich geöffnet.

Vindolana: täglich von 10.00 Uhr bis 18.00 Uhr

Border History Museum: Mitte April bis Oktober täglich,
November u. Februar: Samstag bis Dienstag

Aydon Castle: April bis Oktober täglich, English Heritage

Jedburgh Abbey: täglich geöffnet, Historic Scotland

Mary Queen of Scots' House: täglich von Ostern bis Mitte November

Dryburgh Abbey: ganzjährig geöffnet, Historic Scotland.

Melrose Abbey: ganzjährig geöffnet, Historic Scotland.

Smailholm Tower: im Sommer geöffnet, Historic Scotland.

Kelso Abbey: Standardöffnungszeiten.

Floors Castle: Juli/August: täglich, Juni/September: So - Do
Oktober: Sonntag und Mittwoch

Mellerstain House: im Sommer täglich geöffnet außer Samstag.

Thirlestane Castle: geöffnet Ostern sowie Mai, Juni, September:
Mi, Do u. So 14.00 bis 17.00 Uhr, August:
Sonntag bis Freitag 14.00 bis 17.00 Uhr.

Crichton Castle: nur im Sommer geöffnet, Historic Scotland.

Aydon Castle (Foto: Hadrian´s Wall Tourism Partnership)

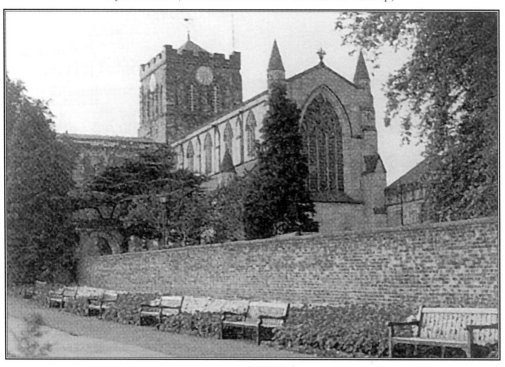

Hexham Abbey (Foto: Hadrian´s Wall Tourism Partnership)

Die Geschichte des schottischen Tartans

Einblicke in die geschichtliche Entwicklung des Schottentuchs von Chevalier Basil Henry Connor Wolfrhine of Stuart GCSA, Laird of Kintail

Highlander tragen Tartan. Doch um jene Liebe zum Karierten zu erfahren, sollten wir uns mit der Geschichte des weltbekannten Schottenstoffs beschäftigen. Begleiten Sie mich auf eine Reise in vergangene Zeiten zu den Ursprüngen der schottischen Tradition.

Das Wort Tartan ist vom französischem "tartaine" abgeleitet, der Bezeichnung einer bestimmten Stoffart, die ursprünglich jedoch kein bestimmtes Muster oder Farbe erklärte. Erst als die Hochlandmuster sich zu Karos entwickelten, wurde im Laufe der Zeit aus "tartaine" der heutige Begriff "tartan". Tartan steht für das Karomuster, welches in keinem Land von solch traditioneller Bedeutung ist, wie in Schottland. Das gälische Wort für Tartan ist "breacan", das soviel heißt wie "teilweise farbig" oder "gesprenkelt". Jeder Tartan zeigt die unterschiedlichste Anordnung von Farben, Streifen und Karos, und jeder Clan identifiziert sich mit einem bzw. mehreren Tartans, die auch den Namen der Clans, oder der Regimenter trägt. Die Familien halten ihren eigenen Tartan und für jene, die weder Familien- noch Clan-Tartan tragen, gibt es District- oder National-Tartans.

Highland Gentleman im Belted Plaid aus dem 17. Jahrhundert

Sogar Clubs und Vereinigungen haben ihr Muster. Doch nicht jedes Karomuster ist gleich ein Tartan. Ein Tartan ist doppelt symmetrisch. Der Schußfaden und der Kettfaden ist identisch. Wenn man den Tartan um 90 Grad dreht, scheint er unverändert, und auf jedem Muster, dem Set, gibt es zwei Stellen, welche das gleiche zeigen, wenn man einen Spiegel darauf hält. Vor allen Dingen ist ein Tartan aber ein Körperstoff; die Webfäden verlaufen über und unter jeweils zwei Kettfäden. Diese Eigenschaft ergibt die Schräglinien in den Farben. Tartan wird in Schottland meistens als Kilt, dem Schottenrock getragen, jedoch ist der Kilt oder "philabeg", wie er in der gälischen Sprache heißt, ein recht modernes Kleidungstück, welches auf den wesentlich älteren Belted Plaid, dem "breacan feile" zurückzuführen ist.

Die Herkunft des Tartan verliert sich im Dunkel der schottischen Geschichte. Es gibt unzählige Meinungen, die sich letztlich alle auf die wenigen Beweise stützen, welche in der Geschichte ihre Erwähnung fanden. Als Virgil über die keltischen Völker schrieb, nannte er sie "Virgatis lucent sagulis", "sie leuchteten in gestreiften Gewändern". Ein paar Sätze voran hatte er ihre milchige Haut und ihr goldrotblondes Haar erwähnt, so daß sie in ihren gestreiften Gewändern wohl leuchtend anmuten mußten. Doch warum in gestreiften Gewändern? Waren Streifen die Vorläufer des Karierten? Nun, es gibt im Lateinischen kein Wort für kariert oder schachbrettartig. Wie würde man so ein Muster also beschreiben wollen? Gestreift? Im Wesentlichen ist das Wort "sagulis", das Virgil benutzte, um die Hochländer zu beschreiben, sehr interessant. "sagulis" wurde ohne Zweifel von "sagulum", der Verkleinerung von "sagum", abgeleitet", das Tuch bedeutet. Tuch wiederum bedeutet ein Stück Stoff oder ein wollenes Material. Ein nicht uninteressanter Hinweis auf die Bekleidung der Hochländer zur Zeit Christi.

Auch die "Saga of Magnus Barefoot" aus dem Jahre 1093 zeigt Hinweise auf die schottische Hochlandkleidung. Sie berichtet, daß, wenn der König aus dem Westen zurückkehrte, die Tracht der westlichen Länder übernahm und nacktbeinig mit einer kurzen Tunika und dazu passenden Oberkleidern ankam. Viele sind der Meinung, daß es sich bei der kurzen Tunika um den ersten Kilt handeln könnte. Wahrscheinlicher ist jedoch, daß Magnus das "leine croich", das safranfarbene Hemd trug, welches zu dieser Zeit in Schottland allgemein getragen wurde. Auch fast fünf Jahrhunderte später, als John Major einen Bericht über die Highlander schrieb, war das safranfarbene Hemd noch in Gebrauch. "Vom Schenkel bis zum Fuß sind ihre Beine unbedeckt, sie tragen einen ärmellosen Mantel statt eines Oberkleides und ein Hemd mit Safran gefärbt. Die Hochlandschotten stürzen sich in die Schlacht mit einem Leinengewand und einem ärmellosen Mantel, der auf mannigfaltige Art genäht, gefärbt und mit Pech überzogen ist."

Als gegen Ende des 15. Jahrhunderts die Herrschaft der Highlands endlich der Krone zugefallen war, begannen die schottischen Könige immer öfter in den Norden zu reisen. Hier, wo sich die Clan Chiefs so lange dem König widersetzt hatten, wollten sie sich als Oberherrschaft über die Clanoberhäupter zeigen. So gab 1558 Jacob V. für sich selbst die erste Hochlandtracht in Auftrag, die je von einem König getragen wurde. Der Lord-Oberschatzmeister verbuchte damals sorgfältig eine kurze Hochlandjacke und Tartan für eine Hochlandhose. Der König trug also eine kurze Tartanjacke und eine Tartanhose, eine Anzugsform, die zum damaligen Zeitpunkt bei den Noblen sehr populär war. Jedoch waren nicht alle Untertanen des Königs so formell angezogen. Ein französischer Besucher schrieb 1556 erstaunt: "Sie tragen keine Kleidung, außer ihren gefärbten Hemden und einer leichten bunten Wolldecke." Bei allen Berichten über die Hochlandkleidung wird einem sehr schnell bewußt, wie unzureichend jemand, der nur mit einem Hemd und einer Decke bekleidet war, einem schottischen Winter begegnen mußte. Auch ist das beste Leinenhemd, wenngleich es mit Pech imprägniert wurde, bei den starken Regenfällen der äußeren Inseln über kurz oder lang den Gezeiten nicht gewachsen. Grund für diesen spärlichen Kleidungsstil war die

Diese frühe Zeichnung aus dem Jahre 1570 zeigt einen Highlander in Tracht

allgemeine Armut und natürlich die Wollknappheit. Hierzu muß erwähnt werden, daß das Schaf in Schottland keineswegs bodenständig ist, und zu der Zeit, als die Tartans bereits vermehrt getragen wurden, gab es weitaus mehr Rinder als Schafe. Von Alters her war es Brauch, daß die Frauen die Familientartans selbst auf kleinen Handwebstühlen webten. Die Stoffbahnen waren damals maximal fünfundsiebzig Zentimeter breit, und zur Anfertigung eines Belted Plaid wurden noch bis ins 19. Jahrhundert zwei Stoffbahnen mit einer Länge von ca 4,50 zusammengenäht. Der Plaid wurde mit einem Gürtel in der Taille zusammengehalten und diente am Tage gleichzeitig als Rock und Mantel. In der Nacht wurde der Gürtel gelöst und der Highlander schlief darin. Die Muster wurden auf Musterstöcken festgehalten. Die Anzahl der Fäden aller Streifen und Karos wurden in der richtigen Reihenfolge auf einen Stock gewickelt und von Generation zu Generation weitergereicht. Als Elisabeth I. Irland eroberte und den Leinenexport von der Insel beendete, verschwand auch langsam das "leine croich", und der Belted Plaid trat seinen Siegeszug als ultimatives Kleidungsstück an.

Zu welchem Zeitpunkt sich die Clans in individuelle Tartans kleideten, der Betrachter sie also an ihrem Muster als Mitglied diesen oder jenen Clans erkennen konnte, ist noch ungewisser als das Alter der Tartans selbst. In frühen Werken wird oft aufgeführt, daß es schon vor 1745 ein voll entwickeltes Clan-Tartan-System gab und durch das Trageverbot nach der verlorenen Schlacht von Culloden, die Muster in Vergessenheit gerieten. Immerhin sechsunddreißig Jahre lang von 1746 bis 1782 galt dieses Verbot. Eine lange Zeit. Hätte man sich nicht dennoch an die alten Muster erinnern müssen? Wie auch immer. Tartan wurde schon lange vor 1745 getragen. Jedoch, konnte man einen Träger an seinem Tartan erkennen? Ein zeitgenössischer Bericht zeigt, daß dies zumindest in Einzelfällen nicht so war. Als nach der Schlacht von Culloden Cumberlands Männer über das Schlachtfeld zogen, um die Verwundeten zu töten, wollten sie einem Highlander gerade den Gnadenstoß versetzen, als dieser schrie: "Männer, haltet ein. Ich kämpfe auf der Seite von Billy Cumberland. Ich bin ein Campell." Die Soldaten antworteten: "Tut uns leid, aber du hast dein Bonnet verloren, und so können wir dich nicht als Campell erkennen." Zweifellos war er in Tartan gekleidet, sonst hätten sie ihn nicht als Highlander erkannt und niedergestochen, aber ohne sein Bonnet mit dem Zweig seiner Clanspflanze und der schwarzen Kokarde der Hannoveraner konnten sie ihn nicht als Campell erkennen.

Wenn auch heute jeder Schotte Tartan trägt, war in alten Tagen der Tartan die Kleidung der Highlander. Die meisten Schotten aus den Lowlands hätten niemals Tartan getragen, bevor er durch die Romane Sir Walter Scotts und dem Aufleben jakobitischer Romantik sehr populär und gesellschaftsfähig wurde. Ein Laird aus dem Tiefland brachte es bei der Frage, ob er einen Tartan tragen würde, auf den Punkt: "Nein, Gott sei Dank nicht. Meine Ahnen waren allzeit in der Lage, sich Hosen zu leisten." Der Bürgerkrieg setzte den Anfang für eine romantisierte Zeit, die die Entwicklung des Tartans wie keine andere Epoche beeinflussen sollte. Die Jakobiten, die Anhänger des schottischen Königshauses Stuart, begannen ihren ruhmreichen Weg durch die Geschichte, und jene romantischen Gefühle, zu denen die Bewegung den Anstoß gab, wurde im Laufe der Jahrhunderte zur Schwärmerei für alles, was mit den Highlands zu tun hatte, und viele heute zur Hochlandtracht gehörenden Eigenheiten haben ihren Ursprung in dieser Zeit. So sind die weißen Gamaschen der Hochland-Regimenter eine Erinnerung an einen Wintermarsch nach Inverlochy im Jahre 1645, als die Highlander die vom Kampf zerfetzten Überreste ihrer Hemden zum Schutz gegen den Schnee um ihre Füße und Beine

wickelten. Bevor sie sich schlafen legten, sollen sie ihre Plaids, so heißt es, in kaltes Wasser getaucht haben, damit ihre Körperwärme in der nassen Kleidung einen warmen Dunst erzeugte. Der Hauptgrund, warum sich die Hochlandtracht so autark entwickelte, war die Tatsache, daß die Highlands bis zum Beginn des 18. Jahrhunderts etwas abgeschieden vom übrigen Schottland standen. Die eigene gälische Sprache, das Überleben des Feudalismus und das kaum Vorhandensein von Straßen stellte ein Problem für die Reisenden in den Norden dar. Erst der Jakobitismus, eine Bewegung, die von vielen Hochlandclans unterstützt wurde, zwang die Regierung in Edin-

Piper des Clan Grant im Belted Plaid um 1714.

burgh sich für die unklaren politischen Verhältnisse in den Highlands zu interessieren. Der Tartan, als Jakobiten- und Halunkentracht bekannt, kam zu Ehren als Symbol eines unterdrückten Nationalgefühls. Seine Beliebtheit wuchs auch außerhalb der Highlands schnell heran.

Durch den Bau von Straßen durch Marschall Wade gelangten nun Reisende leichter in die entlegenen Hochtäler und lernten die Traditionen der Highlander kennen. Aus unzähligen Reiseberichten erhalten wir einen Überblick über die Lebensart im Norden Schottlands zu Beginn des 18. Jahrhunderts. Die Hochlandtracht hatte sich, seit dem der Belted Plaid hundert Jahre zuvor das safranfarbene Hemd verdrängt hatte, kaum verändert, jedoch begannen die Clantartans ihre entgültige Form anzunehmen. Martin, Verwalter des Laird MacLeod auf der Insel Skye, war einer der ersten, die niederschrieben, "..., daß alle Inseln sich voneinander durch die Machart der Plaids, wie durch die Breite und die Farben der Streifen, unterscheiden". Gleiches traf, wie er schrieb, auch für die anderen Teile der Highlands zu. Leider wurde nicht erwähnt, wie es sich bei Inseln verhält, auf denen mehrere Clans angesiedelt waren.

Auf Skye herrschten beispielsweise die MacLeods und die MacDonalds. Trugen diese alten Rivalen ihren eigen Tartan, oder teilten sie sich einen gemeinsamen District-Tartan. In seinen Niederschriften beschrieb Martin auch die weibliche Hochlandtracht. Demnach trugen die Frauen weiße Plaids, Airsaids genannt, die rot, blau und schwarz gestreift waren. Die Gewänder, die vom Hals bis zu den Füßen reichten, waren auf der Brust mit einer Silberschnalle zusammengehalten. Die Ärmel des Unterkleides schauten aus scharlachrotem Gewebe mit goldenen Spitzen besetzt hervor. Zur gleichen Zeit unternahmen die Chiefs des Clan Grant einen Versuch, ihre Männer in einheitlichen Tartan zu kleiden und befahlen einigen Hundert von ihnen Tartanjacken in gleicher Farbe und in gleichem Schnitt zu tragen. Wenig später befahl Sir Ludovic Grant allen Pächtern, sich Hochland-Jacken, -Hosen und kurze Strümpfe aus einem rot-grünen, breitgemusterten Tartan zu besorgen. Ob diese Anweisungen von Erfolg gekrönt waren, mag dahingestellt sein. Jedenfalls tragen auf allen Gemälden der Grants nur ein Dudelsackpfeifer und ein Kämpfer den gleichen Tartan, der allerdings dem heutigen Tartan des Clan Grant tatsächlich ähnelt. Tatsache ist, daß die Highlander zu dieser Zeit offensichtlich häufig einen Tartan ihrer Wahl trugen, einige sich mit dem gleichen Muster identifizierten, jedoch man von einem einheitlichen Clan-Tartan, den jedes Clan-Mitglied trug, weit entfernt war.

Nach dem Jakobiten-Aufstand von 1715 hatte die Regierung König Georges beschlossen, den Jakobiten-Clans Einhalt zu gebieten und beauftragte 1725 den Oberkommandierenden für Schottland, Marschall Wade sechs Hochlandkompanien aufzustellen. Die Aufgabe dieser unabhängigen Einheiten war die Überwachung einzelner Gebiete und besonderes Augenmerk auf die Unternehmungen der Jakobiten zu haben. Die Rekrutierten kamen aus allen Teilen der Highlands, und so trugen sie natürlich die verschiedensten Tartans. Damit keiner der Whig-Clans, der regierungstreuen Clans, bevorzugt wurde, kreierte man kurzerhand einen neuen Tartan, der "Black Watch" genannt wurde. Dieser Tartan wurde zum ersten registrierten Muster der Highlands. Es war der erste Tartan, der definitiv mit einem Namen identifiziert wurde, und der Einfluß dieses Musters auf viele folgende ist unbestreitbar. Von diesem Tartan wurden bis auf eine Ausnahme alle Highland Regiment Tartans abgeleitet, und viele heutigen Clan-Tartans beziehen sich, wenn auch in abgeänderter Form, auf dieses Muster. Die Black Watch Kompanien trugen den Belted Plaid in dem dunkelgrünen Black Watch Tartan und spätestens ab 1740 rote Uniform-Jacken. Die meisten Rekruten dieser Regimenter waren Adelige, die ihren Dienst als einfache Soldaten leisten wollten. So mutete es seinerzeit einem englischen Soldaten auch eigenartig an, daß die meisten Soldaten des Black Watch Regiments von ihren eigenen Dienern begleitet wurden, die ihr Gepäck trugen. Eine Anekdote, die den hohen Anteil an Gentlemen-Soldaten bestätigt, soll sich wie folgt zugetragen haben. Der König, der noch nie einen Hochlandsoldaten gesehen hatte, kommandierte drei aus dem Black Watch Regiment nach London, um diese persönlich zu inspizieren. Nach einer langen Reise trafen zwei dann auch bei Hofe ein. Einer war auf der Reise in Aberfeldy erkrankt und verstorben. Vor dem König demonstrierten die beiden Highlander vom Clan Campell und Clan Mac Gregor ihre Kunst mit dem Claymore und der Lochaber Axt. Der König war so begeistert, daß er den für ihn als einfache Soldaten erscheinenden Gentlemen-Soldaten einen Guinea zuwarf. Die zutiefst in ihrer Gentlemen-Würde verletzten Soldaten nahmen das Geschenk, wie hätten sie es dem König ablehnen können, und steckten es bei ihrer Abreise den Torwächtern zu.

Spätestens im 18. Jahrhundert verdrängte langsam der Kilt den Belted Plaid. Schon im Jakobitenaufstand von 1715 hatte man bemerkt, daß der Belted Plaid für den Kampf ungeeignet war. Viele Highlander konnten nach der Schlacht nicht bei der Armee bleiben, weil sie "...einen Teil ihrer Kleidung, der sie vor Kälte schützte und dazu noch als Bettzeug diente, auf dem Schlachtfeld zurückgelassen hatten". "Um das zu verstehen", berichtete er, "muß man die Tracht und die Kampfweise der Highlander kennen. Sie tragen zwei kurze Westen, von denen die obere nur bis zur Taille reicht, die untere etwa fünfzehn Zentimeter länger ist, kurze Strümpfe, die kaum bis an die Knie gehen, und keine Hose. Über dem ganzen wird ein weites Stück getragen, das in der Taille mit einem Gürtel zusammengehalten als Mantel dient, jedoch gewöhnlich an der linken Schulter befestigt wird, so daß der rechte Arm frei bleibt. Beim Kampf legen sie diesen ärmellosen Mantel ab, um mehr Bewegungsfreiheit zu haben. Werden sie besiegt, bleiben diese Mäntel dann auf dem Kampffeld zurück." Aus anderen Berichten erfahren wir, daß Highlander, die keinen Schild hatten, sich ihren Plaid bei einem Kampf um den linken Arm wickelten, um damit Schwerthiebe und Kugeln abzufangen.

Nun, wer genau als Erstes die Idee hatte, den Belted Plaid etwas praktischer zu gestalten und den Kilt erfand, verliert sich wie so vieles im Dunkel der Geschichte. Niedergeschrieben wurde jedoch ein Fall, in dem etwa um 1715 in Glengarry der Eisenhüttendirektor Rawlinson die Wende brachte. Rawlinson hatte einen englischen Freund, der Schneider war und an der schottischen Tracht sehr interessiert war. So kam eines Tages ein Highlander mit einem vom Regen durchnässten Belted Plaid in die Stube,

in der Direktor Rawlinson mit seinem Freund dem Schneider am Feuer saßen. Zum Erstaunen des Schneiders legte der Highlander seinen nassen Mantel nicht ab. Als der neugierige Schneider den Highlander befragte, stellte er fest, daß der Mantel ein vollständiger Anzug war, der mit einem Gürtel in der Taille gehalten wurde. Bei jedem Anziehen mußten die Falten im unteren Bereich des

Hochlandtracht Mitte des 18. Jahrhunderts aus dem Buch "The Scottish Gael" 1831.

Kleidungsstückes neu gelegt werden. Der Schneider erdachte nun eine neue Variante, in der das Tuch in zwei Teile geteilt wurde, die Falten in dem unteren Bereich vernäht wurden und somit immer in Form blieben und der obere Teil nun nach belieben abgelegt werden konnte. Rawlinson war begeistert und bereits wenige Tage nach diesem Ereignis trug er einen Kilt. Mc Donell of Glengarry erkannte ebenfalls die Vorzüge dieser neuen Mode und trug fortan nur noch Kilt. In den nächsten Jahren verbreitete sich der Kilt über das ganze Land und das Ende des jahrhundertelang getragenen Belted Plaid war gekommen. Natürlich würde kein Schotte jemals behaupten, daß ein Engländer der Erfinder des Nationalkleidungsstückes sein könnte. Diese Behauptung wäre auch nicht haltbar, insbesondere, da aus vielen Teilen Schottlands immer wieder Aufzeichnungen lange vor der offiziell dokumentierten "Erfindung" des Kilts auf das Tragen dessen hinweisen. So schrieb beispielsweise Donald MacLeod, nach seinem aktiven Dienst als Sergeant bei den Royal Scots in seiner Biographie 1791, daß er sich noch lebhaft an die Hungersnot 1698 erinnerte und an die Kleidung, die er als kleiner Junge trug. "Wir Knaben trugen ein Wollhemd, einen Kilt und eine Weste." Nun, tatsächlich wurde einerseits der Plaid teilweise noch

bis Anfang des 19. Jahrhunderts getragen, andererseits der Kilt schon im 17. Jahrhundert, wenn nicht früher. Auch Prince Charles Edward Stuart trug bei seiner Revolution 1745 oft den Kilt, jedoch meistens Hosen in Tartan-Muster, da diese zum Reiten bei einem Mann wesentlich praktischer erscheinen als der Kilt. Nach seinem triumphalen Einmarsch in Edinburg wurde der Tartan für wenige Monate sehr begehrt, und geschäftstüchtige Handelsfirmen präsentierten die neusten Tartanmuster.

Chev. Basil Henry Connor Wolfrhine of Stuart GCSA, Laird of Kintail etc. in schottischer Hochlandtracht.

Anfang des 19. Jahrhunderts wurde das Tragen von Hochlandkleidung sehr populär und jeder suchte nach seinem alten, teilweise vergessenen Clan-Tartan. Sir Walter Scot machte mit seinen Hochland-Novellen Furore, und dann kamen sie, die alles verändern sollten. Die Gebrüder Sobieski Wolfrit Stuart. In einer Zeit, in der gerne jeder Schotte seinen alten Familien-Tartan präsentierte, jedoch viele keinen besaßen (ob er nun im Laufe der Jahrhunderte verloren ging oder nie existierte sei dahingestellt), war das 1842 erschienene "Vestiarium Scoticum" der Gebrüder Sobieskie Wolfrit Stuart ein willkommenes Nachschlagewerk. Die Brüder waren seit 1819 allgemein als Tartan-Experten bekannt, die alte Aufzeichnungen über Tartanmuster entdeckt hatten und an einer Auflistung dieser vergessenen Tradition arbeiteten. Als 1822 König William IV. Schottland besuchte, bestürmten sie viele Clanmitglieder, um von ihnen die alten Sets erklärt zu bekommen, denn Sir Walter Scott hatte das Besucherprogramm inszeniert und seiner Majestät empfohlen, in Hochlandtracht zu erscheinen. Natürlich mußten nun auch alle Schotten in Hochlandtracht dem Treffen im Hollyrood House beiwohnen. Zu diesem Zeitpunk entstanden viele der noch heute bekannten Tartans. In dem 1842 erschienenen "Vestiarium Scoticum" wurden über 70 Tartans vorgestellt, die es 300 Jahre zuvor gegeben haben soll, eine Darlegung, die nie bewiesen werden konnte, jedoch allgemein anerkannt wurde.

Die heute verwendeten Tartans, ob sie nun auf Jahrhunderte alte Muster zurückgehen oder erst im 19. Jh. entstanden sind, werden von den verschiedensten Zusammenkünften überwacht und registriert. Die Scottish Tartan Society veröffentlichte mehrere Enzyklopädien und das Standing Council of Scottish Chiefs veröffentlicht in unzähligen Publikationen die Clan-Tartans. Jedoch entstehen jährlich neue Tartans und die verschiedenen Webereien machen durch ihre freie Namensgestaltung die Übersicht nicht gerade durchschaubarer. Dennoch kann der Tartan-Träger davon ausgehen, daß ein Clan-Tartan, egal von welcher Weberei er auch stammen möge, bis auf kleine Nuacen indentisch ist, eine Tatsache, die im 19. Jh. keineswegs selbstverständlich war. Ob Highlander vor dem 19. Jahrhundert einen bestimmten Clan-Tartan trugen ist unklar und vieles spricht dagegen. Wahrscheinlicher war wohl das Tragen eines Distrikt-Tartans, jedoch kann auch dies nicht definitiv bewiesen werden. Auch über das Alter des Tartans an sich ist vieles geschrieben worden. Nun, wie auch immer, Highlander tragen schon seit Jahrhunderten Tartans, wie einfachstrukturiert sie auch immer gewesen sein mögen und heute ist der Tartan der farbenprächtige Ausdruck einer alten Tradition aus den schottischen Highlands.

Chronologische Übersicht über die Herrscher, Könige und Königinnen von England

802 - 839:	Egbert	1307 - 1327:	Edward II.
839 - 858:	Ethelwulf	1327 - 1377:	Edward III.
858 - 860:	Ethelbald	1377 - 1399:	Richard II.
860 - 866:	Ethelbert	1399 - 1413:	Henry IV.
866 - 871:	Ethelred I.	1413 - 1422:	Henry V.
871 - 899:	Alfred	1422 - 1461:	Henry VI.
899 - 925:	Edward (der Ältere)	1461 - 1483:	Edward IV.
925 - 939:	Athelstan	1483:	Edward V.
939 - 946:	Edmund I	1483 - 1485:	Richard III.
946 - 955:	Eadred	1485 - 1509:	Henry VII.
955 - 959:	Edwy	1509 - 1547:	Henry VIII.
959 - 975:	Edgar	1547 - 1553:	Edward VI.
975 - 978:	Edward (d. Märtyrer)	1553 - 1558:	Mary I.
978 - 1013:	Ethelred II.	1558 - 1603:	Elisabeth I.
1013 - 1014:	Sven (Gabelbart)	1603 - 1625:	James I. (=James VI.
1016:	Edmund II.		von Schottland)
1016 - 1035:	Knut (d. Große; engl.	1625 - 1649:	Charles I.
	Cnut oder Canute)	1653 - 1658:	Oliver Cromwell
1035 - 1040:	Harold I.	1658 - 1659:	Richard Cromwell
1040 - 1042:	Harthacnut		(beide = Protektor)
1042 - 1066:	Edward	1660 - 1685:	Charles II.
	(der Bekenner)	1685 - 1688:	James II.
1066:	Harold II.	1689 - 1702:	William (v. Oranien)
	(Godwinson)		und Mary II.
1066 - 1087:	William	1702 - 1714:	Anne
	(der Eroberer)	1714 - 1727:	George I.
1087 - 1100:	William II. (Rufus)	1727 - 1760:	George II.
1100 - 1135:	Henry I. (Beauclerc)	1760 - 1820:	George III.
1135 - 1154:	Stephan I. (von Blois)	1820 - 1830:	George IV.
1154 - 1189:	Henry II.	1830 - 1837:	George V.
	(Kurzmantel)	1837 - 1901:	Victoria
1189 - 1199:	Richard I.	1901 - 1910:	Edward VII.
	(Löwenherz)	1910 - 1936:	George V.
1199 - 1216:	John I. (ohne Land)	1936:	Edward VIII.
1216 - 1272:	Henry III.	1936 - 1952:	George VI.
1272 - 1307:	Edward I.	seit 1952:	Elisabeth II.

Chronologische Übersicht über die Herrscher, Könige und Königinnen von Schottland

843 - 860:	Kenneth Mac Alpin, König der Pikten und Skoten: erster König Schottlands	1094 - 1097:	Donald Bane
		1097 - 1107:	Edgar
		1107 - 1124:	Alexander I
		1124 - 1153:	David I.
860 - 863:	Donald I	1153 - 1165:	Malcolm IV.
863 - 877:	Constantine I.	1165 - 1214:	William I. der Löwe
877 - 878:	Aodh	1214 - 1249:	Alexander II.
878 - 889:	Eocha	1249 - 1286:	Alexander III.
889 - 900:	Donald II.	1286 - 1290:	Margret
900 - 943:	Constantine II.	1290 - 1292:	Erstes Interregnum
943 - 954:	Malcolm I.	1292 - 1296:	John Balliol
954 - 962:	Indulf	1296 - 1306:	Zweites Interregnum
962 - 967:	Duff	1306 - 1329:	Robert I. Bruce
967 - 971:	Colin	1329 - 1371:	David II.
971 - 995:	Kenneth II.	1371 - 1390:	Robert II.
995 - 997:	Constantine III.	1390 - 1406:	Robert III.
997 - 1005:	Kenneth III.	1406 - 1437:	James I.
1005 - 1034:	Malcolm II.	1437 - 1460:	James II.
1034 - 1040:	Duncan I.	1460 - 1488:	James III.
1040 - 1057:	Macbeth	1488 - 1513:	James IV.
1057 - 1058:	Lulach	1513 - 1542:	James V.
1058 - 1093:	Malcolm III.	1542 - 1567:	Mary
1093 - 1094:	Donald Bane	1567 - 1625:	James VI.
1094:	Duncan II.		(=James I. v. England)

Großsiegel des englischen Königs Edward I.

Siegel von Robert the Bruce

Daten zum geschichtlichen Umfeld der Borders

55/54 v.Chr.:   Caesar setzt nach Britannien über, zieht aber die Truppen trotz der erfolgreichen militärischen Aktionen wieder ab.

43 n.Chr.:   Unter dem Kommando von Aulus Plautius landen römische Truppen in Britannien. Kaiser Claudius besucht die Insel, die Römer beginnen mit der weiteren Eroberung.

71 - 84:   Der römische Provinzstatthalter Agricola stößt vom römisch besetzten Britannien nach Schottland vor. In der legendären Schlacht am Mons Graupius (84 n.Chr.) schlägt er Calgacus, den Anführer der einheimischen Stämme. Trotzdem gelingt es den Römern nie, nördlich der Lowlands längerfristig Fuß zu fassen.

87:   Aufstand westschottischer Stämme. Ansonsten ist die Lage in Britannien relativ ruhig.

Um 120:   Der Hadrianswall zwischen Tyne und Solway wird erbaut.

142 - 145:   Kaiser Antoninus gibt den Hadrianswall wegen ständiger Angriffe aus dem Norden auf und läßt auf einer verkürzten Linie nördlich davon den Antoninuswall errichten.

Ab d. 3. Jh.:   Zu dieser Zeit sind die keltischen Pikten im Norden Schottlands nachgewiesen. Spätestens seit dem 6. Jh., als sich ihr Reich in seiner endgültigen Form herauskristallisiert, beherrschen sie - vermutlich unter zwei Hochkönigen - Schottland nördlich des Forth. Das piktische Königtum bildet die Grundlage des mittelalterlichen Königtums und damit der schottischen Nation.

368:   Schottische Pikten fallen mit Skoten und Sachsen ins römisch beherrschte Mittel- und Südengland ein. Römische Truppen können die Einfälle nur vorübergehend abwehren

383:   Der römische Kaiser Theodosius (347-395) gibt den Hadrianswall nach und nach auf.

Um 400:   St. Ninian predigt den schottischen Pikten das Christentum.

402 - 407:	Die römischen Truppen müssen sich unter dem dauernden Druck von Pikten und Skoten endgültig aus Großbritannien zurückziehen, um das von Germanenstämmen bedrohte Reich sichern zu helfen.
Zwisch. 420 und 450:	Die Briten rufen wegen der dauernden Einfälle von Pikten und Skoten germanische Stämme zur Hilfe (Jüten, Sachsen), die allerdings bald eigene Königreiche bilden (Kent, Sussex, Essex, Wessex und nach 470 durch die Angeln noch Mercia, Northumbria und Middlesex)
449:	Traditionelles Datum f. d. Ankunft v. Hengist u. Horsa in Kent
Etwa um 500 bis 550:	Im Königreich Gododdin (wahrsch. im Gebiet der späteren Borders zwischen Hadrians- und Antoninuswall) finden die Abwehrkämpfe der nördlichen keltischen Stämme (z.B. der Votadini) gegen die germanischen Angelsachsen statt. Unter ihrem legendären König Artus erringen die Kelten zunächst Siege, werden aber letztlich nach 550 nach Wales vertrieben. Artus soll in der Schlacht von Camlann, die zwischen 537 und 539 in der Nähe des Hadrianswalles stattfand, gefallen sein.
516:	Briten unter König Artus besiegen Angelsachsen am Mount Badon
537:	Traditionelles Datum für die Schlacht von Camlann und den Tod König Artus.
563:	Der Hlg. Columban (521-597) gründet auf der Hebriden-Insel Iona vor der westschottischen Küste ein Kloster. Er verbindet das uneinheitliche schottische Glaubens- und Gedankengut mit dem der irischen Kirche und beginnt mit der Mission der Angelsachsen.
Um 600:	Der Barde Aneirin erschafft das große Versepos „Gododdin", ein Loblied auf die Taten König Artus'.
Beg. d.7. Jh.:	Von den Angeln gegründetes Königreich Northumbria entsteht aus Vereinigung der Königreiche Bernicia und Deria
Ab 627:	Northumbria wird erfolgreich christianisiert (Südlicher liegende Reiche wie Essex und Sussex treten dem Christentum erst später näher).

628:	Erste Erwähnung eines Königs von Argyle (alter Begriff, ab dem 16./17. Jh. Argyll), der zugleich König der Pikten ist.
655:	In der Schlacht von Winwaed schlagen die Truppen aus Northumbria Mercia und East Anglia. Dies bedeutet auch einen Sieg für das nun endgültig vorherrschende Christentum.
679:	Northumbria wird von Mercia geschlagen.
685:	Die Pikten unter ihrem Hochkönig Bridei mac Bile stoppen die Nordexpansion der Angeln aus Northumbria bei Dunnichen (Schlacht von Nechtansmere). Der Firth of Forth bildet weiterhin die Grenze.
741:	Die Pikten unter König Oengus schlagen das Aufgebot des skotischen Reiches von Dalriada.
793:	Lindisfarne wird als erstes britisches Kloster von Wikingern geplündert.
844:	Unter dem Führer Kenneth mac Alpin vereinigen sich Pikten und Skoten. Das geschaffene Königreich ist eigenticher Ausgangspunkt eigenständiger schottischer Geschichte.
876:	Die Dänen erobern Northumbria. Ihre dauernden Attacken und die der anderen Skandinavier zerstören weitgehend die angelsächsischen Herrschaftsstrukturen.
937:	Sieg von Brunanburgh im Jahr 937 (oder 938). Dänen, Schotten, Waliser und der König von Dublin unter Olaf Quaran („Kleinschuh") unterliegen König Athelstan
1016 - 1035:	Knut der Große (um 995-1035) erreicht die Herrschaft über ganz England, zugleich wird er Overlord von Schottland.
1018:	Vereinigung der vier schottischen Königreiche. Schlacht bei Carham (1016).
1066:	König Harold siegt in der Schlacht von Stamford Bridge am 25. Sept. über Harald von Norwegen, der ebenfalls Anspruch auf den englischen Thron erhoben hatte. Am 14. Okt. unterliegt Harold dem Herzog der Normandie, William the Conquerer.

1072:	Im Sommer des Jahres unterwirft sich König Malcolm III. von Schottland im Vertrag von Abernethy William. Obgleich diese Unterwerfung die theorethische Oberhoheit des englischen Königs bedeutet (1091 wird der Vertrag nochmals bestätigt), berührt sie die praktische Selbständigkeit Schottlands nicht.
1093:	Malcolm III. führt nach dem Tode Wilhelm des Eroberers Krieg gegen seinen Nachfolger Wilhelm II. Rufus (1056-1100). Die zunächst erfolgreiche Invasion der Schotten in Northumberland scheitert nach der Schlacht von Alnwick (13./16. Nov.), da in Malcolm III. und sein Sohn Edward entweder beide im Kampf fallen oder einem Mordanschlag zum Opfer fallen.
1124 - 1153:	David I., am englischen Hof erzogen, bringt zahlreiche Normannen als neue Lehnsherren nach Schottland mit, unter anderem so bekannte Familien wie die Bruces und die Stuarts. Dies bewirkt eine schleichende Anglisierung der Lowlands und der Borderregion.
1138:	Die Niederlage der Schotten Schlacht von Northallerton („Battle of the Standard"), beendet Ambitionen Davids I., der versuchen wollte, die englische Krone zu gewinnen.
1173/74:	König William I. der Löwe von Schottland (um 1142-1214) verbündet sich mit Heinrich (1155-1183, zweiter Sohn König Heinrichs II. von England) zum Kampf gegen dessen Vater. Am 13. Juni wird William bei der Belagerung des Schlosses Alnwick gefangen und in der Normandie inhaftiert. Nur durch die Wiederanerkennung der englischen Oberhoheit, d.h. den Schwur des Lehnseids auf Heinrich II., erlangt er seine Freiheit wieder. Aus diesem Schwur leitet die englische Krone in Zukunft ihren Supremattieanspruch über Schottland ab. Die Borders haben oft unter den dadurch entstandenen Raids und Kriegszügen zu leiden.
1189:	Ein Abkommen Williams I. von Schottland mit König Richard I. Löwenherz (1157-1199) beläßt den Schotten ihre faktische Selbständigkeit.

1237:	Der Vertrag von York fixiert die immer wieder umstrittene Grenze zwischen Schottland und England zwischen dem Tweed und dem Firth of Solway.
1249:	Die „Laws of the Marches" treten in Kraft. Zu beiden Seiten der Border werden je drei Marches, die man der Einfachheit halber mit East, Middle und West March bezeichnete, definiert, die jeweils von einem March Warden kontrolliert werden was die Situation der Bewohner im Kriegsfall allerdings wenig verändert.
1286:	Das schottische Könighaus der Canmore stirbt im Mannesstamm aus. Die dadurch entstehenden Konflikte, führen zu Kriegen, die die Borders schwer schädigen.
1290 - 1292:	Schottland erlebt das erste Interregnum. An dessen Ende erhält John Balliol (1250-1313) mit Zustimmung Edwards I. (1239-1307) am 17. Nov. 1292 die Krone (nur bis 1296). Im nachfolgenden Konflikt mit Frankreich fordert Edward I. von den Schotten feudale Lehns-, in diesem Fall Ritterdienste. Die Schotten lehnen dies nicht nur ab, sondern verbünden sich 1295 mit Frankreich, was zu einer mehr als vier hundertjährigen latenten Allianz führt, die für England dauerhaft gefährlich bleibt.
1296:	Die Engländer besiegen am 27. April die Schotten.
1297:	William Wallace Wallace (1270-1305) schlägt die Engländer bei Stirling Bridge. Erste March Wardens treten Ämter an.
1296 - 1306:	2. Interregnum in Schottland. Edward I. führt Regierung.
1298:	Edward I. schlägt die Schotten am 22. Juli bei Falkirk. William, der Führer der Schotten gilt bis heute als einer der schottischen Freiheitshelden. Er wurde gehängt, gestreckt und geviertelt.
1306:	Das 2. schottische Interregnum endet am 25. März mit der Krönung Roberts I. (1274-1329). Dies führt sofort wieder zum Konflikt mit England. Edward II. (1284-1327), der nach dem Tod Edwards I. 1307 den Thron bestiegen hat, zeigt sich als schwacher Herrscher.

1314:	Am 24. Juni schlägt Robert I. Edward II. in der Schlacht von Bannockburn. Der Sieg sichert Schottlands Unabhängigkeit
1328:	Am 4. Mai bestätigen Königin Isabella von England (1292-1358) und ihr Geliebter Roger Mortimer (1287-1330) den Vertrag von Edinburgh, der Schottlands Autonomie (und damit die Konfliktsituation der Borders) garantiert.
1329:	Am 19. Juni stirbt König Robert the Bruce an Lepra.
1341:	Die Engländer werden im Rahmen der Schwächung der englischen Streitkräfte durch den Hundertjährigen Krieg mit Frankreich (seit 1337) aus Schottland vertrieben.
1346:	König David II. von Schottland (1324-1371) versucht durch einen Einfall in Nordengland die mit ihm verbündeten und schwer bedrängten Franzosen (vernichtende Niederlage in der Schlacht von Crécy am 26. Aug. 1346) zu entlasten. Er wird bei Neville's Cross geschlagen und im Tower inhaftiert.
1357:	David II. unterwirft sich nach elfjähriger Haft dem englischen König. Gegen Zahlung eines hohen Lösegeldes wird er freigelassen, jedoch bald darauf wieder festgenommen, weil er den Kampf gegen Edward III. (1312-1377) wieder aufnimmt.
1371:	Die Stuarts kommen mit Robert II. (gest. 1390) auf den schottischen Thron, werden jedoch bis 1488 von einer Adelsopposition unter Führung der Douglas bekämpft. Die Stuarts leiten ihren Thronanspruch aus der Heirat Walter Stuarts mit Robert Bruces ältester Tochter Marjorie her.
1388:	Die Schotten nutzen die innerenglischen Streitigkeiten im Zusammenhang mit den Kämpfen in Frankreich und schlagen am 15. Aug. die Engländer unter Henry Percy „Hotspur" (1364-1403) bei Otterburn.
1402:	Schlacht bei Homildon Hill zwischen den Percys und den Douglases, die mit einem Sieg der Percys endet.
1411:	Schlacht von Harlaw.

1437:	James I. wird von unzufriedenen Adligen ermordet. Der unnatürliche Tod durch Verschwörungen mächtiger Adelsgruppen ist, wie die minderjährige Inthronisierung bis zu James VI., eine Konstante der schottischen Geschichte.
1503:	Heinrichs VII. Tochter, Margarete Tudor (1489-1541), heiratet am 8. Aug. gemäß Heiratsvertrag von 1502 James IV. von Schottland, wodurch die Vereinigung beider Kronen (1603) und Länder (1707) vorbereitet wird.
1512 - 1514:	Heinrich VIII. (1491-1547) führt Krieg gg. Schottland und Frankreich. Nach einem Sieg über die Franzosen bei Guinegate-Thérouane (16. Aug. 1513) schlägt Surrey am 9. Sept. 1513 die Schotten in der Schlacht bei Flodden, in der König James IV. fällt.
1544 - 1548:	Heinrich VIII. versucht, mittels brutaler Zerstörungsfeldzüge, den sog. „Rough Wooings", in den Borders, Maria Stuart (1542-1587) als Braut seines Sohnes zu bekommen. Die junge schottische Thronerbin heiratet dennoch den französischen Thronfolger und wird 1548 nach Frankreich gebracht
1558:	Heinrich II. von Frankreich (1519-1559) erklärt im Nov. die seit dem 17. Nov. als englische Königin gekrönte Tochter Heinrichs VIII. aus der Ehe mit Anne Boleyn, Elisabeth I. (1533-1603), für einen Bastard, ihren Thronanspruch für kanonisch ungültig und läßt Maria Stuart, die Frau seines Sohnes Franz (1544-1560), die gleichzeitig Königin von Schottland ist, zur neuen Königin von England proklamieren
1561:	Nach dem Tode ihres Mannes Franz II. von Frankreich kehrt die katholische Maria Stuart am 19. Aug. nach Schottland zurück. Sie beendet zwar damit die schottischen Thronwirren, bringt das Land aber durch ihren Kampf gegen die calvinistisch-reformierte Kirchenpolitik in Aufruhr.
1567:	Maria Stuart verzichtet angesichts der reformatorischen Bewegung und der starken calvinistischen Adelsopposition zugunsten ihres einjährigen Sohnes James VI. (1566-1625) aus der Ehe mit Henry Stewart (1545-1567, Lord Darnley), dessen Mörder, James Hepburn (1536-1578, Earl of Bothwell) sie am 15. Mai geheiratet hatte.

1568 - 1570:	Am 19. Mai 1568 wird Maria Stuart nach der Flucht aus ihrem Gefängnis, der Burg von Loch Leven, von Anhängern Elisabeths dingfest gemacht. Katholische Schotten und Engländer mischen sich unter massiver Anteilnahme des katholischen Auslands (Iren, Kurie, Italiener, Spanier, Franzosen) in die Thronstreitigkeiten zwischen Elisabeth I. und Maria Stuart ein, um Maria wenigstens den schottischen Thron wieder zu sichern.
1586:	Im Vertrag zu Berwick schließen Elisabeth I. und James VI. von Schottland im Juli ein Devensivbündnis gegen Frankreich und sichern sich gegenseitig die Eigenständigkeit der anglikanischen bzw. calvinistischen Glaubensausübung zu.
1587:	Hinrichtung Maria Stuarts auf Schloß Fotheringhay als unmittelbare Folge der vorausgegangenen „Babington-Verschwörung" (Aug./Sept. 1586). Die katholischen europäischen Mächte antworten mit Kriegsvorbereitungen, James VI. hingegen hält sich trotz der Hinrichtung seiner Mutter an den Vertrag von Berwick.
1603:	Am 24. März stirbt Königin Elisabeth I. nach 45 Jahren Regierungszeit. Ihr Neffe James VI. von Schottland setzt nach der Krönung im Juli die Thronfolge als James I. von England fort. Für Schottland hatte diese Erbschaft keine Vorteile, im Gegenteil - vor dem Hintergrund der vielfältigen englischen Regierungsgeschäfte gerät es aus dem Blick der Stuart-Könige. Sehr positiv wirkte sich die Situation auf die Borders aus (der Name Borders wurde allerdings verboten, die Gegenden hießen jetzt „Middle-Shires"), da die andauernden Raids der „Border-Reivers" jetzt durch drakonische Strafmaßnahmen unterdrückt werden.
1639:	Die „Pazifikation von Berwick" verhindert, zum Glück für die gerade in eine friedlichere Zukunft blickenden Borders, das Ausbrechen eines Krieges aus religiösen Gründen zwischen Schottland und England (First Bishops' War). Kirchliche Angelegenheiten werden damit der schottischen Generalversammlung und zivile dem Parlament zugewiesen.

1642:	Nach einem gescheiterten Versuch, die Führer der radikalen Commons zu verhaften, bricht am 10. Jan. die Englische Revolution aus. Die royalistischen „Cavaliers" und die parlamentarischen „Roundheads" stehen einander gegenüber.
1643:	Charles I. lehnt ein Freundschaftsangebot der Schotten ab, weil er den Presbyterianismus fürchtet und zunächst militärisch besser dasteht als die Parlamentarier. Daraufhin gelingt der Parlamentspartei ein lockeres Bündnis mit den in sich allerdings zerstrittenen Schotten („Solemn League and Convenant"). Der Führer der pro-parlamentarischen Partei ist der Graf von Argyll, der Führer der Royalisten James Graham, Earl of Montrose (1612-1650), der sich als begabter Feldherr erweist.
1645 - 1650:	Feldzüge Montroses gegen den Covenant.
1647/48:	Am 23. Jan. liefert Graf Argyll Charles I. für 400.000 Pfund an das Parlament aus, der am 3. Juni von befreundeten Soldaten entführt wird. Einen letzten Einigungsversuch mit dem Parlament lehnt Charles I. aus den gleichen Gründen wie zuvor ab, da die Schotten, die ihre Rechte nicht gewahrt sehen, ebenfalls die Zustimmung verweigern. Charles I. Kampf ist aber angesichts der Übermacht und der Spaltung der Schotten zum Scheitern verurteilt. Er kommt wieder in Haft.
1649:	Nach einem kurzen politischen Prozeß, dessen Urteil von Beginn an feststand, wird Charles I. am 30. Jan. hingerichtet. Iren und Schotten wollen den Umsturz nicht hinnehmen und rufen zu Widerstand auf. Cromwell schlägt im Sept./Okt. den irischen Widerstand grausam nieder.
1650:	Montrose nimmt im Namen Charles II. (1630-1685), den die Schotten am 6. Feb. als legitimen Nachfolger seines Vaters anerkannt hatten, im April den Kampf gegen England wieder auf. Bei Carbisdale (Sutherland) wird er schwer geschlagen und von den MacLeods verhaftet. Am 21. Mai wird er in Edinburgh hingerichtet. Dennoch kämpfen die Schotten mit dem im Juni in Garmouth gelandeten Charles II. weiter. Cromwells Heer bleibt aber weiter siegreich, Schottland wird besetzt und von der englischen Armee kontrolliert.

1660:	Im holländischen Exil gibt Charles II. Stuart am 4. April eine Deklaration für den Fall seiner Rückkehr auf den englischen Thron ab. Sie ist sehr allgemein gehalten, wird aber vom starken Mann des Militärs General Monck, dem Parlamentssprecher und dem Lord Mayor von London akzeptiert. Am 5. Mai stimmt das Parlament für die Rückkehr des Königs, Armee und Flotte schließen sich an, so daß Charles II. am 25. Mai in Dover landen kann.
1685:	Am 6. Feb. stirbt Charles II. nach kurzer plötzlicher Krankheit, nachdem er auf dem Sterbelager zum Katholizismus konvertierte. Noch am gleichen Tag besteigt James II. (1633-1701) den Thron - erstmals seit 1558 wieder ein Katholik.
1689:	Nach der Landung Wilhelms von Oranien (William of Orange) 1688 wird James II., der sich durch seine starke Rekatholisierungspolitik unpopulär gemacht hatte (insbesondere die „Killing Times" der 80er Jahre, in denen er radikale Presbyterianer blutig hatte verfolgen lassen), für abgesetzt erklärt. Dieser legale und zunächst unblutige Staatsstreich geht als „Glorious Revolution" in die Geschichtsschreibung ein. Außerhalb Englands bleibt die „Glorious Revolution" nicht unblutig: im März landet James II. in Irland, um den Thron zurückzuerobern. Im Sept. schließt sich Schottland auf Seiten Wilhelms den Kämpfen an. Quasi im Gegenzug erhält Schottland einen presbyterianischen Zweig innerhalb der Staatskirche. Gründung der ersten Border-Regimenter.
1707:	Am 29. April erfolgt die Proklamation des ersten Parlaments von Großbritannien infolge der Union mit Schottland (Zusammenlegung der beiden Kronen, Auflösung des schottischen Parlaments, Abschaffung des Kronrates und einer eigenständigen schottischen Verwaltung). Ins nunmehr großbritannische Unterhaus kommen 45 schottische Abgeordnete, ins Oberhaus 16 schottische Peers. Die schottisch-presbyterianische Kirche wird als zweite Staatskirche anerkannt. Viele Schotten sind mit der Entwicklung unzufrieden. Die Borders verlieren dadurch ihren bis dahin einmaligen Sonderstatus und werden mit der Zeit zu gewöhnlichen Verwaltungseinheiten.

1715:	Nachdem am 1. Aug. der Kurfürst von Hannover als Georg I. (1660-1727) den englischen Thron bestiegen hat, erheben sich im Sommer die schottischen Jakobiten unter der Führung von John Erskine, Earl of Mar (1675-1732). Der Aufstand wird am 13. Nov. von John Campbell, Earl of Argyll and Greenwich (1678-1743) bei Sheriffmuir niedergeschlagen. Nach dieser Niederlage verläßt der zwischenzeitlich zum schottischen König proklamierte James VIII. Stuart das Land.
1719:	Von April bis Juni beunruhigen neue jakobitische Umtriebe Schottland, gefördert durch den Premierminister Spaniens, Kardinal Alberoni.
1745:	Charles Edward Stuart ('Bonnie Prince Charlie') (1720-1788) landet mit französischer Unterstützung in Schottland und beansprucht den Thron für sich.
1746:	Am 17. Jan. erringen aufständische Jakobiten den Sieg bei Falkirk, die Erhebung scheitert aber am 16. April in der Schlacht bei Culloden. Der siegreiche Herzog von Cumberland geht mit äußerster Brutalität gegen die Aufständischen (und auch gegen loyale Highlander) vor. Dudelsack, Tartan u. Kilt werden verboten, viele Clans von ihrem Land vertrieben. Charles Edward Stuart gelingt nach Monaten des Versteckens im September die Flucht in die Bretagne.
Seit 1830:	Innerhalb der großen Auswanderungswellen, die jährlich bis zu 50.000 Menschen umfassen, wandern Engländer (auch Borderer) und auch viele Schotten (u.a. wegen der „Clearences" in den Highlands) nach Amerika, Kanada, Australien, Neuseeland oder in die Kapkolonie aus
1914-1918 u. 1939 - 1945:	Im I. und II. Weltkrieg leisten die Border-Regimenter als Teil der britischen Armee ihren Dienst im Sinne eines geeinten Königreiches als Bestandteil einer regulären Armee.
1974/75:	Eine Verwaltungsreform wandelt die 33 Grafschaften in 12 Bezirke um, die gegenüber London gestärkte Verwaltungsbefugnisse erhalten: Dumfries & Galloway, Borders, Strathclyde, Lothian, Central, Fife, Tayside, Grampian, Highland, Western Isles, Orkney und Shetland.

Sachverzeichnis

Ancrum Moore: Schlacht, 27. Februar 1545. Englische Plünderungstruppe unter Sir Ralph Evers und Sir Brian Latoun unterliegt schottischen Verbänden unter Archibald Douglas, Earl of Angus

Attila: auch Etzel, Hunnen-König seit 434. Regierte erst mit seinem Bruder Bleda, den er 445 ermordete. Fiel mit seinen Hunnen sowohl in ost- wie auch weströmische Gebiete ein. 451 wurde er in der Schlacht auf den Katalaunischen Feldern von Aetius geschlagen, sein Vorstoß gegen Italien im Folgejahr konnte von Papst Leo I. durch Gespräche verhindert werden. Starb 453 evtl. durch Mord

Avalon: Mystische Zauberinsel (bretonisch: Apfelinsel), auf die Artus, im Sterben liegend, entrückt wurde. Entspricht in der keltischen Religion einem Ort himmlischer Wonnen u. Freuden

Aylesford: Schlacht, 455. Englischer Kleinkönig Vortigern wurde bei Aylesford in Kent von Angelsachsen unter Hengist und Horsa geschlagen

Bannockburn: Schlacht, 24. Juni 1314. König Robert the Bruce besiegt König Edward II. von England

Battle of the Standard: Vgl. *Northallerton*

Bosworth: Schlacht, 1485. Heer Richards III. (Haus York) unterliegt dem Heer Heinrich Tudor, der daraufhin nach den 30 Jahren der *Rosenkriege* zum König ausgerufen wird

Brunanburgh: Schlacht, 937 (o. 938). Verbündete Dänen, Schotten, Iren u. Waliser unter Olaf Quaran ("Kleinschuh") unterliegen in der größten Schlacht der Wikingerzeit den Truppen des angelsächsischen Königs Athelstan

Buckler: kleiner Rundschild

Caliver: einschüssiges Radschloßgewehr

Camlann: Schlacht, zwischen 537 und 539. Kelten unter Artus unterliegen den germanischen Eroberern bei der Entscheidungsschlacht

Carham: Schlacht, 1016. Schotten besiegen ein englisches Heer und bestätigen damit die Grenze zwischen beiden Ländern. 1370 fand hier eine weitere Schlacht statt, die die Schotten ebenfalls für sich entschieden

Chansons de geste: Sammelname für Werke zum Mythos um Kaiser Karl den Großen

Clifton Moore: Schlacht, 17./18. Dezember 1745. Letztes Gefecht auf englischem Territorium zwischen Bonnie Prince Charlies Jakobiten u. englischen Dragonern. Jakobiten siegen, aber ziehen sich nach Carlisle zurück

Covenant: "Eidgenossenschaft", oft religiös motiviert

Culloden:	Schlacht, 16. April 1746. Prinz Charles Edward Stuart unterliegt Regierungstruppen unter dem Duke of Cumberland
Dagg:	einschüssige Radschloßpistole
Dalriada:	sagenhaftes irisch-schottisches Reich
Dirk:	langer Dolch
Dunbar:	Schlacht, 27. April 1296. Schotten unterliegen dem Feldherren Edwards I., John de Warenne. Obwohl die Schlacht nur von etwa 1/5 der englischen Armee ausgefochten worden war, war sie kriegsentscheidend, da die schottische Armee schwer getroffen und ihr Widerstandswille vorläufig gebrochen war
Flodden:	Schlacht, 8. September 1513. James IV. unterliegt dem Earl of Surrey bei seinem Invasionsversuch in England
Gate Fulford:	Schlacht, 20. September 1066. Englische Armee unter den Earls Edwin und Morcar unterliegt norwegischer Invasionsarmee Haralds
Goddodin:	„Nordreich", Reich König Artus´ (englisch Arthur), das mit hoher Wahrscheinlichkeit zwischen Hadrians- und Antoninuswall lag
Hastings:	Schlacht, 14. Oktober 1066. König Harold v. England unterliegt dem zweiten Konkurrenten um die englische Krone, Herzog William aus der Normandie und fällt, nachdem er den ersten Konkurrenten, König Harald von Norwegen, noch besiegte (vgl. *Stamford Bridge*)
Hexham:	Schlacht, 8. Mai 1464. Truppen des Hauses York unter Lord Montague greifen Truppen des Hauses Lancaster unter König Henry VI. und dem Duke of Sommerset an. Lord Montague siegt, kann aber die Lancasters nicht vernichtend schlagen. Vgl. *Rosenkriege*
Homildon Hill:	Schlacht, 14. Sept. 1402. Englische Truppen unter Henry Percy „Hotspur" und seinem Vater, dem Earl of Northumberland besiegen die Schotten unter Sir Archibald Douglas.
100jähriger Krieg:	Kriegszustand zwischen England und Frankreich (1337 bis 1453). Anlaß war der Anspruch des englischen Königs Edwards III. auf den französischen Thron, nachdem die Dynastie der Kapetinger in direkter Linie ausgestorben war. Haus Valois wollte sich damit nicht abfinden. Zeitweilig waren die Fronten des nur auf französischem Boden geführten Konflikts unklar, so daß er bürgerkriegsartige Züge bekam. 1453 endeten die Kampfhandlungen, 1475 wurde der Friede von Picquingy geschlossen, in dem England Calais und die Kanalinseln zugesprochen wurden
Jacks/Jacks of plaite:	Wollpanzerjacken, die verbreitetste Rüstung der Border Reivers
Javelin:	leichter sächsischer Wurfspeer

Jeddart staff:	Eine Art Pike, aus Jedburgh stammend, mit mindestens 1 Meter langer schlanke Metallschneide, die fest im Schaftholz verankert wurde und einen enterhakenartigen Dorn aufwies
Keeper:	Oberste Untergebene eines Wardens
Men-at-arms:	schwerbewaffneter Krieger, trotz nicht ritterlicher Herkunft erfüllte er in der Schlacht die militärische Funktion eines Ritters
Mons Graupius:	Schlacht, 84. römischer Feldherr Agricola schlägt schottische Stämme unter ihrem Anführer Calacus
Nechtansmere:	Schlacht, Mai 685. Egfrith, König von Northumbria unterliegt bei den Dunnichen Hills den Pikten
Northallerton:	Schlacht, 22. August 1238 (auch: „*Battle of the Standart*"). Schotten unter König David I. unterliegen einem englischen Aufgebot unter Toustain, Bischof von York.
Otterburn:	Schlacht, 15. August 1388. Gefecht zwischen Douglases und Percies
Philiphaugh:	Schlacht, 13. September 1645. Montroses proroyalistische Truppe unterliegt dem Heer der Parlamentarier unter General Leslie.
Preston:	**1.** Schlacht, 17. bis 19. August 1648. Schotten unterliegen Cromwell **2.** Schlacht, 12. November 1715. Im 1. Jakobitenaufstand für den Old Pretender kapitulieren schottisch-englische Einheiten nach zunächst erfolgreicher Verteidigung vor den englischen Regierungstruppen
Raid:	Streifzug, Überfall, Kommandounternehmen
Ragman Roll:	Verzeichnis aller 2000 Earls, Barone, Clanchiefs, Kleriker, edelfreien und gemeinfreien Landbesitzer und Bürger, die am 28. August 1296 Edward I. von England anläßlich eines Parlamentes in Berwick den Treu- und Lehnseid schworen
Rosenkriege:	Dynastischer Konflikt zwischen den Häusern Lancaster (rote Wappen-Rose) und York (weiße Wappen-Rose) um englische Krone. Beide waren Seitenlinien des bis dahin regierenden Hauses Plantagenet. Nach wechselvollen Kämpfen erlangte Edward IV. (York) 1461 die Krone, die allerdings 1485 Henry VII. (Lancaster) erfolgreich Richard III. streitig machen konnte. Henry VII. heiratete 1486 Elisabeth, die Tochter Edwards IV. und begründete mit dieser Vereinigung der Häuser die Dynastie Tudor. siehe *Bosworth u. Hexham*
Schiltron:	Formation speertragender schottischer Infanterie, vergleichbar dem Fähnlein deutscher Landsknechte
Solway Moss:	Schlacht, 24. November 1542. Die Schotten unter Sir James Sinclair of Pitcairns werden von einer weit unterlegenen englischen Einheit von Borderern unter Thomas Wharton geschlagen

Stamford Bridge:	Schlacht, 25. September 1066. Harold, König von England, siegt über die Norweger unter König Harald, der ebenfalls Anspruch auf den englischen Thron erhob, wenig später unterliegt er Herzog William aus der Normandie - weiterer Thromamwärter (vgl. *Hastings*)
Stirling Bridge:	Schlacht, 11. September 1297. Sieg der Schotten unter William Wallace über die englischen Streitkräfte unter John de Warenne.
Truce Day:	Waffenstillstandstag in den Marches. An solchen Tagen wurden zusammen von je einem englischen und schottischen *Warden* Rechtsstreitigkeiten beigelegt und Urteile öffentlich vollstreckt.
Warden:	„Gouverneur" einer March (vergleichbar der Stellung eines Markgrafen) mit zumeist exekutiven, inbesondere polizeilichen, militärischen und judikativen Aufgaben.
Winwaed:	Schlacht, 655. Einer Armee aus Northumbria gelingt es, eine etwa dreimal so große Armee aus Mercia und East Anglia zu schlagen.

Soldaten der 15ᵗʰ (Scottish) Division im Mai 1917 (Foto: Archiv des Imperial War Museum)

Literaturempfehlungen

Beckett, James C.:   Geschichte Irlands, Stuttgart 1982

Bord, Janet und Colin: Atlas of Magical Britain, London u.a. 1990

Breeze, David J.:   Historic Scotland, 5000 Years of Scotland's Heritage, London 1998

Chappell, Mike: Scottish Units in the World Wars, London 1994

Childs, John: The Transition to Modern Warfare; in: Townshend, Charles (Hg.): The Oxford illustrated history of Modern War, Oxford and New York 1997, S. 19-34.

Day, David: The quest for King Arthur, London 1995

Delderfield, Eric R.:   Kings & Queens of England & Great Britain, Newton Abbot 1990

Dhont, Jan: Das frühe Mittelalter, Frankfurt a. M. 1968 (=Fischer Weltgeschichte, Bd. 10)

Donaldson, G. (Hrsg):   The Edinburg History of Scotland, Edinburg and New York 1965

Duncan, A.A.M.:   The Edinburgh History of Scotland, Bd. 1: Scotland - the Making of the Kingdom, Edinburgh 1975

Dunnett, A. u. D.:   The Scottish Highlands, Edinburgh 1997

Durham/McBride: The Border Reivers (Men-at-arms 279), London 1997

Ellis, Steven G.:   The Tudor Borderlands, 1485-1607; in: Morrill, John (Hg.): The Oxford illustrated History of Tudor and Stuart Britain, London 1996,

Embleton/Harrison: Anglo-Saxon Thegn, 449-1066, London 1993

Evans, Martin M.:   The military heritage of Britain and Ireland, The Comprehensive Guide to Sides of Military Interest, London 1998

Fry, Plantagenet S.:   Castles of Britain and Ireland, London u.a. 1996

Fulton, Alexander: Scotland and her Tartans, The romantic heritage of the Scottish clans and families, London u.a. 1992

Funcken, F. & L.:   Rüstungen & Kriegsgerät im Mittelalter, 8.-15. Jh, München 1979

Graham, Frank: Northumbrian Castles. A short history and Guide, Newcastle-upon-Tyne 21978

Guest, Ken und Denise: British Battles; The front lines of history in colour photographs, London 1996

Herm, Gerhard: Die Kelten, Das Volk, das aus dem Dunkel kam, Reinbeck 1977

Holmes, Michel: King Arthur, A military history, London 1996

Kluxen, Kurt: Geschichte Englands, Von den Anfängen bis zur Gegenwart, Stuttgart 1985

Landers, John R.:   The wars of the roses, London 1965

MacDonald, A. u. P.:   The Highlands and Islands of Scotland, London 1991

MacDonald, Micheil: The Clans of Scotland, The History and Landscape of the
                          Scottish Clans, London 1991

MacKinnon, Charles: Die Clans - wer und was waren sie?; in: Mitchell, Ian u. Prinzing,
                          Jerg (Hg.): Schottland, Ein Reisebuch, Hamburg 1988, S. 120-129

Mertens./Müller (Hg.):   Epische Stoffe des Mittelalters, Stuttgart 1984

Montcreiffe, Sir Iain: The Highland Clans, London 1961

Montgommery-M., Hugh
& Sykes, Christopher S.: Schlösser und Adelssitze in Schottland, Bonn 1998

Palmer, Martin u. Nigel: Sacred Britain, A Guide to Sacred Sites and Pilgrim Routes
                          of England, Scotland and Wales, London 1997

Parker, Geoffrey (Hg.):   The Cambridge illustrated history of Warfare, London u.a. 1995

Phd, D. N./McBride, A.:   Arthur and the Anglo-Saxon Wars, London 171998

Prebble, John: The Lion in the North, One Thousand Years of Scotland's
                          History, London 1981

Regan, Goeffrey: The Guiness Book of Military Blunders, Enfield 1991

Reid, St. u. Turner, G.:   Scots Armies of the English Civil War, London 1999

Rothero, Christopher: The Scottish and Welsh wars 1250-1400 (Men-at-arms, Bd. 151),
                          London 1984

Sawyer, Peter: The Oxford illustrated history of the Vikings, Oxford 1997

Schmidt-Liebich, J.:   Daten der englischen Geschichte, München 1977

Schreiber, Hermann: Schottland. Die Geschichte eines Landes am Rande Europas,
                          Augsburg 1994

Seehase/Oprotkowitz: Die Highlander. Die Geschichte der schottischen Clans, Greiz 1999

Seehase/Oprotkowitz: Bannockburn, Schottlands Kampf um die Freiheit, Greiz 1999

Talbot/Whiteman: Northumbria, Englisch Border Country, London 1998

Traquair, Peter: Freedom's Sword, Scotland's wars of independence, London 1998

Wells, Colin: Das Römische Reich, München 21985

Wise, Terence: Ritter und Rüstungen, Bonn 1980

Wise/Embleton: Saxon, Viking and Norman, London 1979

Zaczek, Iain: Ancient Scotland, London 1998

෧ ෧ ෧

Quellennachweise und Erläuterungen

1   Auf seinem Grabmal in Westminster zeugt bis heute die Grabinschrift von die sem Namen und dem damit verbundenen wenig positiven Andenken in Schottland: „Here lies Edward the Hammer of the Scots".

2   Vgl. Seehase, Hagen und Oprotkowitz, Axel: Die Highlander. Die Geschichte der schottischen Clans, Greiz 1999, S. 87-90 und dies.: Bannockburn. Schottlands Kampf um die Freiheit, Greiz 1999

3   So bezeichnet man im allgemeinen die österreichischen Grenzanlagen in Ungarn gegen das Osmanische Reich. Sie verliefen von der Adria bis nach Siebenbürgen innerhalb eines teilweise bis zu 50 Kilometer tiefen Grenzraumes. Die weitgehend selbständigen und selbstorganisierten Wehrbauern verteidigten das Gebiet gegen Überfallkommandos, gegen regelrechte Armeen wurden sie nur als Teilverbände genutzt. Die Grenze wurde zwischen 1851 und 1881 langsam aufgelöst.

4   „Überbevölkert" ist ein relativer Begriff, der sich hier auf die Möglichkeiten des Unterhalts von Menschen mit Nahrung, d.h. zur Nahrungsmittelproduktion bzw. zum Nahrungsmittelimport bezieht.

5   Insbesondere sind damit die drei Punischen Kriege angesprochen, die Rom von 264-241, 218-202 und 149-146 v.Chr. mit Karthago, dem in Nordafrika gelegenen reichsten und mächtigsten Phönizierstadtstaat führte.

6   Gemeint ist das insbesondere allen Lateinschülern wohlbekannte Werk „Bellum Gallicum", in dessen viertem und fünftem Buch die beiden römischen Britannienexpeditionen von Caesar beschrieben werden.

7   Diese hatten sich wochenlang geweigert, zu einem solch waghalsigen Unternehmen aufzubrechen, da die Wildheit der Briten gefürchtet war.

8   Tacitus (55-ca.120), der als einer der besten römischen Geschichtsschreiber gilt und auch römischer Beamter war (z.B. 112-116 Proconsul des römischen Asien), veröffentlichte Werke, die Geschichte, Zeitgeschichte und Gesellschaft betrafen (z.B. „Annalen", „Germania", „Historien" und natürlich „Agricola").

9   Vgl. Schreiber, Hermann: Schottland. Die Geschichte eines Landes am Rande Europas, Augsburg 1994, S. 50.

10   Mäaten und Kaledonier waren nach Tacitus die beiden wesentlichen Völkerschaften im schottischen Norden, von denen die Kaledonier weiter im Norden gelebt haben sollen. Die Pikten sind ethnisch nicht genau zuzuordnen. Sie sollen wilde Kämpfer mit bemalten Körpern (lateinisch „Picti" = die Bemalten) gewesen sein, über deren Ursprung noch heute Unklarheit besteht.

11   Die früheste Märtyrererzählung ist die vom Hlg. Alban, einem heidnischen Soldaten, der einen Priester vor den römischen Häschern versteckt und bekehrt wird. Als die Römer ihn dennoch fanden, zog Alban dessen Kutte über und starb anschließend den Märtyrertod. Als frühest möglicher Zeitpunkt für dieses Ereignis gilt das Jahr 208. Vgl. Talbot, Rob und Whiteman, Robin: Northumbria, Englisch Border Country, London 1998, S. 49.

12   Ein Titel, der etwa mit den Titeln „König" oder „Hochkönig" korrespondiert.

13 Avalon als Wohnort großer Helden ist eine Kurzform des walisischen Namens Yns yr Afallon, was „Insel der Äpfel" bedeutet. Die Sage will wissen, daß sie inmitten eines großen Sees liegt, dessen Wasser von strahlenstem Blau sind und an dem die Sonne niemals untergeht. Dichte Wälder sollen die Ufer säumen, an denen man keinen Menschen erblickt. Nur wenn ein der Insel würdiger Krieger sich nach etlichen Mühen den Weg durch diese Wälder gebahnt hat, erwartet ihn dort ein Boot mit einer geheimnisvollen Frau. Sie setzt den erschöpften Krieger über und erst, wenn er seinen Fuß auf die Insel setzt, schließen sich seine Wunden. Jetzt kann er sich den anderen Bewohnern, den großen Helden vor ihm, anschließen, dem Schöpfer danken und seine vornehmste Aufgabe erfüllen, nämlich den Menschen den Zauber bewahren, der Mitleid, Mut, Güte & ein reines Herz verleiht.

14 Erstmals wird vom „Dux bellorum" Arthur in der anonymen „Historia Britonum", die gegen Ende des 8. Jahrhunderts entstand, berichtet. In anderen Berichten, so dem des Gildas (um 545) und der allerdings davon abhängigen Kirchengeschichte Bedas (731) ist der Heerführer Ambrosius Aurelianus, während die „Annales Cambriae" aus dem 10. Jh wieder Arthur nennen. Einige Experten meinen, beide seien identisch. Vgl. zur Artusüberlieferung und zur weiteren Adaption des Stoffes: Mertens/Müller (Hg.): Epische Stoffe des Mittelalters, Stuttgart 1984, S. 290-340.

15 So deuteten einige der vom Halleyschen Kometen erschreckten Briten dieses Naturereignis 1066 als göttliches Zeichen für die Wiederankunft von Artus bzw. seiner Erben und William adaptierte freudig diese Interpretation. Viele englische Herrscher sahen sich in mehr oder minder direkter Nachfolge von Artus, so auch die Tudors. Sogar das 20. Jahrhundert kann sich dem legendären Herrscher nicht entziehen, John F. Kennedy wurde bald nach seinem Regierungsantritt mit Artus verglichen und Waschington mit einem neuen Camelot. Der Artuskult steht am Ende des Jahrtausends in voller Blüte: Romane, Filme, Comics, Musicals, Figuren, Nachbildungen seiner Waffen, New-Age-Literatur, Sachbücher und anderes mehr finden guten Absatz - anscheinend sehnen sich viele Menschen wieder einmal nach einem solchen Herrscher.

16 Die Artus-Sagen fanden nicht nur in England, sondern auch im Ausland reichlich Bewunderer. Der bayrische König Ludwig II. (1845-1886) beispielsweise, dessen Kunst- und Baumanie (unter anderem war er der entscheidende Mäzen Richard Wagners) uns z.B. das Schloß Neuschwanstein bescherte, lebte mit den Wagner-Adaptionen der Thematik. So finden sich Lohengrin mit dem zentralen Gralsbild im Wohngemach und Tristan und Isolde im Schlafgemach des psychisch labilen Herrschers, dessen Tod im Starnberger See zwar weit weniger heroisch, dafür aber ähnlich geheimsumwittert ist, wie der des Königs Artus.

17 Interessant ist, daß die Sarmaten als Feldzeichen die Abbildung eines Schwertes in einem Stein geführt haben, was auf eine direkte Verbindung zum Kern der Artussage deuten würde, denn ohne Excalibur aus dem Felsen gezogen zu haben, wäre Artus in den Erzählungen kaum König geworden.

18 Vgl. Day, David: The quest for king Arthur, London 1995, S. 18.

19 Die Sage, die Artus die Eroberung ganz Britanniens, Irlands, Norwegens, Dänemarks und halb Galliens andichtet, kann allerdings wahrlich ins Reich des Wunschdenkens verwiesen werden.

20   Diese Bogen waren noch nicht mit den wesentlich gefährlicheren berüchtigten mittelalterlichen Langbogen zu vergleichen, die den Engländern als echte Fernkampfwaffe diente. Vgl. dazu Wise, Terence und Embleton, G.A.: Saxon, Viking and Norman, London 1979, S.14-16 und Seehase, Hagen und Oprotkowitz, Axel: Bannockburn. Schottlands Kampf um die Freiheit, Greiz 1999

21   Vgl. Wise, Terence und Embleton, G.A.: Saxon, Viking and Norman, London 1979, S.12. Dort finden sich auch weitergehende Spezialinformationen zu den v erschiedenen Waffen und ihrer Entwicklung.

22   Noch heute ziert das eine der beiden Feldzeichen von Artus, der rote Drache (auf weiß-grünem, horizontal geteiltem Hintergrund), die Flagge von Wales.

23   Der Titel bedeutet soviel wie „Herrscher von Britannien". Vgl. Embleton, Gerry und Harrison, Mark: Anglo-Saxon Thegn, 449-1066, London 1993, S. 4.

24   Dalriada ist ein beinahe sagenhaftes Reich, das aus einem Stück Irland (im Nordosten), den Inseln zwischen Irland und Schottland und einem Stück Schottland (im Südwesten, etwa Galloway und Argyll) bestand. Vgl. zu Begriff und Geschichte Dalriadas Schreiber, Hermann: Schottland. Die Geschichte eines Landes am Rande Europas, Augsburg 1994, S. 114ff.

25   Die Abtei wurde im Laufe des 9. Jahrhunderts noch öfter das Ziel von Überfällen, blieb aber dennoch, wenngleich sie verarmte, in Funktion. Im 11. Jahrhundert begannen Benediktinermönche mit dem Bau der Abtei, deren Ruinen heute noch besichtigt werden können. Diese Ruinen wären noch ein wenig vollständiger, wenn nicht ein Teil der Abtei als Baumaterial für das Holy Island Castle abgetragen worden wäre.

26   Vgl. Fry, Plantagenet S.: Castles of Britain and Ireland, London 1996, S. 121-123.

27   Die Lage des Ortes und des Schlachtfeldes sind unbekannt.

28   Die normannischen Vorbereitungen, Truppen und Hilfsmittel lassen sich genau rekonstruieren, was wir dem wunderbaren und weltberühmten Teppich von Bayeux, dem ältesten erhaltenen Wandteppich des Mittelalters, der heute im Musée de la Tapisserie de la Reine-Mathilde im früheren Bischofspalast in Bayeux in der Normandie hängt, verdanken. Auf ein Leinengewebe von 70 m Länge u. knapp 50 cm Breite sind 72 Bildszenen mit insgesamt 1512 Figuren gestickt, die die Überfahrt der Normannen nach England unter William dem Eroberer und ihren Sieg in der Schlacht bei Hastings 1066 darstellen. Sein besonderer kulturhistorischer Wert liegt in der minutiösen Darstellung der historischen Kleidung, Waffen und Kampftechniken, die wesentlich detaillierter ist als in der zeitgenössischen Literatur.

29   Beda, der 753 starb, hatte in der ersten Hälfte des 8. Jh. in Jarrow, am südöstlichen Rand der späteren englischen Border-Marches, gelebt und dort angeblich 50 Jahre lang an der ersten schriftlich erhaltenen Geschichte Englands gearbeitet.

30+31   Vgl. Seehase, Hagen und Oprotkowitz, Axel: Bannockburn. Schottlands Kampf um die Freiheit, Greiz 1999

32   Im Rahmen dieses Feldzuges schloß William erstmals mit Frankreich einen Bündnisvertrag ab. Dies geschah 1168, war allerdings noch nicht der Beginn der bekannten „Auld Alliance". Die begann im April 1326 mit dem Vertrag von Corbeil und

wurde formal 1371, 1391, 1428, 1448, 1484 und 1492 erneuert, obwohl sie den Schotten nicht besonders viel einbrachte. Im Gegenteil, sie verpflichtete Schottland in jedem englisch-französischem Krieg zum Eingreifen, wohingegen die französische Hilfeleistung für Schottland nicht genau spezifiziert wurde.

33 Alexander war ihm von seiner Frau, Ermengarde de Beaumont, einer illegitimen Enkelin von Henry I., erst geboren worden, als William nach dreizehn Jahren Ehe im Alter von 53 Jahren kaum mehr an einen Thronfolger geglaubt hatte.

34 Man darf nicht vergessen, daß John derjenige engl. König war, dem die engl. Großen in diesem Bürgerkrieg die „Magna Charta libertatum" abrangen. Inwiefern man diese Verbriefung von Rechten (z.B. des feudalen Widerstandsrechts) und einiger Rechtsgrundgedanken (z.B. Achtung der Gesetze, Wahrung der kirchlichen Rechte) als Geburtsstunde der Demokratie ansehen will, bleibt jedem selbst überlassen.

35 Über der Ehe soll kein guter Stern gestanden haben. Beide Partner kamen, was durchaus nicht unüblich war, nicht gut miteinander aus. Was schlimmer ins Gewicht fiel war, daß Joanna ihrem Gemahl, aus welchen Gründen auch immer, keine Kinder schenkte. Nach ihrem Tod vermählte Alexander sich erneut, diesmal mit der normannischen Comtesse de Coucy. Diese Ehe scheint, zumindest vom dynastischen Standpunkt aus, besser funktioniert zu haben, denn bald nach der Hochzeit wurde die neue Königin schwanger und schenkte einem Sohn das Leben.

36 Im Jahre 1284 war Prinz Alexander von Schottland gestorben, er war nur zwanzig Jahre alt geworden. Sein jüngerer Bruder war bereits tot und ebenso seine Schwester Margaret. Vgl. Seehase, Hagen und Oprotkowitz, Axel: Bannockburn. Schottlands Kampf um die Freiheit, Greiz 1999

37 Generell sei an dieser Stelle für detaillierte und ausführliche Information zum Schottischen Unabhängigkeitskrieg auf das Buch Bannockburn. Schottlands Kampf um die Freiheit, Greiz 1999 verwiesen.

38 Vgl. Seehase, Hagen und Oprotkowitz, Axel: Bannockburn. Schottlands Kampf um die Freiheit, Greiz 1999

39 Lanercost Abbey ist schon daher bemerkenswert, weil seine Gebäude größtenteils aus Steinen des Hadrianswalls errichtet worden waren. 1169 hatte Robert de Vaux das Kloster für den Augustinerorden gestiftet und die Architekten hatten das römische Baumaterial als hervorragend eingestuft. Ein rein zufällig mit verbauter Jupiteraltar zeigt - heute nicht ohne eine gewisse Ironie - wie gut der materielle Austausch zwischen Religionen doch funktionieren kann. Von den massiven Zerstörungen des Schottischen Unabhängigkeitskrieges erholte sich das Kloster nicht mehr; es verfiel und wurde im 18. Jahrhundert als Teilaufbau restauriert und als Gemeindekirche verwendet.

40 Dort verblieb er bis 1997. Erst die Regierung Major ließ ihn mit großen Zeremoniell nach Schottland zurückbringen.

41 Vgl. zur Person: Seehase, Hagen und Oprotkowitz, Axel: Bannockburn. Schottlands Kampf um die Freiheit, Greiz 1999

42 Das genaue Datum ist unklar. Zumeist werden der 21. oder 22. Juli genannt, aber auch der verschiedentlich genannte 11. Juli ist nicht von der Hand zu weisen.

43   Erstens tat er das nicht, weil er sich nicht durch eine Belagerung von Stirling Castle aufhalten wollte und zweitens, weil er den berechtigten Hintergedanken hegte, daß eine starke schottische Garnison in seinem Rücken Desertionen seitens seiner Soldaten zumindest einschränken würde.

44   Der Krönungsstein von Scone war bekanntermaßen in England. Der Bischof von St. Andrews war ebensowenig anwesend, wie seine Amtsgenossen. Selbst der Bruce-Anhänger Wishart war nicht zugegen, er hatte Bruce aber das alte Löwenbanner Schottlands mitgegeben, das er vor Edward I. hatte verbergen können. Der Earl of Fife wurde besonders schmerzlich vermißt, da nach alter piktischer Tradition die Inauguration eines schottischen Königs das Vorrecht der Earls of Fife war. Die Schwester des Earls, Isabel MacDuff, die Countess of Buchan, setzte König Robert I. von Schottland einen Kronreif aufs Haupt: korrekt nach alter schottischer Tradition, erst Roberts Nachfolger erhielten eine „richtige" Krone.

45   Vgl. Fulton, Alexander: Scotland and her Tartans, The romantic heritage of the Scottish clans and families, London u.a. 1992, S. 204.

46   Zaczek, Iain: Ancient Scotland, London 1998, S. 152.

47   Vgl. Seehase, Hagen und Oprotkowitz, Axel: Bannockburn. Schottlands Kampf um die Freiheit, Greiz 1999

48   Vgl. Traquair, Peter: Freedom's Sword, Scotland's wars of independence, London 1998, S. 174.

49   Vgl. Seehase, Hagen und Oprotkowitz, Axel: Bannockburn. Schottlands Kampf um die Freiheit, Greiz 1999

50   Das war nicht ganz einfach, denn Dunstanburgh Castle war die größte Burg in Northumberland. Erst 1313 hatte der Earl of Lancaster den Bau einer großen Fortifikation auf dem alleinstehenden Felsen angeordnet und dabei weder Mühe noch Kosten gescheut. So hatte er sogar spanisches Eisen beschaffen lassen. Vgl. Graham, Frank: Northumbrian Castles. A short history and Guide, Newcastle-upon-Tyne 21978, S. 21-27.

51   Vgl. ebd.: S. 221.

52   Vgl. Guest, Ken und Denise: British Battles; The front lines of history in colour photographs, London 1996, S. 34/35.

53   Bei den Friedensverhandlungen unter päpstlicher und französischer Beteiligung zeigten sich die Abgesandten der englischen Krone unnachgiebig.

54   Vgl. Traquair, Peter: Freedom's Sword, Scotland's wars of independence, London 1998, S. 230.

55+56 Vgl. Seehase, Hagen und Oprotkowitz, Axel: Bannockburn. Schottlands Kampf um die Freiheit, Greiz 1999

57   Die Allianz wurde formal 1371, 1391, 1428, 1448, 1484 und 1492 erneuert und wurde zum Markstein der schottischen Außenpolitik bis zur Reformation.

58   Edward II. wurde von einem Gefängnis in das nächste gebracht, wobei die Bewacher sich bemühten, die Qualität des jeweils letzten stets zu unterbieten. Manchmal wurde er wie ein seltenes Tier der spottenden Bevölkerung gezeigt, einmal

setze man ihm eine Krone aus Stroh aufs Haupt. Als im September Gerüchte aufkamen, er solle befreit werden, waren diese nicht falsch, denn der Earl of Mar hatte wirklich Spione nach England geschickt, die genau versuchen sollten. Die Wärter des hohen Gefangegen verloren keine Zeit. Eine Nacht waren entsetzliche Schreie in der Umgebung Berkeley Castles zu hören und am nächsten Morgen fand man Edward II. tot auf. Sein Körper zeigte keine Verwundung. Später kam das beängstigende Gerücht auf, man habe ihm eine rotglühende Eisenstange in den After getrieben und ihn so vom Leben zum Tode befördert. Vgl. Prebble: The Lion in the North, One Thousand Years of Scotland's History, London 1981, S. 112.

59   Das Herz dieses großen Königs liegt in der Melrose Abbey in den Borders begraben. Eigentlich sollte es zwar im Heiligen Land seine letzte Ruhe finden, dort kam es allerdings aufgrund des Todes seiner Überbringer während der Kämpfe zwischen Mauren und Christen nie an. Vgl. Seehase, Hagen und Oprotkowitz, Axel: Die Highlander. Die Geschichte der schottischen Clans, Greiz 1999, S. 113.

60   Vgl. Seehase, Hagen und Oprotkowitz, Axel: Bannockburn. Schottlands Kampf um die Freiheit, Greiz 1999

61   Vgl. zu den Einzelheiten: Seehase, Hagen und Oprotkowitz, Axel: Bannockburn. Schottlands Kampf um die Freiheit, Greiz 1999

62   König David war 11 Jahre lang Gefangener der Engländer, dann ließ man ihn für 65.000 Pfund frei. Immerhin hatte er im letzten Jahr seiner Gefangenschaft in der Person des französischen Königs, der 1356 in der Schlacht von Poitiers in englische Hände gefallen war, einen standesgemäßen Mitgefangenen.

63   Borderer aus dem Teviotdale nahmen 1409 Jedburgh, 1460 fiel auch Roxburgh. König James II. kam dabei ums Leben, als neben ihm eine Kanone explodierte.

64   Vgl. zu den einzelnen Baustadien Evans, Martin M.: The military heritage of Britain and Ireland, London 1998, S. 156. Heute wird in Alnwick Castle eine Ausstellung von Waffen der Percy Tenantry Volunteer Cavalry und die Geschichte der Royal Northumberland Fusiliers gezeigt.

65   Er und sein gleichnamiger Sohn spielen eine Rolle in Shakespeares Drama „Henry (Heinrich) IV."

66   Der genaue Ort des Gefechts ist nach wie vor umstritten. In der Nähe von Otterburn befindet sich ein Hinweis, das „Battlefield Cross", auf dem der Besucher beide Möglichkeiten ersehen kann. Eine weniger zeitaufwendige Möglichkeit bietet ein Blick in: Evans, Martin M.: The military heritage of Britain and Ireland, London 1998, S. 158/159.

67   Für genauere Informationen zum Schlachtgeschehen, insbesondere zur Rolle der Bogenschützen während des blutigen Eröffnugsduells vgl.: Guest, Ken und Denise: British Battles; The front lines of history in colour photographs, London 1996,

68   Diese Armeen fanden reichlich begeisterte Anhänger bei den arbeitsuchenden Unterschichten und den nach dem Hundertjährigen Krieg auf die englische Insel zurückströmenden Soldaten. Diese Soldateska machte die Gegend, in der sie sich gerade befand unsicher und wütete in Südengland, bis sie sich auflöste oder von den Privatarmeen der Magnaten rekrutiert wurde.

69   Immerhin erhielt ein englischer Bogenschütze im 15. Jahrhundert zu Pferd etwa 6 Pence am Tag (natürlich nur, wenn er im Feld stand), sein Kollege zu Fuß die Hälfte, während ein durchschnittlicher Handwerksgeselle lediglich über etwa 2 Pence Tageseinkommen verfügen konnte.

70   Zudem gab er dem Haus Tudor ein neues verbindendes heraldisches Zeichen, eine Rose mit weißem Fruchtblatt und roten Kronblättern.

71   Alnwick gehört zu den ältesten und größeren Border-Castles, es wurde bereits um 1100 erbaut, dann mehrfach ausgebaut, erweitert und verbessert.

72   Die Armstrongs waren einer der stärksten Border-Clans, als ihre schärfsten Konkurrenten kann man wohl die Scotts bezeichnen. Ihre wesentlichen Ländereien lagen im Liddesdale. In der ersten Hälfte des 16. Jahrhunderts sagte man ihnen nach, ohne weiteres 3000 Reiter aufbieten zu können, wenn es um genügend Beute ging. Anfang des 17. Jahrhunderts war es dann auch für die Armstrongs mit der kriminellen Karriere als Border-Reiter vorbei, nicht aber mit der als Kavalleristen. Der bekannteste Armstrong der Moderne dürfte der Astronaut Neill Armstrong gewesen sein, der im Juli 1969 als erster Mensch den Mond betreten hatte. Vgl. MacDonald, Micheil: The Clans of Scotland, The History and Landscape of the Scottish Clans, London 1991, S. 71/72.

73   Vgl. Breeze, David J.: Historic Scotland, 5000 Years of Scotland's Heritage, London 1998, S. 84.

74   Durham, Keith/ McBride, Angus: The Border Reivers, London 1997, S. 35.

75   Sir Richard Lee, seines Zeichens nicht einmal Warden, sondern von Königin Elisabeth I. bald nach ihrem Regierungsantritt mit der verbesserten Befestigung Berwicks beauftragt, schuf für diese Stadt sehr teure, aber nicht besonders durchdachte Artilleriekasematten im Wert von über 128.000 Pfund - immerhin das teuerste Einzelunternehmen in der über 45 Jahre währenden Regierungszeit der Königin. Vgl. Childs, John: The Transition to Modern Warfare; in: Townshend, Charles (Hg.): The Oxford illustrated history of Modern War, Oxford and New York 1997, S. 27.

76   Als Luxusgut galt das Pferd zu jeder Zeit seit seiner Domestikation Ende des 3. Jahrtausends vor Christi Geburt, weil es neben Gräsern auch hochwertigen Hafer fraß und somit Nahrungskonkurrent des Menschen war. Auch Unterbringung und Betreuung waren aufwendiger als für andere Reittiere. Dies gilt im Prinzip auch für die Ponys der Borderer, allerdings durch die oben genannten Besonderheiten dieser Tiere entsprechend abgeschwächt.

77   Zucht ist hier als reine Leistungszucht mit vielen Zufallsergebnissen (Herdenhaltung!) verstanden, da es den Borderern verständlicherweise nur darauf ankam. Moderne Schönheitsideale galten, wenn überhaupt, nur zweitrangig und so etwas wie Zuchtstandards wurden nie formuliert.

78   Die Borders waren nicht nur für ihre speziellen Pferde bekannt, sondern auch für Hunde. Bis heute gibt es die intelligenten und anmutigen, meist schwarzweißen Border-Collies. Zwar wurde ihr Zuchtstandard erst 1976 vom britischen Kennel Club anerkannt, doch wurden ihre Vorfahren seit Jahrhunderten zum Führen und Bewachen der Schafherden eingesetzt. Sie entsprachen damals wohl nicht dem Zuchtstandard, doch das heutige Erscheinungsbild ist spätestens seit

dem 18. Jahrhundert dokumentiert. Ein weiterer Hund, der das Wort Border im Namen führt, ist der Border-Terrier, dessen Entstehung ebenfalls im 18. Jahrhundert angesiedelt wird. Seit 1921 existiert der Border Terrier Club, die den etwa 25 cm hohen Baujagdhund bereits in vielen Teilen der Welt verbreitet hat.

79   Eine Ausstellung von in den Borders genutzter Ausrüstung und Waffen findet sich u.a. im Museum of Border Arms and Armour in Teviothead. Vgl. Evans, Martin M.: The military heritage of Britain and Ireland, London 1998, S. 168.

80   Der englische Originaltext ist abgedruckt in Durham, Keith/ McBride Angus: The Border Reivers, London 1997, S. 16/17.

81   „Buckelugh" ist nichts anderes als eine Verballhornung von „Buccleuch".

82   In Bezug auf ihren finanziellen Schaden sollte die Tätigkeit der Borderer allerdings nicht unterschätzt werden. In einem Zeitraum von 10 Jahren, zwischen 1587 und 1597, hatten beispielsweise in Cumberland (der an Schottland angrenzenden nordwestlichsten Grafschaft Englands) marodierende schottische Banden Schäden von 12.000 Pfund angerichtet und die englischen „Kollegen" hatten mit der Aufrechnung keinerlei Probleme: im gleichen Zeitraum hatten sie in den schottischen Borders Schäden von 13.000 Pfund angerichtet.

83   Das englische Parlament bestimmte zweimal, 1555 und 1584, daß alle Befestigungsanlagen innerhalb dieser 20 Meilen besonders gut in Schuß zu halten undvon Mauern und Gräben zu umgeben seien, um Reiter abzuschrecken u. zu behindern

84   Hierbei muß betont werden, daß die Brownies, kleine behaarte Erdgeister mit flachen Gesichtern ohne Nase, die nicht unbedingt attraktiv zu nennen sind, den guten Sterblichen sehr zugetan sind, und es vorziehen, auch mit allen anderen in Harmonie zu leben. Immerhin gelten sie in ihrer Heimat als der beste Schutz gegen Kobolde. Die gnomhaften, dunkelhäutigen und ebenfalls stark behaarten Boggarts dagegen sind von durchaus arglistiger Natur und haben ihre Freude, Menschen auf vielerlei Arten zu peinigen. Fomorians, zumindest die schottische Variante, sind ein etwas hilfloses, nicht eben kriegerisches Riesengeschlecht, das von den menschlichen Eroberern vernichtet wurde.

85   Diese Höhe führte beim Preston Tower, der etwa eineinhalb Kilometer südöstlich von Ellingham steht, dazu, daß er, nachdem er im 19. Jahrhundert restauriert worden war, heute als Uhrenturm genutzt wird.

86   Vgl. Graham, Frank: Northumbrian Castles. A short history and Guide, Newcastle-upon-Tyne 21978, S. 18.

87   Große Rebellion gegen England zwischen 1594-1603. Auch während der vorangegangenen Aufstände im Zuge der britischen Unterwerfung Irlands, insbesondere der größeren 1559 und 1568-1583, hatten weitere Borderer-Verbände ihren Dienst auf der Insel versehen.

88   Außer ihnen waren es vor allem noch die englischen und walisischen Langbogenschützen, die von den Iren gefürchtet wurden.

89   Die Gordons spielten eine besondere Rolle. Sie waren auf dem linken Flügel zusammen mit den Borderern postiert und standen unter dem Befehl des 3. Earls of Huntly. Der Angriff des linken Flügels der schottischen Armee war

erfolgreich und warf einen englischen Heeresflügel. Der Kommandeur Lord Home weigerte sich jedoch, seine Leute einschwenken zu lassen und damit die ganze englische Schlachtlinie von der Flanke aufzurollen. Dieser kluge Vorschlag, der die Schlacht für Schottland hätte entscheiden können, stammte vom Earl of Huntly. Lord Home hörte nicht auf ihn, das Ergebnis der katastrophalen Niederlage der Schotten ist bekannt. Dennoch waren er und seine Borderer bis zur Aufstellung einer neuen Armee der einzige Schutz vor englischen Einfällen.

90   Vgl. Köllmann, Obieglo, Jablonski: Die Blumen des Waldes sind abgemäht, Aufstieg und Untergang von James IV., in: Anno Domini 1/1998. Die Melodie des Liedes war schon im 17. Jahrhundert bekannt. Sir Walter Scott nahm das Lied in seine Sammlung „Minstrelsy of the Scottish Border" auf. Theodor Fontane übersetzte das Lied und betitelte es „Die Blumen des Waldes". Man findet es in Fontanes „Jenseit des Tweed" und in allen Gesamtausgaben seiner Gedichte. „The flowers of the forest" ist bis heute Totenklage in Schottland. Als 1982 die Leichname der auf den Falklands gefallenen Soldaten in die Heimat gebracht wurden, spielte ein Dudelsackpfeifer dieses Lied zu ihren Ehren. In der Übersetzung Fontanes lautet die erste Strophe: „Ich hörte sie singen, wenn morgens sie gingen / Die Herde zu melken, die draußen steht; / Nun hör' ich ihr Wehe, wo immer ich gehe - / Die Blumen des Waldes sind abgemäht."

91   Heute steht an dieser Stelle ein Mausoleum aus dem 19. Jahrhundert.

92   An dieser Schlacht soll auch eine äußerst streitbare Dame namens Lilliard teilgenommen haben, die den Tod ihres Geliebten rächen wollte, den die Engländer zuvor erschlagen hatten. Inwiefern ihr das gelungen ist, konnte nicht mehr festgestellt werden, denn auch sie befand sich unter den wenigen schottischen Toten. Vgl. Evans, Martin M.: The military heritage of Britain and Ireland, London 1998, S. 165.

93   Der letzte Chief der Armstrongs, Archie Armstrong, wurde 1610 als Verbrecher hingerichtet und viele ihrer Ländereien fielen an ihre Rivalen, die Scotts. Zwar gibt es auch moderne Ansprüche auf diesen Titel, aber seit dieser Hinrichtung hat es keinen Chief mehr gegeben.

94   James Graham, Marquis of Montrose, 1612-1650. Ein weiterer bekannter James Graham Marquis of Montrose hatte Anfang des 18. Jahrhunderts nachhaltige Auseinandersetzungen mit einem gewissen Rob Roy aus dem Clan der Mac Gregors. Vgl. zu Rob Roy: Seehase, Hagen und Oprotkowitz, Axel: Die Highlander. Die Geschichte der schottischen Clans, Greiz 1999, S. 139ff.

95   Der scheiterte mit seiner Unternehmung auf groteske Weise. Vgl. Schreiber, Hermann: Schottland. Die Geschichte eines Landes am Rande Europas, Augsburg 1994, S. 289ff.

96   Vgl. Seehase, Hagen und Oprotkowitz, Axel: Die Highlander. Die Geschichte der schottischen Clans, Greiz 1999, S. 104.

97   Vgl. Chappell, Mike: Scottish Units in the World Wars, London 1994, S. 15/16

❧ ❧ ❧

Privte Beale von den King´s Own Scottish Borderers
Holland November 1944 (Archiv Imperial War Museum)

Feldmarschall Montgomery spricht mit einem Offizier der 7th Cameronians (Archiv Imperial War Museum)

Sehr geehrter Leser,

wenn Ihnen das vorliegende Buch gefallen hat, ist es möglich, über den Buchhandel oder auch direkt bei der Versandabteilung unseres Verlages weitere Bände aus unserem Verlagsprogramm zu bestellen. Im Folgenden möchten wir Ihnen einen Einblick geben in das Buchprogramm Herbst 2000; zugleich können Sie aus unserer Backlist die interessanteste Lektüre für Sie auswählen. Die Bestelladresse finden Sie am Ende dieser Buchvorstellung. Wir würden uns freuen von Ihnen zu hören.

Ihre Verlagsleitung

Kulturhistorische Bibliothek
Schottische Geschichte in fünf Bänden

BAND IV
Hagen Seehase / Axel Oprotkowitz
MONTROSE
DER FELDZUG IN DEN HIGHLANDS

Es ist genau 350 Jahre her, da wurde in Edinburgh der Marquis of Montrose hingerichtet, weil er dem König die Treue hielt gegen dessen Feinde... Über den denkwürdigsten Highlandfeldzug und dessen Hintergründe, über den Heldenmut der „Irish-Brigade" und der „Gordon Horse", über große Kämpfer, Strategen, Verräter und Freibeuter erfahren Sie alles in diesem mit Spannung erwarteten Band 4 unserer Buchreihe „Schottische Geschichte".

240 Seiten, mit vielen Farb- & sw-Abbildungen, Hardcover, gebunden, Format 16,5 x 24,5cm mit Exkursen zu den schottischen Clans, Sachverzeichnis, historischen Karten, touristischen Hinweisen, Daten zur schottischen Geschichte

STARTPREIS BIS 30.09.2000: DM 39,80 / ÖS 291,00 / SFR 37,00
KAUFPREIS AB 01.10.2000: DM 49,80 / ÖS 364,00 / SFR 46,00
AUSLIEFERUNG IM OKTOBER 2000; ISBN 3-934673-09-0

Hagen Seehase / Thomas Kaczorek
KRIEGER AUS FEUER UND EIS
ISLANDS GESCHICHTE VON DER ENTDECKUNG BIS ZUR REFORMATION

Bei Svolder bohrten Dänen- und Schwedenkönige die Flotte König Olafs in den Grund, in Irland zerstörte Hochkönig Brian Boru den heiligen Hain des Thor, auf dem Thingvellir wurde das Christentum zur Staatsreligion Islands erhoben, Leif Eriksson segelte die amerikanische Küste entlang. Diese Begebenheiten sind 1000 Jahre her und prägten die Geschichte Islands, der Insel im Nebel des Nordmeeres bei den Gestaden einer unvergleichlichen Mythologie. Genaueres zu den Isländersagas, den Eigenschaften der Götter und den Entdeckungen der ersten Isländer erfahren Sie in diesem Buch.

240 Seiten, viele Farb- & sw-Abbildungen, Sachverzeichnis, historische Karten, Hardcover, gebunden, 16,5 x 24,5cm

**STARTPREIS BIS 30.09.2000: DM 39,80 / ÖS 291,00 / SFR 37,00
KAUFPREIS AB 01.10.2000: DM 49,80 / ÖS 364,00 / SFR 46,00
AUSLIEFERUNG IM OKTOBER 2000; ISBN 3-934673-11-2**

Eckehard Korthals
ALLES ÜBER SCOTCH WHISKY
RATGEBER & GESCHMACKSFÜHRER, REISEBE GLEITER ZU ALLEN SCHOTTISCHEN DESTILLERIEN, WÖRTERBUCH DER WHISKYSPRACHE

Das Whisky-Kopendium von Eckehard Korthals ist nicht nur Geschmacksführer und aktueller Ratgeber, sondern auch fesselnder kulturhistorischer Reisebegleiter zu allen großen schottischen Destillerien von der „Whisky-Hauptstadt" Dufftown bis zu den entlegenen Orkney-Inseln. Der Autor wartet mit einer Fülle von spannenden Geschichten und Insider-Informationen auf, die selbst einen „Nicht-Whiskylogen" in ihren Bann ziehen. Korthals hat so manchen Tip, wo man welchen Whisky kaufen sollte und stellt auch und Geschmacks- und Preisvergleiche auf. Ein ABC aller wichtigen Malts, Grains und Blends rundet den Band ab. Das „Wörterbuch der Whiskysprache" hilft selbst dem Fachmann, sich im Dschungel der aus englischen, gälischen und schottischen Ausdrücken zusammengesetzten Fachsprache zurechtzufinden.

320 Seiten, viele Farb- und sw-Abbildungen, Hardcover, gebunden, Format 16,5 x 24,5cm, mit Kontaktadressen der Whiskyhersteller, Wörterbuch der Whiskysprache, Tabellen mit Preisvergleichen sowie Sachhinweisen und Literaturverzeichnis,

**STARTPREIS BIS 30.09.2000: DM 39,80 / ÖS 291,00 / SFR 37,00
KAUFPREIS AB 01.10.2000: DM 49,80 / ÖS 364,00 / SFR 46,00
AUSLIEFERUNG IM OKTOBER 2000; ISBN 3-934673-10-4**

Weiterhin im Angebot

Schottische Geschichte BAND I
Hagen Seehase / Axel Oprotkowitz
DIE HIGHLANDER
GESCHICHTE DER SCHOTTISCHEN CLANS

Die Familiengeschichten der wichtigsten schottischen Clans mit eingearbeiteten Anekdoten und Reisemöglichkeiten zu allen historischen Stätten. Im Anhang findet der Leser eine Chronik der Herrscher und Könige Schottlands, ein Sachverzeichnis mit Waffen, Schlachten und Namen und verschiedenen historischen Karten.

240 Seiten, viele Farb- & sw-Abbildungen, Hardcover, gebunden, Format 16,5 x 24,5cm, ISBN 3-9806185-1-X; DM 49,80

Schottische Geschichte BAND II
Hagen Seehase / Axel Oprotkowitz
BANNOCKBURN
SCHOTTLANDS KAMPF UM DIE FREIHEIT

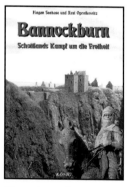

Darstellung des Unabhängigkeitskrieges Schottlands mit allen legendären Figuren in neuer Sicht, Exkursen zum mittelalterlichen Kriegertum, der Militärgeschichte von Irland und Wales sowie Familiengeschichten, Anekdoten, drei Tourenvorschläge zu genannten Stätten, Herrscher - Übersicht, Sachverzeichnis, Schottische Geschichte in Daten.

240 Seiten, viele Farb- & sw-Abbildungen, Hardcover, gebunden, 16,5 x 24,5cm, ISBN 3-9806185-3-6; DM 49,80

Claudia Beckers-Dohlen / Simone Baße
MARKT, TURNIER
& ALLTAGSLEBEN
IM MITTELALTER

Das Buch möchte allen Mittelalterinteressierten und um Authentizität bemühten Marktteilnehmern ein Leitfaden sein, der über die „marktrelevanten" Aspekte des Mittelalters Auskunft gibt. Der Band bietet dem Leser eine einführende Darstellung und einen Überblick über die genannten Themen. Eine Literaturliste und Kontaktadressen runden das Buch ab.

240 Seiten, viele Farb- & sw-Abbildungen, Hardcover, gebunden, Format 16,5 x 24,5cm ISBN 3-934673-01-5; DM 49,80

Michael Derrich
GEHEIMWAFFEN DES
DRITTEN REICHES
UND DEREN WEITERENTWICKLUNG BIS HEUTE

Das III. Reich war idealer Nährboden für die merkwürdigsten Konstruktionen. Erst entsprangen sie genialen Ideen, später der Verzweiflung. Lange waren diese Waffen zwar kein Tabu, aber eine objektive Beurteilung der Sache war schwierig. Das änderte sich durch die Freigabe geheimer Akten. Das Buch zeigt auf, wie diese Unterlagen die Technikgeschichte bis heute beeinflussen.

240 Seiten,viele Farb- & sw-Abbildungen, Hardcover, gebunden, Format 16,5 x 24,5cm ISBN 3-934673-02-3; DM 49,80

Edition Neue Wege

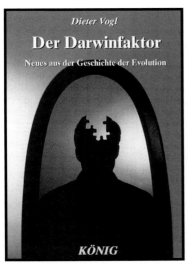

Dieter Vogl
DER DARWINFAKTOR
NEUES AUS DER GESCHICHTE DER EVOLUTION

Seit die These Darwins und vor allem die Evolutionstheorie wieder einmal im Mittelpunkt der wissenschaftlichen Diskussion steht, ist die Frage wie und wo sich das erste Leben bildete, aktueller denn je. Aber obwohl Wissenschaftler und Theologen jegliche alternative Möglichkeit rundweg verneinen: Eine genaue und insbesondere authentische Antwort auf diese große Frage konnten auch sie trotz unzähliger Erklärungsversuche bislang nicht geben. Dieses Buch nähert sich dem Thema in einer bisher nie dagewesenen Weise und stellt die jahrzehntelangen Forschungen Dieter Vogls auf diesem Gebiet zur Diskussion.

320 Seiten, Glanzbroschur, Klebebindung, 15 x 21cm

STARTPREIS BIS 30.09.2000: DM 34,80 / ÖS 255,00 / SFR 32,50
KAUFPREIS AB 01.10.2000: DM 39,80 / ÖS 291,00 / SFR 37,00
AUSLIEFERUNG IM OKTOBER 2000; ISBN 3-934673-12-0

Klaus Aschenbrenner
DAS NEUE BILD VON ATLANTIS
BEWEISE FÜR DIE ERSTE HOCHKULTUR DER MENSCHHEIT

Viele Jahrzehnte lang rätselten Archäologen und Historiker über jenes geheimnisvolle Großreich namens Atlantis. Jetzt ist es dank der exakten Ergebnisse moderner Untersuchungsmethoden und aufsehenerregender Funde offensichtlich geworden: Jenes legendäre Reich existierte tatsächlich. Vor elfeinhalb Jahrtausenden fanden die technischen und kulturellen Leistungen der ersten Hochkultur der Menschheit ein jähes Ende, als ein Himmelskörper in den Atlantik einschlug und alles Leben an den Rand der Existenz brachte. - Der Band ist ein faszinierendes, populäres Sachbuch, das alle Leser begeistern wird, die sich für die Entstehung menschlicher Kulturen und unsere Vergangenheit interessieren.

240 Seiten, viele Zeichnungen & sw-Abbildungen, 15 x 21cm, Glanzbroschur, Klebebindung,

STARTPREIS BIS 30.09.2000: DM 34,80 / ÖS 255,00 / SFR 32,50
KAUFPREIS AB 01.10.2000: DM 39,80 / ÖS 291,00 / SFR 37,00
AUSLIEFERUNG IM OKTOBER 2000; ISBN 3-934673-17-1

Weiterhin im Angebot

Dieter Vogl
DIE GILDE DER KOSMISCHEN FORMER
NEUE BEWEISE FÜR DIE AUSSERIRDISCHEN URSPRÜNGE DES MENSCHEN

Im Buch werden in einmaliger Art und Weise außerirdische Einflüsse auf die Schöpfung irdischen Lebens nachgewiesen. Der Autor zeigt nach jahrelangen Forschungen den gültigen Zusammenhang zwischen prähistorischen Überlieferungen und modernen Erkenntnissen der Wissenschaft.

250 Seiten, sw-Abbildungen, Glanzbroschur, Klebebindung, Format 15,0 x 21,0cm, DM 39,80; ISBN 3-9806185-4-4

Klaus Aschenbrenner
DER GEIST DES UNIVERSUMS
DAS FORSCHUNGSZIEL DES DRITTEN JAHRTAUSENDS

Bei der Bilanz aller bisherigen Forschungen zeigt sich, daß die wesentlichen Probleme der Menschheit ungelöst blieben oder falsch interpretiert wurden. Eine in Formeln und Gesetzen erstarrte Naturwissenschaft hält dem von ihr selbst entworfenen Weltbild nicht mehr stand...

280 Seiten, sw-Abbildungen, Glanzbroschur, Klebebindung, Format 15,0 x 21,0cm, DM 39,80; ISBN 3-9806185-5-2

Dieter Vogl
DIE ERSTEN TAGE DER SCHÖPFUNG
WOHER DER MENSCH WIRKLICH KOMMT UND WOHIN ER GEHT

Wie entstand das Universum ist die grundlegende Frage, die alle Schöpfungsfragen in sich vereint. Leider gibt es keine plausible wissenschaftliche Antwort. Viele Wissenschaftler untersuchen die Bibel auf ihren Wahrheitsgehalt und stellen fest, daß sie viele geschichtliche Fakten enthält und Erstaunliches über unsere Vergangenheit und Zukunft offenbart.

280 Seiten, viele sw-Abbild. & Zeichnungen, Glanzbroschur, Klebebindung, 15,0 x 21,0cm, DM 39,80; ISBN 3-934673-03-1

Gisela Ermel
DAS STARGATE-PHÄNOMEN
GESCHICHTE & MYTHOS DER TELEPORTATION

Hatte die Erde Besuch von Vertretern fremder Intelligenz? Modern interpretierbare uralte Felsbilder, rätselhafte archäologische Funde und zahlreiche Überlieferungen sprechen eine deutliche Sprache: Menschenähnliche Wesen unbekannter Herkunft verblüfften unsere Vorfahren mit einer der heutigen Zeit vergleichbaren und weit überlegenen Technologie. Das Buch liefert dafür die Beweise, daß unsere Erde Kontakt mit einer fremden Intelligenz hatte.

320 Seiten, Farb- & sw-Abbild., Glanzbroschur, Klebebdg., 15,0 x 21,0 cm; DM 39,80; ISBN 3-934673-04-X

Magische Reihe

Michael Derrich
DIE GEHEIMNISVOLLE WELT DER ALCHIMISTEN
WAHRHEIT, DICHTUNG UND MYTHOS EINER VERBORGENEN ZUNFT

Was verkörperten die Alchimisten wirklich? Was für Ziele hatten sie und wo liegt die Grenze zwischen wirklichem wissenschaftlichem Pioniergeist und Scharlatanerie? Was ist gesicherte Erkenntnis und wann begibt man sich auf den trügerischen Boden der Spekulation? - Auf diese und andere, bisher unbeleuchtete, Fragen liefert dieses Buch die Antwort. Dabei wurde der ganze Ballast, den wir in anderen Publikationen über Alchimie finden, abgeworfen, um das Lesepublikum ohne Umwege in diese spannende und mysteriöse Welt einzuführen und gültige Antworten für ein jahrhundertealtes geschichtliches Phänomen zu finden.

240 Seiten, schwarz-weiß-Fotos und Zeichnungen, Glanzbroschur, Klebebindung, Format 15 x 21cm

STARTPREIS BIS 30.09. 2000: DM 34,80 / ÖS 255,00 / SFR 32,50
KAUFPREIS AB 01.10. 2000: DM 39,80 / ÖS 291,00 / SFR 37,00
AUSLIEFERUNG OKTOBER 2000; ISBN 3-934673-13-9

Weiterhin im Angebot

Manfred Böckl
SCHEINTOD AUF GOLGATHA
DAS WAHRE LEBEN VON JESUS

Starb Jesus wirklich am Kreuz? Sind die Taten des Erlösers Wahrheit oder doch nur Legende? Die Forschung hat Indizien zutage gefördert, die letzteres als wahrscheinlich erscheinen lassen. Der Autor, welcher die Faszination geistiger Freiheit transportieren möchte, will in diesem Werk eine völlig neue Interpretation des Lebens und Sterbens Jesu anbieten. Eine Interpretation, die viel tiefere Geheimnisse anspricht als die christliche und zu einem völlig neuen Standpunkt führt.

250 Seiten, viele Abbild.,Glanzbroschur, Klebebindung, 15,0 x 21,0cm; ISBN 3-934673-05-8
DM 39,80 / ÖS 291,00 / SFR 37,00

Dr. Marcus Landau
HÖLLE UND FEGFEUER
IN VOLKSGLAUBE, DICHTUNG, KIRCHENLEHRE

Eines der meistgelesenen Bücher des vergangenen Jahrhunderts im Original-Reprint. Es beschäftigt sich eingehend mit den grundlegenden Lehren vom Wissen über das Jenseits, mit der Entstehung von Hölle und Paradies, gibt Auskunft über Wege und Führer der Unterwelt und die Verdammten und ihre Strafen, behandelt Fegfeuer und Limbus sowie Totenkulte der Naturvölker und viele andere wichtige Themen aus diesen und angrenzenden Themenbereichen.

320 Seiten, Glanzbroschur, Klebebindung, 15,0 x 21,0cm; ISBN 3-934673-05-8
DM 39,80 / ÖS 291,00 / SFR 37,00

Jahrbücher & Kalender

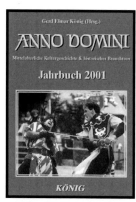

Gerd Elmar König (Hrsg.)
ANNO DOMINI 2001
Jahrbuch für mittelalterliche Kulturgeschichte und historisches Brauchtum

Die vierte Ausgabe des bewährten und beliebten Jahrbuches mit populären Fachthemen aus der mittelalterlichen Zeit. Im Serviceteil mit dem Jahreskalender 2001, der viele wichtige historische Veranstaltungen beinhaltet. Als Ergänzung ist im Anhang ein ausführliches Adressenarchiv zu finden, das dem interessierten Leser eine Übersicht mit Vorstellungstexten, Veranstaltungstips, Namens- und Ortsregister aufzeigt.
256 Seiten, mit vielen Farb- und sw-Abbildungen,
Hartcover, gebunden, Format 16,5 x 24,5cm

Startpreis bis 31.10.2000: DM 34,80 / ÖS 255,00 / SFR 32,50
Kaufpreis ab 01.11.2000: DM 39,80 / ÖS 291,00 / SFR 37,00
Auslieferung im November 2000; ISBN 3-934673-14-7

Gerd Elmar König (Hrsg.)
THÜRINGER JAHRBUCH 2001
für Kulturgeschichte und Zeitgeschehen in Thüringen

Das Buch beinhaltet eine weitere umfangreiche Vorstellung aller kreisfreien Städte und der Landkreise in Thüringen. Darüber hinaus findet der Leser viele lesenswerte Beiträge aus den Gebieten Wirtschaft, Politik, Tourismus und historisches Brauchtum sowie Sport, Kultur und Kunst aus allen Thüringer Regionen. Ein im Anhang befindlicher Serviceteil mit Jahreskalender inclusive wichtiger Veranstaltungen, mit Platz für weitere Eintragungen durch den Leser, vielen Kontaktadressen und umfangreichen touristischen Hinweisen, rundet dieses Buch ab.
256 Seiten, mit vielen Farb- und sw-Abbildungen,
Hartcover, gebunden, 16,5 x 24,5cm

Startpreis bis 31.10.2000: DM 34,80 / ÖS 255,00 / SFR 32,50
Kaufpreis ab 01.11.2000: DM 39,80 / ÖS 291,00 / SFR 37,00
Auslieferung im November 2000; ISBN 3-934673-16-3

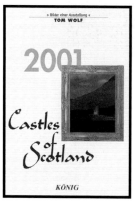

Tom Wolf
CASTLES OF SCOTLAND 2001
Bilder einer Ausstellung Volume Nr. VI

Monat für Monat zeigt dieser Jahreskalender für 2001 faszinierende Ansichten vergangener schottischer Castle-Baukunst. Detailgetreueste Großbild-Fotografie im eindrucksvollen Posterformat und bestechende Druckqualität. Zwölf weitere faszinierende Motive, auf die Sammler schon mit Vorfreude warten.
15 Kunstdruck-Tabloids, 50 x 70cm, in Schutzpapier & Präsentkarton

Startpreis bis 14.8.2000: DM 73,00 / ÖS 527,00 / SFR 72,00
Kaufpreis ab 15.8.2000: DM 78,00 / ÖS 563,00 / SFR 77,00
Auslieferung: ab Mai 2000 / ISBN 3-934673-08-2

Weiterhin im Angebot

Gerd Elmar König (Hrsg.)
ANNO DOMINI JAHRBUCH 1998

Das Rittertum, Kirche und Küche, Die Kultur der Spielleute, Die Bilderwelt der Liebe, Der Henker oder Scharfrichter, Die Templer, Hildegard von Bingen, Die magische Welt, Auf der Suche nach verborgenen Klosterschätzen und anderes mehr sind die im Fachteil behandelten Themen, welche durch einen umfangreichen Serviceteil ergänzt werden.

240 Seiten, viele Farb- & sw-Abbildungen, Glanzbroschur, Klebebindung, 16,5 x 24,5cm, Sonderpreis: DM 25,00;
ISBN 3-9806185-0-1

Gerd Elmar König (Hrsg.)
ANNO DOMINI JAHRBUCH 1999

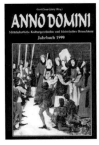

Reisen im Mittelalter, Ehe u. Familie zwischen geistigen Zwängen, Altdeutsche Wirtshausregeln und das Brauen von Bier, Das Ritterturnier, Die Gründung des Deutschen Ordens, Die Bewaffnung der Söldner und vieles andere mehr sind die im Fachteil behandelten Themen, welche durch einen umfangreichen Serviceteil ergänzt werden.

240 Seiten, viele Farb- & sw-Abbildungen, Glanzbroschur, Klebebindung, 16,5 x 24,5cm, Sonderpreis: DM 25,00;
ISBN 3-9806185-2-8

Gerd Elmar König (Hrsg.)
ANNO DOMINI JAHRBUCH 2000

Der mittelalterliche Markt, Die Schweizer - Schlachten, Der Kreuzzug am Rhein, Das Erbe der Normannenherzöge, Deutsche Ritter im Heiligen Land, Die letzte Schlacht des König Artus, Gutenberg und die Erfindung des Buchdrucks, Hauszeichen & Zunftsprüche, Die Verehrung von Heiligen u.a.m. sind im Fachteil behandelte Themen, welche der Serviceteil ergänzt.

240 Seiten, viele Farb- & sw-Abbildungen, Glanzbroschur, Klebebindung, 16,5 x 24,5cm, Verlagspreis: DM 39,80;
ISBN 3-9806185-8-7

Unser überregionales Zeitschriftenprogramm

Anno Domini

Zeitschrift für mittelalterliche Kulturgeschichte & historisches Brauchtum

Die Historie wird wieder lebendig und zeigt wichtige Ein- und Aussichten für unsere Gegenwart. Spannend recherchierte, unterhaltsame Fachtexte und ausführlicher Serviceteil mit Veranstaltungsterminen und Tips.

Erscheint 12 mal im Jahr mit 6 Hauptausgaben und 6 Sonderheften.

Einzelpreis 1 Ausgabe: DM 9,80
Test-Abo 3 Ausgaben: DM 20,00
Jahresabo 12 Ausgaben: DM 140,00
(zusätzlich erhalten Sie am Jahresende das „Anno Domini" Jahrbuch)

ISSN 1430-8711

Magie & Mythos

Zeitschrift für Spiritualität, Naturreligion & Heilkunde

Das neue Weltbild zur Jahrtausendwende: Unterhaltsame Fachtexte aus den Gebieten ganzheitliche Gesundheit, Ökologie, Spiritualität, Naturreligion, Meditation & Kulturgeschichte. Aussagefähiger Praxisteil mit Interviews & Tips.

Erscheint 12 mal im Jahr mit 4 Hauptausgaben und 8 Sonderheften.

Einzelpreis 1 Ausgabe: DM 9,80
Test-Abo 3 Ausgaben: DM 20,00
(Ausland: DM 25,00; Übersee: DM 30,00)
Jahresabo 12 Ausgaben: DM 110,00
(Ausland: DM 130,00; Übersee: DM 140,00)

ISSN 1435-2893

wissenschaft ohne grenzen

Zeitschrift für ungelöste Rätsel & grenzwissenschaftliche Phänomene

Spannende und seriös recherchierte, populäre Fachtexte über das gesamte Spektrum unerklärlicher Phänomene wechseln mit wichtigen Kurzmeldungen über Forschung, Evolution, Ufologie, PSI-Kräfte, neue Technik & Freie Energie.

Erscheint 12 mal im Jahr mit 4 Hauptausgaben und 8 Sonderheften.

Einzelpreis 1 Ausgabe: DM 9,80
Test-Abo 3 Ausgaben: DM 20,00
(Ausland: DM 25,00; Übersee: DM 30,00)
Jahresabo 12 Ausgaben: DM 110,00
(Ausland: DM 130,00; Übersee: DM 140,00)

ISSN 0948-9096

Schottische Geschichte in fünf Bänden

EINZELAUSGABEN:

Band I: DIE HIGHLANDER - GESCHICHTE DER SCHOTTISCHEN CLANS
2. Auflage: Oktober 2000; 240 Seiten, Hardcover, gebunden, Format 16,5 x 24,5cm
DM 49,80 / ÖS 364,00 / SFR 46,00 - ISBN 3-9806185-1-X

Band II: BANNOCKBURN - SCHOTTLANDS KAMPF UM DIE FREIHEIT
Sofort lieferbar; 240 Seiten, Hardcover, gebunden, Format 16,5 x 24,5cm
DM 49,80 / ÖS 364,00 / SFR 46,00 - ISBN 3-9806185-3-6

Band III: DIE BORDERER - KRIEGER AUS DEM GRENZLAND
Sofort lieferbar; 256 Seiten, Hardcover, gebunden, Format 16,5, x 24,5cm
DM 49,80 / ÖS 364,00 / SFR 46,00 - ISBN 3-934673-00-7

Band IV: MONTROSE - DER FELDZUG IN DEN HIGHLANDS
1. Auflage: Oktober 2000; 256 Seiten, Hardcover, gebunden, Format 16,5 x 24,5cm
DM 49,80 / ÖS 364,00 / SFR 46,00 - ISBN 3-934673-09-0

Band V: DIE STUARTS - GESCHICHTE EINER DYNASTIE
1. Auflage: März 2001; 256 Seiten, Hardcover, gebunden, Format 16,5 x 24,5cm
DM 49,80 / ÖS 364,00 / SFR 46,00 - ISBN 3-934673-15-5

GESAMTAUSGABE:

SCHOTTISCHE GESCHICHTE IN FÜNF BÄNDEN
1. Auflage: Oktober 2001; Band I bis Band V im exklusiven Schuber
DM 240,00 / ÖS 1754,00 / SFR 225,00 - ISBN 3-934673-06-6

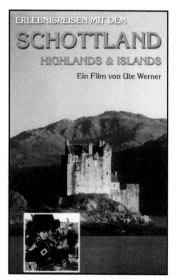

WENN SIE WEITERE ERSTKLASSIGE INFORMATIONEN ÜBER SCHOTTLAND WÜNSCHEN, KÖNNEN SIE FOLGENDES VIDEO EXKLUSIV ÜBER UNSEREN VERLAG BESTELLEN:

HIGHLANDS AND ISLANDS
DM 49,80 / ÖS 364,00 / SFR 46,00

ALLE BESTELLUNGEN ÜBER:
Versandhaus Weisser Stein
Weisser Stein 11, D-07973 Greiz
Telefon 03661/674213, Fax 03661/674214
E-Mail: medkoenig@mediengruppe-koenig.de
Internet: http://www.mediengruppe-koenig.de